유아동작교육

류경화 · 이경희

태영출판사

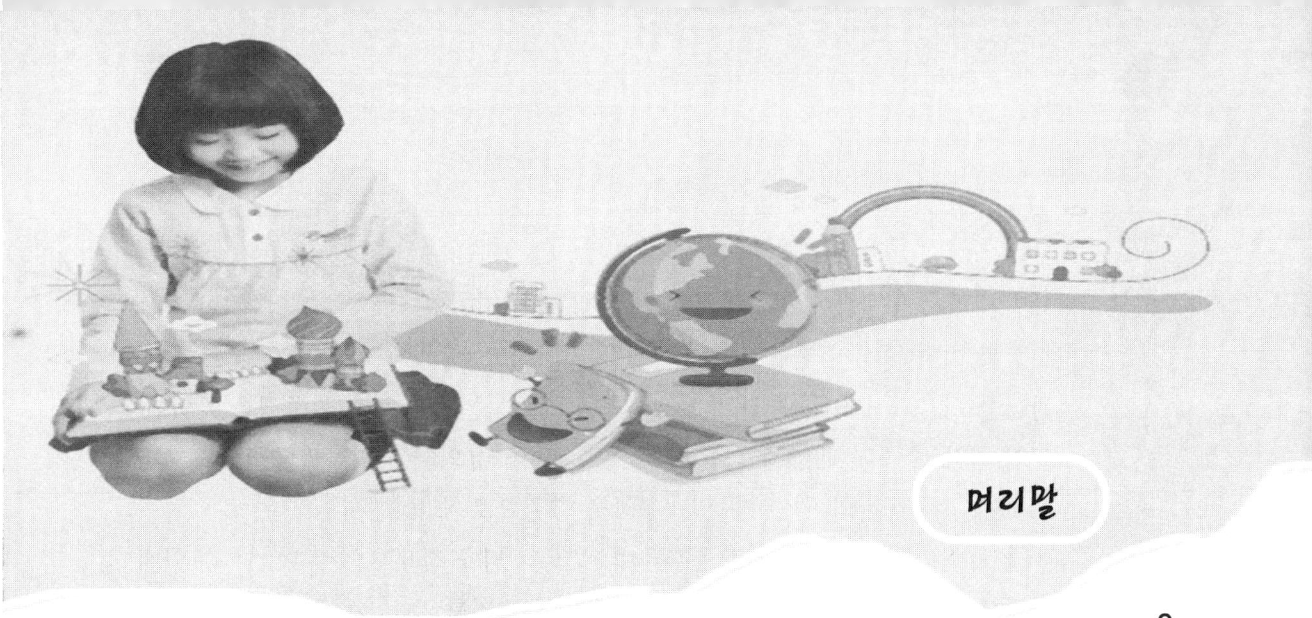

머리말

"동작은 유아들에게 있어서 삶의 근원이다." 유아가 움직인다는 것은 삶을 나타내는 중요한 현상이다. 유아의 동작은 그 자체가 교육적이며, 학습을 가능하게 하는 조건이 되기 때문이다. 동작은 자기표현과 의사소통의 중요한 수단으로 인간은 태어나면서 감정을 표현하며 움직이고 싶어한다. 유아는 자신의 느낌, 경험, 생각 등의 내적인 욕구를 충족시켜 나가기 위해 걷고 달리고 뛰고 흔들고 구르면서 끊임없이 자신의 움직임을 반복해 보고 새로운 움직임을 만들어 표현하고자 한다. 자신의 신체를 인식하고 움직임 활동을 통해 생활에 필요한 기초체력과 건강하고 안전한 생활습관이 형성되어질 것이다.

일찍이 Rousseau는 "신체활동이 유아의 교육과 성숙에 필수적이다."라고 하였으며, 유치원 교육의 창시자인 Froebel은 "신체활동 · 운동표현이 학습의 기초가 된다."라고 했다. 또한, Erikson은 "유아기 발달과업인 신뢰감, 자율성, 주도성이 신체의 동작을 통해 획득되는 것"이라고 하였으며, Piaget는 "유아기의 인지발달이 신체경험을 통하여 이루어지는 것"으로 봄으로써, 이들 모두 유아기에 있어서 모든 발달면에 미치는 신체의 움직임의 영향이 매우 지대함을 강조하였다.

특히 기본동작이 발달하는 유아기에는 성숙요인보다는 교수 · 기회부여 · 동기화 등의 영향을 많이 받게 되므로 유아기 동작교육의 내용 및 방법 등의 모든 요인은 유아의 발달에 상당히 중요한 의미를 가지고 있다고 할 수 있다. 이 책은 모방과 지시 중심의 전통적 접근방법을 지양하고, 탐색에 의한 학습에 보다 큰 관심을 기울려 교육의 결과보다는 과정을 강조하는 동작교육에 중점을 두었다.

이 책에 수록된 내용은 다음의 몇 가지 점에 유의하여 다루었다.

첫째, 기본동작의 설명 및 연속동작을 그림으로 쉽게 제시하였다.

둘째, 음악활동은 개념별로 분류하여, 주요 개념을 전체적으로 파악할 수 있게 하였으며, 상황에 알맞은 감정표현 조절능력을 기를 수 있게 하였다.

셋째, 실제 활동에서 활동 목표, 활동자료, 활동방법, 평가에 대한 내용들을 제시하였다.

넷째, 교사가 활동내용을 유아들의 경험, 흥미, 발달 정도에 따라 축소 · 확장하여 융통성있게 적용할 수 있도록 대상연령을 명시하지 않았다.

다섯째, 노래에 따라 움직이기 활동 같은 고정된 움직임보다는 유아들이 여러 가지 소리를 만들어 보고 동작을 만들어 노래부르기를 하며 움직여 보는 활동들을 중심으로 수록하였다. 교사가 실제 활동을 실시할 때는 유아들과 의논하여 유아들의 관심과 흥미를 반영한 동작으로 변형해 나갈 수 있었으면 좋겠다.

여섯째, 실제 활동에서는 소품을 이용한 표현활동과 신체를 이용한 표현활동, 전통놀이를 이용한 표현활동, 악기를 이용한 리듬활동으로 나누었으며, 음악활동과 동작활동을 통합적 접근방법으로 계획 · 실시하였다.

일곱째, 유치원 현장에서 바로 사용할 수 있도록 교사들의 활용을 용이하게 하기 위해 필요한 악보들을 수록하였다.

생활환경이 변화되면서 유아들의 체력은 과거와 다른 양상을 보이고 있으며, 대부분의 유아들은 차량을 이용하며 등 · 하원하고 있고, TV나 비디오 시청과 컴퓨터게임 등으로 인해 몸을 움직이는 시간이 줄어들고 있다. 뿐만 아니라 부모의 학업에 대한 기대 또한 유아들이 실외에서 뛰놀 수 있는 시간을 줄이고 있다. 그 결과 신체활동 시간이 줄어들어 운동 부족으로 인한 유아기 체력저하가 나타나고 있다. 따라서 유아기부터 기초체력 향상을 위해 동작교육은 무엇보다 중요하다고 볼 수 있다.

부족하지만 유아들의 건강한 체력 향상을 위해 노력하는 예비교사들과 현장의 교사들에게 도움이 되기를 희망한다.

끝으로 이렇게 어려운 시기에 책을 낼 수 있도록 도와주신 태영출판사의 김현태 사장님과 편집부에 감사드립니다.

2011. 8

운봉 기슭 연구실에서

류경화, 이경희 씀

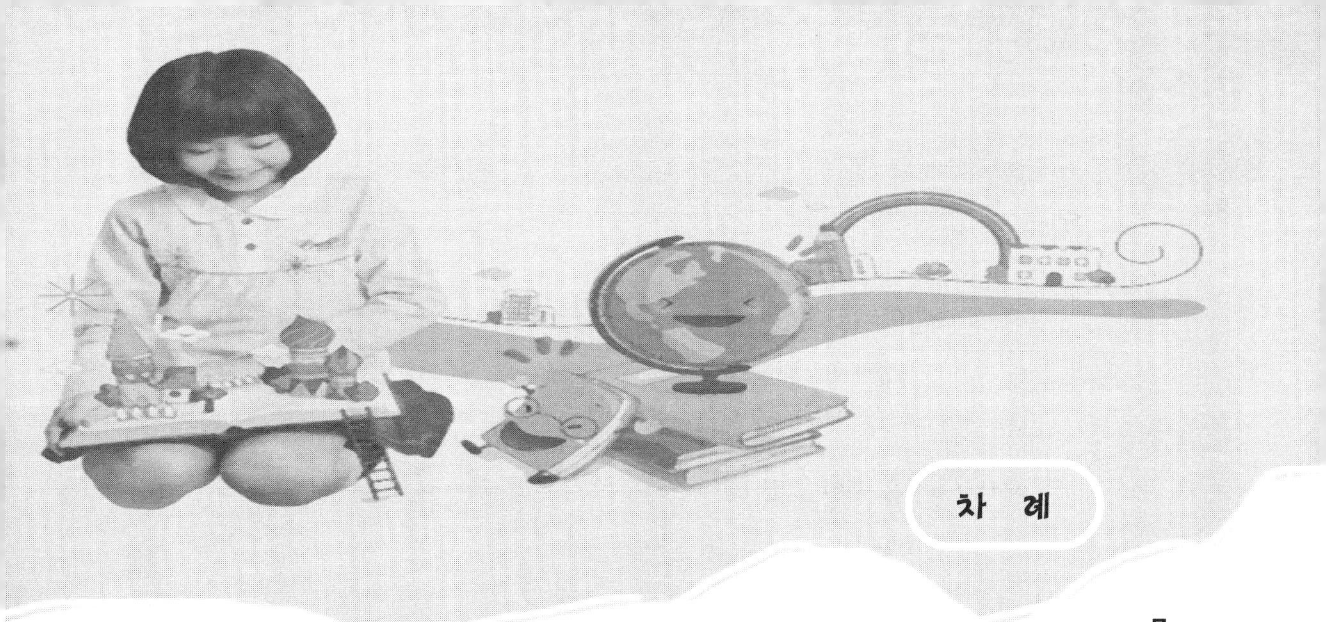

차 례

제1부 동작교육을 위한 이론

제2부 실 제 편

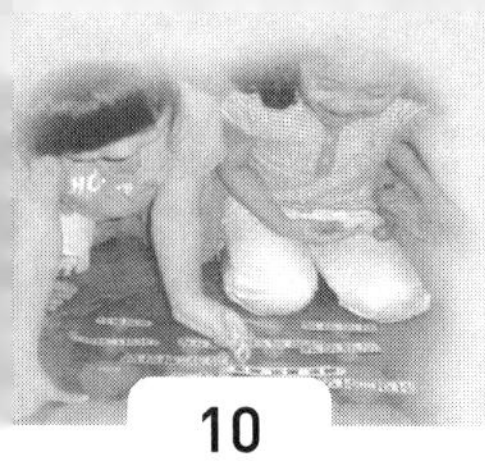

제1부

동작교육을 위한 이론

제1장 동작교육
제2장 음악교육
제3장 통합적 접근방법
제4장 동작을 위한 교육
제5장 창의적 신체표현 활동
제6장 2007년 개정 유치원 교육과정
제7장 전통문화교육
제8장 몸짓놀이
제9장 전이활동

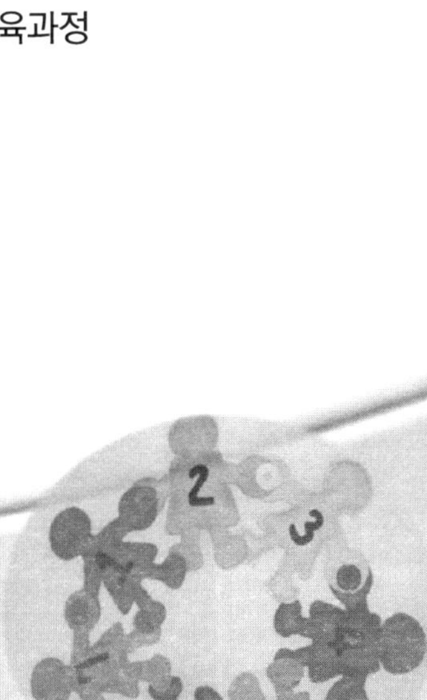

제1장

동 작 교 육

1. 동작교육의 개념과 목적
2. 동작교육의 내용
3. 동작의 기본요소
4. 동작교육의 교수방법 및 환경구성

1. 동작교육의 개념과 목적

동작교육은 신체를 통한 여러 움직임을 통해 동작에 관련된 지식을 발견하고, 동작 관련 개념을 중심으로 교육하는 것을 의미한다. 유아에게 있어서 동작은 생활의 일부로서, 유아의 신체는 초기 학습 경험의 수단이며 목적이 되기도 한다. 유아는 신경과 근육의 통제 능력을 발달시켜감에 따라 물리적 세계를 이해하고 비언어적인 의사소통과 이해력을 갖게 된다. 동작교육은 동작을 통해, 그리고 동작에 대해 학습하기 위해 유아가 가진 선천적 능력을 잘 배열해 주는 작업이라고 할 수 있다. 동작은 유아가 자신의 세계를 발견해 가는 수단이 되며, 동작교육은 이러한 학습의 과정이자 결과로서 이해할 수 있다.

동작교육은 신체활동, 신체표현활동, 유아체육, 유아음률활동, 무용교육 등의 다양한 용어로 사용되어 오던 유아교육학과 및 유사학과의 교과명칭이 유아동작교육이라는 명칭으로 변경되는 추세를 보이며 동작교육 관련 연구의 다양성 및 체계화라는 결과를 낳는데 기여하게 되었다(김은심, 2002). 그러면 동작이란 무엇일까? 동작의 사전적 의미는 '몸이나 손 · 발 따위를 움직임'이라고 한다. 유아들의 동작교육은 '움직임 교육'이라는 용어와 함께 쓰이기도 하였는데, 동작교육의 모태가 되었던 체육이 신체를 통한 교육으로 발전되고 다시 라반(Laban)에 의해 움직임 교육으로 발전되었다. 또한 2007년 개정 유치원 교육과정에서는 하위 내용 용어를 보다 통일성 있게 정리하면서 '동작'이라는 용어를 '움직임과 춤'으로 수정하여 사용하고 있다(교육과학기술부, 2008).

동작교육의 목적은 유아의 감각 사용을 충분히 개발하고, 운동 기술의 개발을 도와주며, 유아의 긍정적인 자아상을 증진시켜 주고, 유아의 학습 양식의 강화와 인지적 기술을 개발하는 데 있다(Munro, 1985). 동작교육을 통해 유아들은 움직이고자 하는 욕구를 발산하게 된다. 또한 자기 확신을 가질 수 있게 되는데, 유아의 자기 확신은 동작 행동과 신체적 활동에 그 뿌리를 두고 있다. 그 외에도 동작교육은 유아의 유능감을 증진시켜 주기도 한다. 즉, 동작활동을 통해 유아들이 '유능한 나'를 느껴 보게 되는 것이다.

또한 유아는 자신의 신체를 자유롭게 움직이고 기본적인 동작 기술을 취득해 가면서 안정감을 느낄 수 있게 되며, 동작활동을 통해 자유로운 자기표현을 할 수 있는 개방적 경험을 갖게 된다(Riggs, 1980). 이러한 교육 목적을 성취하기 위해 동작교육은 교사 중심이기보다는 유아 중심의 학습이 요구된다. 유아 중심의 동작교육을 실시하기 위해서는 다음과 같은 원칙이 지켜져야 한다(Munro, 1985).

첫째, 동작 기술의 발달적 수준을 평가해 보아야 한다. 체크리스트 등을 활용한 평가 등을 통하여 측정하는 작업이 요구된다.

둘째, 유아가 수행할 수 있는 범위 내에서 다양한 동작들을 탐색해 보게 한다.

셋째, 유아의 현 발달 단계에 적합한 동작 경험을 제시한다.

넷째, 단순한 기술부터 복잡한 기술로 단계적 시도를 해 보게 한다.

다섯째, 다양성과 반복을 경험해 보도록 한다.

여섯째, 동작활동에 대한 즐거움과 성취감을 느낄 수 있도록 배려한다.

이상과 같은 원칙에 따라 유아들의 동작활동은 짧게 실시되며, 쉬는 시간 역시 포함되어야 한다. 동작활동에 대한 즐거움을 확대하고 지속시켜 줄 수 있는 교사의 강화와 칭찬이 필요하며, 동물 · 여행 · 계절 등과 같은 주제를 사용하는 것도 효과적이다. 유아들에게 있어서 동작활동에 참가하는 것은 다감각적이고 다문화적인 경험으로써 제시되며, 유아의 성에 관계없이 자신의 가능성을 충분히 발휘할 수 있는 기회가 되어야 한다.

2. 동작교육의 내용

동작교육의 내용을 선정하기 위해서는 우선 동작의 영역을 분류하는 것이 필요하다. 이것은 동작을 좀 더 포괄적으로 이해하기 위해 동작을 구성하고 있는 기본적인 형태와 요소를 이해해야 한다는 것을 의미한다. 유아가 신체를 이용하여 어떤 표현을 하려면 자신의 신체가 가지는 동작의 가능성에 대한 지각과 이해를 가지고 있어야 한다. 이러한 이해를 바탕으로 기본적인 동작 기술을 습득해야 되는데, 이것이 바로 '기본 동작'이다. 다시 말해서 기본 동작의 가장 중요한 목표는 자신이 움직일 수 있는 동작의 기본 형태를 이해하고 지각하게 하는 것이라고 할 수 있다.

Munro(1985)는 동작 기술의 영역으로 신체 인식, 균형잡기, 이동 동작, 공간 관계, 조작적 동작, 리듬과 시간이 포함되는 동작을 들었고, 이 6가지 동작들이 나선형의 효과를 보이면서 반복적으로 활동 속에서 사용되어야 한다고 지적하고 있다. 또한 한 가지 기술은 다른 영역의 기술들과 관련되어 있기 때문에 상호 관련성 있게 학습되어지는 것이라고 보고 있다.

Gallahue(1976)는 동작 영역을 3가지로 분류하였다.

첫째, 이동 동작에는 걷기, 뛰기, 두 발 모아 뛰기, 앵금질, 스키핑, 슬라이딩, 말 뛰기, 뛰어넘기, 기기 등이 포함된다.

둘째, 비이동 동작은 균형잡기, 몸 굴리기, 매달리기, 구르기 등이 이에 속한다.

셋째, 조작적 동작은 던지기, 받기, 차기, 공 굴리기, 드리블하기, 공치기 등이 있다.

또한 Pica(1995)는 동작의 영역을 이동 동작, 비이동 동작, 조작적 동작, 그리고 체육 동작으로 분류하였는데, 구르기, 무게중심 옮기기, 균형잡기, 기어오르기, 매달리기를 체육 동작 기술로 따로 분류하였다. 이러한 기초적인 동작 기술의 경험에 초점을 둔 분류는 보다 체육적 기능을 강조한 것이다.

이러한 기초 동작 기술 외에 리듬 활동이나 창의적 신체표현을 중요한 동작의 영역으로 강조하기도 한다. Hammett(1992)는 유아들의 게임이나 체육 놀이에서 기본이 되는 4가지의 동작 영역을 이동 동작, 공 다루기, 체육 기술, 리듬 동작으로 분류하였다. 이동 동작은 기기, 걷기, 뛰기, 말 뛰기, 두 발 모아 뛰기, 앵금질, 스키핑, 미끄러지기 등이며, 공 다루기 동작은 던지기, 차기, 공 굴리기, 공치기, 공 튀기기와 공 잡기 등의 동작이 포함된다. 또한 체육 기술에는 균형잡기, 몸 굴리기, 뛰어 오르기와 착지하기, 무게중심 옮기기, 기기, 매달리기 등이 있고, 리듬 동작으로는 기구 사용 동작, 전통춤, 노래 동작, 창의적 동작으로 분류하였다. 그 외에도 동작교육의 내용에 리듬 동작을 포함시키거나(Day, 1994), 창의적 동작을 포함시키는 접근도 있다(이기숙 · 이영자, 1986).

이상과 같이 여러 학자들의 내용분류에 기초하여 본서에서는 동작교육의 내용을 기본적 동작과 신체의식, 리듬동작, 창의적 신체표현으로 나누어 살펴보고자 한다.

1) 기본적 동작

유아들은 걷기, 달리기, 구르기 등과 같은 대근육 활동을 통하여 기본 운동기능을 발달해 나가는데, 이는 일상생활에서의 놀이나 걷고 달리는 기능의 학습뿐 아니라 기초체력을 기르는데 있어서도 매우 중요하다. 기본 운동기능은 단순히 기능적인 움직임을 넘어서 창의적 혹은 도적적인 신체활동에 필요한 기본적인 움직임의 요소를 제공해 준다. 또한 유아는 기본 운동기능을 획득함으로써 자신의 신체적 능력에 대한 유능감이나 '할 수 있다'는 자신감을 갖게 되며 다양한 신체적 놀이를 가능하게 하여 사회성을 향상시킬 수 있게 된다. 따라서 유아기 신체활동은 기본 운동기능을 이용한 활동을 중심으로 이루어져야 하며, 이러한 기능을 토대로 자신의 신체를 자유롭게 움직이고 다양하게 활동함으로써 기초체력을 형성하여 새로운 환경에 적응하는 힘을 기를 수 있도록 해야 한다(교육과학기술부, 2008).

Gallahue의 운동 발달단계에서 제시한 것처럼 기본적인 동작은 2세 이후부터 7세까지를 기본적 동작으로 보고 있다. 기본적 동작은 유아기 이후보다 전문화된 운동기술을 갖게 하는 계기가 되므로 기본적인 동작의 다양한 경험은 운동 능력뿐 아니라 체력 향상에 도움을 주게 된다.

6차 교육과정에서 기본 운동능력을 이동 운동, 비이동 운동, 조작적 운동 등의 학문적 전문용어를 사용했지만 2007년 개정 유치원 교육과정에서는 생활 용어로 바꾸어 사용하게 되었다. 이에 따라 건강생활 영역에서 '나의 몸 움직이기'의 하위 내용인 '이동하며 움직이기', '제자리에서 움직이기', '도구 및 놀이시설을 활용하기', '바깥에서 신체 활동하기'를 함으로써 유아의 기본 운동능력을 기를 수 있도록 강조하였다. 이러한 내용에 기초하여 본 서에서는 기본적 동작의 유형을 '이동하며 움직이기', '제자리에서 움직이기', '도구 및 놀이시설을 활용하기'로 해서 살펴보고자 한다. 기본적 동작의 유형은 〈표 1-1〉과 같다.

표 1-1 기본적 동작의 유형

이동하며 움직이기	제자리에서 움직이기	도구 및 놀이시설 활용하기
걷기	균형잡기	잡기
달리기	구부리기	치기
두 발 모아 뛰기	뻗기	던지기
말 뛰기	흔들기	건너가기
앙감질	꼬기	굴리기
두 발 번갈아 뛰기	회전하기	들어올리기
기어가기		

(1) 이동하며 움직이기

1 기기(Crawling, Creeping)

기기에는 엎드려 기기와 기어가기 동작이 있는데, 엎드려 기기는 바닥에 엎드려서 팔꿈치와 엉덩이를 움직여 기어가는 활동이며, 기어가기는 엎드린 동작으로 손과 무릎, 또는 손과 발을 이용하여 기어가는 동작이다.

2 걷기(Walking)

걷기는 유아가 발을 바닥에 댄 상태에서 한 발을 다른 한쪽의 발 앞으로 가져가는 동작이다. 성숙한 걷기 동작은 몸을 앞으로 약간 숙인 상태에서 머리를 바로 들고 팔과 다리를 반대로 움직여야 한다. Gallahue(1993)는 걷기 동작의 발달을 시초 단계, 초보 단계, 성숙 단계의 3단계로 나누고 각 단계의 특징을 서술하였는데, 성인의 걷기 동작에 가장 가까운 성숙된 걷기의 세부 동작 단계는 다음과 같다.

[그림 1-1] 걷기의 연속 동작

걷기의 첫 단계인 시초 단계에 있는 유아들은 똑바로 선 자세를 유지하지 못하며, 균형 상실 상태를 예측하지 못하고, 발가락이 바깥으로 향하며, 보폭이 짧은 것 등의 한계를 보여 준다. 두 번째 단계인 초보 단계에서는 점차 자세가 유연해지지만 팔을 옆으로 내려 흔들고, 아직 경직된 자세를 보여 준다. 성숙 단계에 이르면 걷기 동작을 할 때 팔의 흔들기가 유연해지고, 보폭이 길어져 성인의 걷기와 거의 유사한 형태를 보여 준다.

걷기 지도 시 사용될 수 있는 구체적인 동작들은 다음과 같다.

"신호가 들릴 때마다 방향을 바꾸어서 걸어 보자."
"뒤꿈치를 들고 발끝으로 걸어 보자."
"팔을 옆으로 흔들면서 걸어 보자."
"걸으면서 넓적다리 아래로 손뼉을 쳐 보자."
"천천히 걷다가 점점 속도를 내어 걸어 보자."
"걷다가 신호에 맞추어서 높이를 변화시켜 보자."
"빠르면서도 조용히 걸어 보고 느리면서도 무겁게 걸어 보자."
"신호에 맞추어서 걷는 방향을 바꾸되 얼굴의 방향을 바꾸지 말고 걸어 보자."
"된 진흙 속을 걷는 것처럼 해 보고 얼음이나 미끄러운 마루 위를 걷는 것처럼 해 보고, 비가 내리는 곳을 걷는 것처럼 해 보자."
"무릎을 높이 들면서 걸어 보자."

3 달리기(Running)

달리기는 걷기 동작의 연속으로 걷기와는 달리 공중에 떠 있는 상태가 포함된다.

성숙된 달리기는 머리를 꼿꼿이 들고 발이 앞을 향해 있고, 팔이 다리와 반대로 움직이면서 속도가 빨라지고 무릎이 더 올라가야 한다(이영, 1996).

Gallahue(1989)가 밝힌 성숙한 달리기의 세부 동작 단계는 다음과 같다.

[그림 1-2] 달리기의 연속동작

달리기의 시초 단계는 다리의 흔들림이 짧고 제한적이며, 팔과 발이 바깥으로 향해 부자연스러운 달리기를 보여 준다. 두 번째 단계에는 달리기 동작이 관찰 가능할 정도로 뚜렷해지며, 팔을 보다 많이 흔들게 되고, 팔이 앞뒤로 흔들리는 자세를 보여 준다. 성숙 단계에서는 보다 빠른 달리기가 가능해지고, 팔을 다리와 반대되게 잘 움직이게 된다.

Gallahue(1989)는 2세에서 6세 아동들의 운동 발달을 분석한 연구 보고에서 속도가 포함된 성숙한 달리기 동작이 가능한 연령을 5세라고 밝힌 바 있다.

그러나 유아가 성숙된 걷기와 달리기 동작에 이르기까지 공통되는 문제들을 보여주는데, 이는 성숙된 걷기와 뛰기까지 발달해 가는 과정에서 유아들이 보여주는 한계점들로 유아를 위한 걷기 및 달리기 동작활동에서 잘 지도되어야 할 과제라 할 수 있다. 유아들의 걷기와 달리기 동작발달의 공통된 문제점들은 다음과 같다.

첫째, 팔의 흔들기가 과도하거나 억제되어 있다.
둘째, 팔은 몸을 기준으로 볼 때 대각선으로 흔든다.
셋째, 발의 위치가 부적절하다.
넷째, 몸이 과도하게 앞으로 기운다.
다섯째, 팔을 옆으로 내려서 걷는다.

여섯째, 몸을 꼰다.
일곱째, 리듬 있는 걷기 동작이 미흡하다(Gallahue, 1993).

달리기 지도 시 사용될 수 있는 구체적인 동작 예는 다음과 같다.
"다른 사람들과 부딪히지 말고 원하는 대로 방향을 바꾸면서 달려 보자."
"달리다가 신호가 나면 멈추고 다시 신호가 나면 방향을 바꾸어서 달려 보자."
"달리다가 신호가 나면 달리는 걸음으로 한 바퀴 돌고 나서 다시 새로운 방향으로 달려 보자."
"장애물의 안쪽으로 달려 보고 장애물의 주위를 돌아 달려 보자."
"무릎을 높이 해서 달리면서 무릎을 손바닥으로 쳐 보자."
"여러 가지 걸음걸이(예 : 좁은 걸음, 긴 걸음, 가벼운 걸음, 무거운 걸음 등)로 달려 보자."
"달리면서 한 손으로 한순간 땅바닥을 쳐 보자."
"뒤쪽으로 달려 보고 옆으로도 달려 보자."
"팔을 많이 흔들면서 달려 보자."

4 두 발 모아 뛰기(Jumping)

두 발 모아 뛰기는 높은 곳에서 뛰어 내리기와 멀리뛰기, 제자리에서 뛰어 오르기 동작이 포함된다. 점프하기는 발끝을 이용해 한 발이나 두 발로 뛰어 올랐다가 발끝에서 착지하는 동작이다. 성숙된 점프하기는 발바닥이 많은 기능을 하며, 발끝으로 힘을 줄 수 있어야 하며, 팔을 위쪽을 향해 뻗어 올릴 수 있어야 한다.

[그림 1-3] 멀리뛰기의 연속 동작

[그림 1-4] 뛰어 내리기의 연속 동작

높은 곳에서 뛰어 내리기의 발달에서 시초 단계에 있는 유아는 한 다리를 바닥에서 뗀 다음 그 다리로 바닥에 내려오고, 균형을 유지하기 위해 팔을 과도하게 사용하는 형태를 보여 준다. 초보 단계에서는 두 발을 함께 바닥에서 떼고, 점프하기의 전형적인 동작을 보여주지만 동작의 통제를 잘못하며, 팔의 사용이 아직도 비효율적이다. 성숙 단계에 이르려면 균형 유지를 위해 두 팔을 효과적으로 사용하고, 발끝이 바닥에 닿는 동시에 발도 닿게 된다. 성숙된 점프하기 동작은 많은 경험을 한다면 6세경에 가능해진다(Gallahue, 1989).

성숙된 점프하기(뛰어내리기)의 단계로 가는 동안 유아들이 보여주는 한계들로서 점프 동작의 과제가 될 수 있는 사항들은 다음과 같다(Gallahue, 1993).

첫째, 양 발을 함께 바닥에서 떼는 것을 어려워한다.

둘째, 몸을 한쪽으로 비틀어서 뛴다.

셋째, 몸을 앞으로 너무 많이 기울이거나 너무 적게 기울인다.

넷째, 공중에 뜬 상태에서 팔사용의 협응에 실패한다.

다섯째, 두 발로 동시에 착지하지 못한다.

여섯째, 착지할 때 균형을 잃는다.

두 발 모아 뛰기의 지도시에 사용될 수 있는 구체적인 동작 예는 다음과 같다.

"높이를 높여 가면서 깡충 뛰어 보고 그 반대로 점점 높이를 낮춰가면서 깡충 뛰어 보자."

"두 번의 깡충 뛰기 혹은 세 번, 네 번의 깡충 뛰기는 각각 얼마만한 공간을 차지하게 되는지 알아보자."

“제자리에서 깡충 뛰기를 해 보자.”
“앞으로, 뒤로, 옆으로 깡충 뛰기를 해 보자.”
“몸의 위치를 달리하여 앞으로 기울이고, 뒤로 기울이고, 옆으로 기울여가면서 깡충 뛰어 보자.”
“제자리에서 깡충 뛰면서 한 바퀴 돌아보자.”
“줄을 넘어서 앞, 뒤로 깡충 뛰어 보자.”

5 앵금질하기(Hopping)

한 발에 몸의 무게를 싣고 나머지 한쪽 발을 든 상태에서 바닥에 닿는 발로 앞으로 나가는 앵금질 동작을 양 발을 바꾸어 가며 하는 동작이다. 성숙된 앵금질 동작을 하기 위해서는 부드럽고 리듬감이 있게 움직여야 한다. 한 발로 균형을 유지하고 두 팔은 다리와 반대로 움직일 수 있어야 한다(이영, 1996). 앵금질을 리듬감 있게 발을 바꾸어 가며 기술적으로 할 수 있는 시기는 6세경이다(Gallahue, 1989).

앵금질하기 동작의 시초 단계에 있는 유아들은 몸을 앞으로 곧게 세우고, 균형을 쉽게 잃게 되고, 높이 앵금질하지 못하며, 한두 걸음밖에 가지 못한다. 다음에 초보 단계에서는 팔을 위 아래로 활기차게 따로 따로 움직이며, 균형감을 쉽게 상실한다. 성숙된 단계에 이르려면 몸을 보다 많이 굽히고, 한 다리를 90도나 그보다 약간 낮게 굽히면서 리듬감 있게 들고 호핑을 하게 된다. 또한 팔은 균형 유지를 위해 흔든다기보다는 호핑하기 위한 힘을 만들기 위해 흔들게 된다.

[그림 1-5] 앵금질하기의 연속 동작

이러한 성숙 단계에 이르기 위한 과정에서 유아들이 보여주는 문제들은 다음과 같다(Gallahue, 1993).

첫째, 팔이 과도하게 움직인다.

둘째, 공중에 든 발의 움직임이 너무 과장된다.

셋째, 몸이 너무 앞으로 기운다.

넷째, 균형을 유지하면서 다섯 번 정도의 앵금질하기를 하는데 어려움을 보인다.

다섯째, 동작에 리듬 있는 유연성이 없다.

여섯째, 양 발을 다 사용해서 앵금질하기 어렵다.

일곱째, 동작이 끊어지지 않게 부드럽게 발을 바꾸지 못한다.

앵금질 지도시에 사용될 수 있는 구체적인 동작 예는 다음과 같다.

"팔을 많이 흔들면서 무릎을 높이하여 앵금질해 보자."

"뒤쪽으로 앵금질해 보자.'

"옆쪽으로 방향을 바꾸면서 앵금질해 보자."

"한쪽으로 두 번씩만 앵금질하면서 이것을 계속해 보자."

6 스키핑(Skipping)

스키핑은 걷기와 호핑을 리듬 있게 조합하는 동작으로 성숙한 스키핑 동작은 걷기보다 리듬 있는 앵금질에 더 비중을 두어서 움직여야 한다. 기본적인 스키핑 동작은 4세경에 가능하고, 대부분의 유아들이 어느 정도 숙련된 형태를 보여주는 것은 6세경에 이르러야 한다(Gallahue, 1989). 초보 단계에서의 스키핑은 스텝-홉의 단순한 연결에 머물고, 리듬 있는 동작적 조합을 보여주지 못한다. 성숙된 스키핑은 다른 발로 스킵하면서 또 한 발로 계속 잇달아 스킵할 수 있어야 한다. 유아들이 성숙된 스키핑을 하기 위해서는 한 발로 스킵하면서 계속 잇달아 다른 발을 스킵할 수 있는 동작을 많은 경험을 통해 연습하여야만 가능해진다.

[그림 1-6] 스키핑의 연속 동작

7 말 뛰기(Galloping)

말 뛰기와 스키핑 동작은 유아에게 다소 어려운 동작들로 불규칙적인 리듬 동작들이다. 즉, 다른 동작들이 불규칙적으로 결합해서 일어나는 동작이므로 서로 다른 세부 동작들이 일어나는 시간이 달라 숙달된 형태를 보이는데 있어서 유아가 어려움을 보인다.

말 뛰기의 동작은 한 발은 앞으로 걷고 다른 발은 달리기를 하여 앞으로 내민 다리에 빨리 갖다 붙이는 동작이 연속적으로 일어나는 동작이다. 말 뛰기는 유아에게 어려운 동작 중의 하나로 4세경이 되어야 비효율적이나마 기본적인 말 뛰기를 할 수 있게 되며, 성숙된 형태의 말 뛰기는 6세경에 보여진다(Gallahue, 1989). 말 뛰기 동작의 지도는 유아가 불규칙적인 동작들의 조합을 이해하면서 많은 연습을 해 볼 수 있는 기회를 갖고, 말이 뛰는 모습과 관련한 창의적 활동 등을 통해 충분한 시도를 해 보면서 숙달될 수 있다.

유아교육기관에서 말 뛰기를 가르치는 좋은 방법은 VTR 등을 통해 초원에서 달리는 말의 모습을 보고 유아들도 말처럼 달려 보게 하며 교사는 이에 적합한 음악이나 타악기를 사용해 박자를 조절해 주면서 유아들이 편안하게 동작을 해 볼 수 있는 기회를 많이 주도록 한다.

말 뛰기 지도 시에 사용될 수 있는 구체적인 동작 예는 다음과 같다.

"같은 발을 앞으로 내밀어 여덟 번의 말 뛰기를 한 후에 다리를 바꾸어서 여덟 번의 말 뛰기를 해 보자." 이런 방법으로 네 번의 말 뛰기에서 다시 두 번의 말 뛰기로 점차 수를 감소시켜 나간다.

[그림 1-7] 말 뛰기의 연속 동작

"말 뛰기를 계속하면서 말 뛰기의 걸음을 다양하게 바꾸어 보자."
"5~6명의 친구가 모여서 손을 잡고 원을 만들어 말 뛰기를 해 보자."
"고삐를 잡은 채 달리는 말을 탄 것처럼 해 보자."
"뒤쪽으로 말 뛰기를 해 보자."

(2) 제자리에서 움직이기

제자리에서 움직이기는 몸을 축으로 하여 장소를 옮기지 않고 선 채로 움직이는 동작을 말한다. 여기에는 균형잡기, 몸 굴리기, 무게중심 이동하기, 매달려서 흔들거리기, 구부리기, 앉기, 뻗기, 떨기, 회전하기, 꼬기, 떨어지기 등이 있다(Hammett, 1992 ; Munro, 1985 ; Young, 1980 ; 이영, 1996). 여기에서는 균형잡기, 무게중심 이동하기, 매달려 흔들거리기, 구르기, 회전하기를 중심으로 살펴보고자 한다. 비이동 동작은 신체의 안정을 유지하는 능력과 관련된 동작으로 동작의 효과적 통제라는 점에서 의미가 있다.

1 균형잡기(Balance)

균형잡기는 손, 발, 머리 등의 신체를 이용해서 몸을 잘 유지하는 상태를 말한다. 모든 동작활동은 신체의 균형을 유지하는 기능을 필요로 한다고 볼 수 있다. 따라서 매우 중요한 동작 중의 하나이며, 고정적 균형(static balance)과 역동적 균형

(dynamic balance), 물체적 균형(object balance)의 활동들을 할 수 있다.

고정적 균형은 두 발로 서 있는 것과 같은 고정적인 자세에서 신체의 평형 상태를 유지하는 능력을 말하며, 역동적 균형은 걷고 있는 상태와 같은 신체 이동 중에 신체의 균형을 유지하는 능력이다. 물체 균형은 팥주머니를 손으로 잡고 던지거나 퍼즐 조각을 나르는 것과 같이 신체를 이용해 사물의 균형을 유지하는 것을 의미한다(Munro, 1985). 역동적 균형잡기와 물체 균형잡기 활동을 잘하기 위해서는 고정적 균형잡기 능력이 선행되어야 한다. 고정된 상태에서 균형을 잡아 보는 활동은 유아들이 모든 동작활동에서 신체의 평형 상태를 유지하는데 기본이 된다고 할 수 있다.

성숙된 균형잡기의 능력은 유아가 동작들을 부드럽게 협응할 수 있어야 가능해지는데, 이러한 동작 협응은 유아의 동작활동을 쉽게 해줄 뿐 아니라 유아로 하여금 동작활동의 중요한 동기라 할 수 있는 활동에 대한 '자기 확신'을 갖게 해 준다(Lerch et al., 1974).

2 구르기(Rolling)

구르기는 신체가 순간적으로 앞, 뒤, 옆의 공간으로 뒤 바뀌는 것을 말한다. 동작의 시작은 손이 어깨 넓이로 땅을 짚고 무릎을 구부린 상태에서 시작되고 몸을 뒤집을 때의 무게는 유아의 손과 어깨에 놓이게 되면서 등은 둥글게 된다(이영, 1996). 이 동작 또한 구르고 난 다음의 균형잡기가 중요한 요소이며, 공간 인식을 경험하게 해 준다. 구르기 동작은 앞으로 구르기와 옆으로 구르기, 그리고 뒤로 구르기가 있다.

3 매달려 흔들거리기(Swing)

이 동작은 매달리기와 흔들거리기를 조합해 놓은 것으로 매달리기는 철봉과 같은 곳을 두 손으로 잘 쥐고 안정된 상태로 매달려 있는 자세이며, 흔들거리기는 고정된 상태로 포물선을 그리면서 앞뒤로 흔들거리는 자세이다.

성숙된 흔들거리기는 동작이 편안하고 리듬감이 있어야 하며, 몸의 부분은 고정된 부분에서부터 자유롭게 작은 포물선을 그리면서 흔들거리며, 사지는 주요 동작을 할 때 꼿꼿해야 한다(이영, 1996).

4 무게중심 이동하기(Transferring Weight)

무게중심 이동하기는 손에서 발로, 발에서 손으로 신체의 무게를 이동하는 것과 같이 몸의 무게를 신체의 한 부분에서 다른 부분으로 옮기는 동작이다(Hammett, 1992). 성숙된 무게중심 이동하기를 할 수 있으려면 한 발을 들거나 엎드려서 한 발과 한 손으로만 바닥을 짚는 것과 같이 자세가 약간 불안전한 상태에서 짧게라도 균형을 유지할 수 있어야 한다.

5 회전하기(Turning)

회전하기는 몸 전체를 수직이나 수평 축으로 돌리는 동작이다. 팔과 머리는 최대의 효율성을 얻기 위해 돌리는 방향으로 움직여야 한다(이영, 1996). 성숙된 회전하기 동작을 할 수 있으려면 몸을 돌리는 동안 다리의 안정 자세를 잘 취하고, 팔과 머리를 몸과 함께 같은 방향으로 돌릴 수 있어야 한다. 유아들과 회전하기 활동을 해 볼 때는 신체의 각 부분으로 회전하기를 해 보고, 몸 전체를 이용해 방향을 트는 동작으로 발전시켜 나갈 수 있다. 이 때 유아는 방향에 대한 경험을 하게 된다. 몸 전체를 이용한 회전하기는 걷기, 뛰기와 같은 이동 동작활동들을 전개할 때 함께 포함되어 다루어지게 되는 경우가 많다.

(3) 도구 및 놀이시설 활용하기

도구 및 놀이시설 활용하기는 대근육 운동 능력을 기르고 도구와 놀이 시설을 이용하는 방법을 습득하게 할 수 있다. 작은 공, 풍선, 후프, 리본, 스카프, 줄, 고무줄, 그림카드, 형태카드 등을 이용하여 다양한 활동을 전개할 수 있으며, 그밖에도 평균대, 뜀틀, 각종 매트 등의 운동기구를 이용하여 건너가고 구멍을 통과하고 뛰어내리는 등 유아들이 선호하는 활동을 제공해 줄 수 있다. 여기에서는 던지기, 받기, 차기, 때리기 동작을 중심으로 설명하고자 한다.

1 던지기(Throwing)

던지기는 손으로 물체를 공중에 던지는 동작으로, 유아교육기관에서는 유아들에게 주로 공을 활용한 던지기 동작을 많이 시도한다. 성숙된 던지기 동작은 던지기를 하는 팔이 뒤로 가는 만큼 몸의 회전이 크고, 던지지 않는 팔이 앞으로 나가는 자세를 취할 수 있어야 한다. 유아들은 숙련된 던지기 동작에 어려움을 보이며, 많은 경험을 쌓을 경우 6세경에 가서야 가능해진다(Gallahue, 1989).

[그림 1-8] 던지기 동작의 연속 동작

Gallahue(1989)는 던지기 동작을 3단계로 나누어 설명하였다. 시초 단계의 유아들은 동작이 주로 팔꿈치에서 이루어져야 팔꿈치만을 움직여 공을 아래로 툭 던지고, 발은 고정된 자세를 유지하는 경우가 대부분이다. 다음의 초보 단계에서는 팔을 어깨 위에서 앞으로 움직이면서 던지고, 어깨가 공을 던지는 방향 쪽으로 쏠린다. 성숙 단계에 이르면 팔을 뒤로 굽혀 빼면서 준비 자세를 취하고, 던지는 쪽의 어깨가 수평으로 앞으로 나가며, 반대쪽 발이 앞으로 나가는 동시에 무게중심도 옮기게 된다.

유아들이 성숙된 던지기 동작을 할 수 있게 되기까지 보여주는 문제점들은 던지기 동작의 발달 과제로서 이해될 수 있는데, 다음과 같다.

첫째, 던지는 쪽의 팔과 같은 방향의 발이 앞으로 나간다.

둘째, 팔을 뒤로 돌리는 자세를 잘 취하지 못한다.

셋째, 몸과 팔의 동작을 리듬 있게 협응시키지 못한다.

넷째, 요구하는 방향대로 공을 던지지 못한다.

다섯째, 던지는 동안 균형을 잃는다.

여섯째, 팔의 회전이 위로 향한다.

2 받기(Catching)

받기는 다가오는 사물을 손으로 잡는 동작이다. 성숙된 받기를 하기 위해서는 손이 공을 받기 위해 앞으로 나오면서 공이 날아오는 힘을 빨아들이기 위해 팔도 앞으로 뻗어야 한다. 유아들과 받기 활동을 할 경우에는 유아들이 위협을 느끼지 않으면서 동작을 조절할 수 있도록 공이 적절한 속도로 날아와야 한다. 성숙된 형태의 받기도 많은 경험이 필요하며, 6세경에 가능해진다(Gallahue, 1989).

[그림 1-9] 받기와 연속 동작

받기 동작의 첫 단계에서는 종종 공이 자신을 향해 날아오면 얼굴을 돌려 피하거나 손으로 얼굴을 감싸 피하는 모습을 보이고, 공을 받는 경우에도 다리는 고정한 채 몸을 앞으로 많이 기울여 불안한 자세를 취한다. 두 번째 단계인 초보 단계에서는 눈을 감아서 공을 피하기도 하며, 두 손의 움직임을 잘 협응해 받지 못한다. 성숙 단계에 이르면 피하는 행동이 줄어들면서 팔을 공이 날아오는 방향에 맞추고, 한 다리를 앞으로 내민 상태에서 손가락들을 효율적으로 사용해 잡게 된다(Gallahue, 1989).

유아들이 받기를 잘하게 되기까지 보여주는 어려움들은 다음과 같으며(Gallahue, 1993), 이 문제들은 유아의 받기동작이 과제가 될 수 있을 것이다.

첫째, 날아오는 사물을 잘 조절하지 못한다.

둘째, 손가락의 사용이 경직되어 있다.

셋째, 손을 사물이 날아오는 높이와 방향에 잘 맞추지 못한다.

넷째, 날아오는 사물의 무게와 크기 등에 따라 적절히 조절해서 받기를 못한다.

다섯째, 눈을 감거나 눈을 다른 곳으로 돌려 피해 버린다.

여섯째, 공이 도착하기 전에 양 손을 너무 빨리 잡거나, 혹은 너무 늦게 마주 잡는다.

3 차기(Kicking)

차기는 발로 공과 같은 사물을 힘을 주어 차는 동작이다. 대부분의 유아들은 효율적인 차기 동작을 보여주는데 어려움이 있다. 차기는 유아가 한 발로 균형을 유지하고 동시에 다른 쪽 발에 힘을 주면서 앞으로 내밀고, 차고자 하는 다리의 무릎을 굽힌 채로 사물에 힘을 주어 때려야 하므로 숙련된 동작을 보여주기까지는 많은 경험과 연습이 필요하다. 공을 차는 동작을 정확하게 할 수 있는 것은 공차는 경험을 충분히 했을 경우 5~6세경에 가능해진다(Gallahue, 1989).

[그림 1-10] 차기의 연속 동작

차기의 첫단계에 있는 유아들은 차는 동작이 매우 제한적이며, 무릎을 굽히지 않은 채로 찬다기보다는 미는 정도의 동작에 그칠 때가 많다. 성숙된 단계에는 두 팔을 서로 반대되게 흔들면서 다리를 움직이는 길이가 증가하고, 차는 동작이 엉덩이에서 시작하면서 어깨 동작을 유연하게 움직인다. 이 과정에서 유아는 다음과 같은 문제를 보이므로 유아의 차기 동작 지도에 참고할 수 있을 것이다(Gallahue, 1993).

첫째, 다리를 뒤로 돌리는 동작이 제한적이다.

둘째, 균형을 쉽게 잃는다.

셋째, 팔 · 다리를 반대되게 움직이지 않는다.

넷째, 한쪽 발로만 차기를 하고 다른 발로는 잘 차지 못한다.

다섯째, 차기 위해 적절한 거리를 유지하지 못한다.

여섯째, 눈으로 공을 잘 보지 않는다.

4 때리기(Striking)

때리기는 팔에 힘을 주어 사물을 치는 것으로 도구를 사용해 공과 같은 것을 치는 활동이 일반적이지만 손으로 풍선치기와 같은 활동도 해 볼 수 있다. 유아가 공을 때리는 동작을 잘 하게 되는 시기는 6~7세경이다(Gallahue, 1989).

때리기 동작을 처음하는 유아들은 다리를 고정시킨 채 배트(때리는 도구)를 어깨 뒤에서 앞으로 가져오며 공을 잘 때리지 못한다. 두 번째 단계 정도에 가서 공을 맞히기 위해 몸을 옆으로 틀고, 앞 발에 몸무게를 실으면서 한 걸음 정도 앞으로 나가게 된다. 성숙 단계에는 몸무게를 뒷발에 싣고 허리를 유연하게 틀면서 공을 아래에서 위로 쳐서 올리게 된다.

[그림 1-11] 때리기의 연속 동작

이 과정에서 유아들은 다음과 같은 문제를 보이므로 유아의 때리기 동작 지도에 참고할 수 있다(Gallahue, 1993).

첫째, 공의 움직임에 초점을 맞추기 어렵다.

둘째, 공이 날아오는 방향으로 몸을 틀기 어려워한다.

셋째, 동작들은 잘 협응해서 때리지 못한다.

넷째, 때리는 도구를 손으로 쥐는 자세가 부적절하다.

다섯째, 때리기 위해 팔을 뒤로 돌리는 것을 잘못한다. 몸이나 팔을 돌리는 자세가 유연하게 연결되지 않으며, 동작의 중간중간이 끊어진다.

2) 신체 인식

신체 인식에 관련된 활동들은 동작교육 뿐 아니라 모든 유아교육 활동이 기본이 된다고 할 수 있다. 신체 인식은 자신의 신체에 대한 이미지를 형성하는 활동들과 자신의 신체를 이용한 몸 움직이기의 활동들로 구성할 수 있다(Young, 1980).

신체 인식은 유아 자신의 신체에 대한 개념과 관련되어 있지만, 유아의 '자아상(self-image)'과는 다른 개념이다. 자아상은 신체적인 개념이라기보다는 자신에 대한 가치로움이나 성공적인 성취감과 같은 심리적인 측면의 개념이다(Munro, 1985). 이에 비해 신체 인식은 자신의 신체상(body image)을 발달시켜 주는 동작활동으로 유아가 신체 각 부분의 모양과 이름을 알고, 몸 움직임을 경험하면서 신체 각 부분의 조화와 기능 등을 알아가는 것을 의미한다(Day, 1994). Munro(1985)는 신체 인식을 위한 교육 내용으로 신체가 여러 부분으로 이루어져 있으며, 신체가 두 팔, 두 다리와 같이 두 측면으로 이루어져 있다는 것을 아는 것과 각 신체 부분간의 협응하기, 신체를 이완시키기 등을 들고 있다. 협응하기는 숙련된 동작을 하기 위해 반드시 필요한 기능으로 눈-다리의 협응(예 : 공차기 동작), 눈-손의 협응(예 : 표적에 공 던지기 동작), 좌우 대칭의 균형을 위한 협응(예 : 기기 동작), 그리고 총체적 협응(예 : 수영하기) 등의 내용이 포함된다. 유아가 이러한 협응하기를 잘할 수 있으려면 성숙에 의한 진전 외에 많은 연습이 필요하다.

신체 이완활동은 유아기에 학습해야 할 중요한 동작 내용으로 유아가 자신의 긴장을 동작을 통해 표현하고, 이완시키는 방법을 알 수 있도록 일정한 지도가 필요하다. 따라서 유아에게 소개할 수 있는 신체 인식을 위한 동작교육의 내용은 신체 각 부분의 명칭과 모양 알기, 신체 모양의 변화와 각 신체 부분의 기능 경험하기, 신체 각 부분의 관계 경험하기, 신체 각 부분의 협응하기와 이완하기 같은 신체의 조화와 관련된 활동들로 구성된다.

3) 리듬 동작(노래 따라 몸 움직이기)

유아를 위한 많은 동작활동은 리듬적 요소가 포함되어 있다. 유아가 음악에 맞춰 율동하는 동작은 노랫말이 있는 음악과 노랫말이 없는 음악 모두 사용될 수 있지만 여기에서는 노래 따라 몸 움직이기 활동에 대해서만 다루고자 한다.

대부분의 유아들은 아주 어려서부터 손가락놀이, 챤트, 기타 전통적인 손유희 등을 통해 간단한 리듬을 경험하게 된다. 리듬 동작에 사용하는 음악들은 대개 반복적이고 일정한 속도에 따라 전개되는 곡들이 사용된다. 모든 유아들에게 다양한 리듬을 경험하게 할 수 있는 방법은 정형화되지 않은 활동들을 통해 유아가 창의적인 요소를 경험할 수 있게 해 주는 것이다(Hammett, 1992). 노래 동작은 노랫말에 의해 동작이 제한될 소지가 있으나 한정된 노랫말 범위 안에서 자유롭게 해석할 수 있다. 교사는 기초 동작에 대한 제시는 주지만 노랫말의 전후 관계에 대한 해석은 유아가 자유롭게 하도록 격려한다(이기숙 외 편역, 1995).

동작 노래를 사용하는 경우 노랫말 자체가 유아들의 동작을 정확히 명시하는 곡(㉔ : 머리 어깨 무릎 발)도 있으며, 유아들이 동작을 만들어서 노랫말에 따라 움직여 보는 활동으로 전개될 수도 있는데, 유아들이 동작을 만들어서 움직이는 활동의 경우 일종의 창의적 활동으로 전개할 수 있다. 이런 활동을 위한 노래는 노랫말이 간단하고 동작으로 나타내기 적합한 것이 좋으나 노랫말이 어려울 경우 전체 노래의 일정한 부분만 동작으로 표현해 볼 수도 있다. 유아가 만들어 내는 동작활동은 유아들이 서로 의논해서 합의하고 평가하여 다시 변형해 보는 경험을 하도록 전개하여야 한다.

4) 창의적 신체표현

창의성을 갖춘 사람의 지적 특성에 대해 가장 깊이 연구한 것으로 알려져 있는 Guilford는 창의력을 확산적 사고라고 보았다. 창의성은 자기 나름대로 아이디어나 작품을 독창적으로 생각해 내고 추리의 규칙에 얽매이지 않고, 때로는 엉뚱한 생각을 하며, 상궤라고 판단되는 학습적 사고 과정에서 벗어나서 유용한 아이디어를 생산하는 능력이며 태도라고 하겠다(이성진, 1995). 이런 특성으로 본다면 유아들은 본질적으로 창의적인 존재라고도 하겠다.

그러나 유아들의 창의적인 상상력은 만 4세 중반을 넘기면서 줄어들기 시작한다고 한다. 이는 창의적 상상에 대한 사회의 부정적 압력과 정형화된 것만을 허용하는 분위기, 새로운 것을 학습하는 것을 두렵게 만드는 학습 환경, 자유로운 질문과 탐색에 대한 견고한 통제, 성공에 대한 지나친 가치 부여, 기억하기에 대한 과도한 강조, 그리고 고정적으로 계획된 많은 과제 등이 그 원인으로 보여진다. 이에 반해 창의성을 길러 줄 수 있는 학습 환경은 서로 다른 견해를 나누고, 문제해결의 새로운 방법을 모색하고, 환상을 가져 보고, 탐구하는 기술을 개발하고, 진실과 동등함을 느낄 수 있는 학습 환경에 참여해 보는 것이라 할 수 있다(Burton, 1989). 유아들이 동작활동을 통해 창의성을 발휘하기 위해서는 위에서 제안한 창의적인 학습 환경에서 매 순간 적절한 도전을 경험해야 한다.

따라서 창의적 동작은 도달해야만 하는 동작적 과제를 완수하거나 고정되고 형식적인 연습을 통한 숙달을 강조하는 분위기에서 벗어나 자유로운 분위기 속에서 상상하고 탐색하여 그 상상을 몸 움직임으로 나타내는 모든 동작활동이 여기에 속한다고 하겠다(Mayesky, 1995).

창의적 동작은 완성해야 하거나 올바로 연습해야 하는 일정한 형식이 있는 것이 아니라, 유아가 탐색과정을 통해 나름대로 독특한 표현을 할 수 있는 활동이다(김은심, 2007). 창의적 동작은 다양한 사람, 동물, 사물 등을 신체 또는 소도구를 활용하여 표현해 보는 동작을 말한다. 즉, '~인체하기', '~처럼 되어 보기'와 같은 극적 접근 방법을 사용하여 신체를 다양한 방법으로 움직여 보는 것이다. 창의적 동작은 사진이나 비디오 또는 시각적 자료, 동화와 동시, 동극 대본과 같은 문학적 자료뿐만 아니라 다양한 악기나 주변의 소리와 같은 청각적 자료 등을 활용하여(심성경 외, 2007), 2007년 개정 유치원 교육과정의 생활주제에 알맞은 다양한 동작을 통합적으로 전개할 수 있는 것이다. 따라서 본 서에서는 주제를 중심으로 이야기를 상상하여 표현하는 창의적 동작과 음악적 요소에 맞추어 표현하는 창의적 동작으로 구분하여 살펴보겠다.

(1) 주제를 중심으로 이야기를 상상하여 표현하는 창의적 동작

주제를 선정할 때는 유아의 흥미, 경험, 발달 수준에 맞는 주제를 선정하는 것이 중요하다. 다양한 자료를 활용하여 충분한 탐색 과정과 유아 스스로 문제를 해결할 수 있도록 교사의 발산적인 질문으로 표현력을 확장시켜 주어야 한다. 주제에 적합한 사진이나 시각적 자료, 동화와 동시를 활용한 활동은 그 느낌을 창의적 동작으로 이끌어 낼 수 있다. 활동 방법에는 줄거리, 주인공(물체의 특성), 상황, 개작, 분위기를 활용할 수 있겠다(이희자 등, 2010).

① 줄거리 활용

이야기의 내용이나 줄거리를 활용하는 것으로 이야기의 상황을 그대로 실행한다.

② 주인공 및 물체의 특성 활용

동화 속의 주인공이나 물체의 특징을 활용하는 것으로 인물과 물체의 특성만 활용한다.

③ 동작적 상황이나 특정 상황을 활용

동화의 장면 중 동작활동에 적합한 특정 상황을 활용한다.

④ 내용을 개작, 창작하여 활용

동작활동을 극대화할 수 있는 동작어, 수식어를 살려 수정·확장하여 창작한다.

⑤ 분위기나 느낌을 활용

동시나 동화의 느낌을 자유롭게 표현하는 것이다. 전반적인 분위기나 느낌을 표현한다.

(2) 음악적 요소에 맞추어 표현하는 창의적 동작

음악은 느리고 빠른, 가볍고 강한, 자유롭고 탄력 있는 등과 같은 추상적인 개념을 명확하게 이해하는데 도움을 준다. 음악적 요소에 맞추어 표현하는 창의적 동작은 노랫말이 없는 곡에 템포, 음량, 레가토와 스타카토, 리듬 멜로디, 세기, 고저음 등의 음악적 요소를 듣고 창의적으로 표현하는 활동이다. 예를 들면 음악의 속도

변화에 따른 느낌을 스카프를 흔들며 표현해 보기 또는 빠르게 또는 느리게 움직이는 동물 표현해 보기, 바람에 흔들리는 나뭇잎 표현해 보기 등의 활동이다. 이러한 활동은 음악요소를 대비시켜 들려주고 음악을 잘 듣기 위해 들려지는 음악에 주의를 기울여야 한다.

동작활동에 사용되는 음악은 박자나 리듬이 쉽게 인식될 수 있는 곡을 선정해야 하며, 음악을 들려주고 어떤 생각이 드는지 질문하는 언어적 자극은 매우 중요하다. 즉 음악을 들으니까 어떤 느낌이 드는지, 음악이 점점 어떻게 달라졌는지, 무엇을 말하는 것 같은지 등을 이야기 나누어야 한다(Mayesky, 1995). 이야기의 내용을 상상하여 음악적 요소에 따른 창의적 동작으로 표현해 보게 하는 것이 중요하다. 창의적 동작활동으로 '아기 코끼리 걸음마', '수족관', '헝가리 무곡', '놀람 교향곡' 등 간단한 클래식 음악 중에서 즉흥적으로 창의적 동작을 촉진시킬 수 있는 곡들이 많으므로 활용할 수 있겠다.

3. 동작의 기본요소

동작의 기본 요소는 Laban에 의해 인간의 움직임을 4가지로 구분하여 설명하였다. Laban은 무용가이며 안무가로 현대무용과 발레협회의 감독이기도 했으며 동작의 다양한 형식들을 연구하였다. 인간이 움직이려면 반드시 '신체'가 있어야 하고 신체를 움직이려는 '노력'과 '공간'이 있어야 하며, 신체를 움직이면서 '관계'가 형성되므로 이것을 동작의 기본 요소라 정의하였으며, 동작의 기본요소는 다음 [그림 1-12]와 같다. 인간의 동작은 동작의 기초가 되는 기본요소들로 구성이 되며 동작의 기본요소를 이해함으로써 유아는 신체의 어느 부분을 어디로, 어떻게 움직일 수 있는가를 인식하게 된다. 동작의 기본요소가 무엇인지를 경험하게 될수록 적절히 공간을 이용하는 법을 배우게 되고 구조적인 동작도 발달하게 된다. 이러한 내용을 구체적으로 살펴보면 다음과 같다.

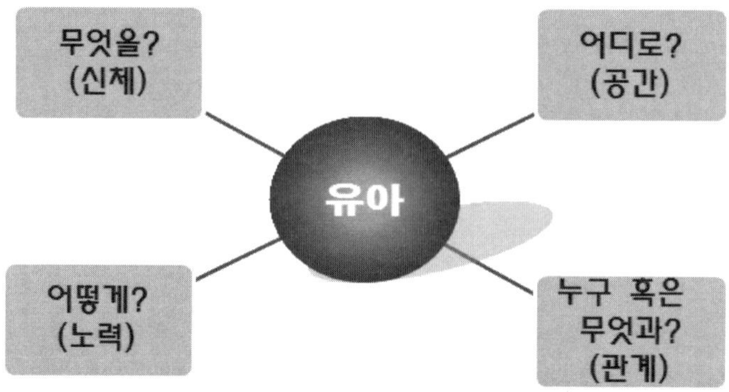

[그림 1-12] 동작의 기본구조

또한 퍼셀(Purcell, 1994)은 이러한 기본구조를 세분화하여 [그림 1-13]과 같이 제시하였다. 동작의 기본요소를 바탕으로 다양하게 탐색할 수 있는 기회를 제공하여야 함을 강조한 것이다. 이러한 탐색 경험을 통해 적절한 공간을 이용하는 법을 배우게 되고 보다 구조적인 동작으로 발달하게 된다.

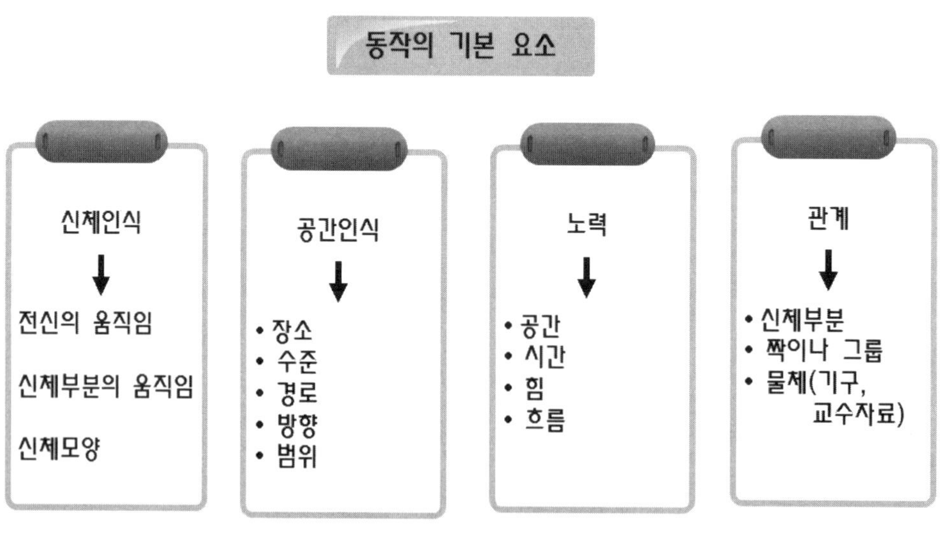

[그림 1-13] 동작교육의 내용

표 1-2 동작의 기본요소

구분	요소		내용
기본동작	이동하며 움직이기		· 이동하며 움직이기는 한 장소에서 다른 장소로 옮겨가는 것으로 말 그대로 몸을 이동하는 동작이다. · 이동하며 움직이기는 기기(기어가기), 걷기, 달리기, 스키핑, 말뛰기, 앵금질, 미끄러지기 등이다. ·
	제자리에서 움직이기		· 제자리에서 움직이기는 몸을 한 장소에 고정시킨 상태에서 만들어 내는 동작으로서 일명 '몸짓'으로 불리기도 한다. · 제자리에서 움직이기는 뻗기, 구부르기, 떨기, 돌기, 흔들기, 꼬기, 밀고 당기기, 들어올리기 등이다.
	도구 및 놀이시설 활용하기		· 사물의 조작적 활용을 포함하는 동작으로 손과 발, 눈과 눈의 숙련된 협응 능력을 요구한다. · 도구 및 놀이시설 활용하기는 던지기, 받기, 차기, 때리기 등이다.
동작의 기본요소	신체인식	몸 전체의 행위	몸 전체에 의해 표현되는 움직임이다. · 거울을 보고 움직이면서 신체의 움직임을 관찰하기 · 한 팔을 흔들다가 신호가 울리면 온몸을 흔들기
		신체 부분의 행위	어떤 동작을 표현하기 위해 신체의 어느 부분을 움직여야 하는지 하는 것이다. · 노래는 부르지 않고 손가락 유희를 하면서 손이나 팔의 움직임을 살펴보기 · 파트너와 두 손을 잡고 밀고 당기면서 신체의 이끌림을 살펴보기 · 음악 또는 악기의 소리에 맞추어 다양한 동작을 하다가 멈춤 신호가 울리면 그대로 멈추고 신체 부분을 살펴보기
		신체모양	몸으로 다양한 모양을 만들어 보는 것이다. · 손 또는 팔을 마음대로 움직이다가 멈춤 신호가 울리면 그대로 멈추고 신체모양을 살펴보기 · 제자리에서 몸을 마음대로 움직이다가 멈춤 신호가 울리면 그대로 멈추고 신체모양을 살펴보기
	공간인식	개인공간	자기 몸을 감싸고 있는 모든 공간 · 신호가 울리면 머리, 배, 허리, 엉덩이 등을 마음대로 움직이기
		일반공간	사람이 움직일 수 있는 공간 · 옆 사람과 부딪치지 않도록 방안을 걸어다니기
		수준	몸이 수직으로 어느 정도의 거리에 떨어져 있는가.

동작의 기본요소	공간인식		· 원하는 방향으로 걷다가 울리면 몸을 가능한 높은 또는 낮은 위치로 움직이기
		방향	방향, 즉 위 · 아래, 왼쪽 · 오른쪽, 앞 · 뒤로 움직이기 · 게걸음으로 걸어 보기 · 파트너와 같은 방향 또는 반대 방향으로 머리, 팔, 다리 등을 움직이기
		경로	몸이 공간에서 움직이는 동안 거쳐 가는 거리 · 공중에 손가락, 팔, 팔꿈치, 다리로 원 · 직선 · 지그재그 모양을 그려보기
		범위	동작의 크기(큰가 작은가, 넓은가 좁은가) · 신호가 울리면 가능한 큰 동작으로 천천히 걷다가 다시 신호가 울리면 가능한 작은 동작으로 걷기
	노력	시간	움직임의 간격과 속도에 변화를 주는 것 · 빠르게, 보통, 느리게 치는 타악기 소리의 속도를 구별하기 · 느리게 움직이는 동물들의 움직임을 관찰하고 따라해 보기
		힘	어떤 움직임에 담긴 메시지를 효과적으로 전달하기 위한 것 · 소나기와 보슬비가 내리는 모습 관찰하기 및 몸으로 표현하기
		흐름	움직임의 힘을 조절하는 것(제한된 흐름, 자유로운 흐름) · 리본을 잡고 자유롭게 흔들어 보기 · 신호소리의 수에 따라 손뼉치기, 무릎치기, 일어나기, 앉기
	관계	신체 부분들	신체 부분들 서로 간에 연합하여 다양한 움직임을 나타내는 것 · 두 팔을 머리 위에 올리기 · 등을 바닥에 맞대기
		파트너와 집단	집단의 구성원으로서 또는 파트너와 함께 연합하여 움직임을 나타내는 것 · 모방, 거울, 메아리, 통일, 그림자, 대조, 만남
		환경에 있는 사람들	유아가 어떻게 소품이나 도구와 관련하여 움직임을 나타내는 것 · 소품과 도구로는 스카프, 지팡이, 모자, 공, 후프, 풍선, 의자, 타이어, 매트, 상자곽

4. 동작교육의 교수방법 및 환경구성

동작교육의 교수방법은 다른 영역의 교육방법과 마찬가지로 크게 볼 때 지시적인 교수방법과 비지시적인 교수방법이 있다. 바람직한 동작교육의 전개를 위해서는 이 두 가지의 교수방법이 적절히 사용되는 것이 필요하다(Pica, 1995).

Fowler(1980)는 동작교육의 교수방법을 발견 학습과 문제해결을 통한 접근, 그리고 유도적 발견 학습으로 분류하였다. 발견 학습의 경우 발견은 탐색을 통해 이루어지므로 교사는 환경을 조성해 주고, 학습과 관련한 질문을 하여 유아의 탐색을 격려해 주게 된다. 문제해결을 통한 교수방법은 개방적 교수법을 지향하지만 사실의 발견과 관찰에 좀더 초점을 둔다. 유아들에게 문제와 과제들이 설정되어 주어지고, 유아들은 자신이 원하는 적절한 방법으로 반응하게 된다. 유도적 발견 학습은 탐색, 발견, 선택, 진보된 선택의 과정을 거치게 된다. 예를 들어 점프하기 동작을 할 때 탐색의 단계에서는 점프할 수 있는 물체들을 발견하게 되고, 발견의 단계에서는 위에서, 아래에서, 멀리 떨어져서 점프할 수 있는 사물을 찾아보고, 점프하는 다양한 방법을 발견하며, 점프하기의 다양한 범위(넓게, 좁게, 높게 등)를 발견하게 된다.

선택의 단계에서는 교사나 유아가 동작을 선택해서 모방과 반복 등을 통해 점프하기의 동작을 규정하게 된다. 진보된 선택의 단계에서는 유아가 점프하기에 좀더 유능해짐에 따라 점프하기의 높이나 난이도 등에 있어서 발전된 형태를 선택해서 활동하게 된다.

그 외에 동작교육의 교육방법은 Laban의 동작의 기본요소를 중심으로 기본 동작을 탐색하고 실험해 보는 '신체적 접근 방법'과 창의적 동작 표현을 보다 강조하는 '극적 접근 방법'으로 나누어 보는 입장도 있다. 신체적 접근 방법으로는 Gallahue의 교육 모델과 Gilliom의 모델 등이 여기에 속한다. 극적 접근은 가상 행동과 같은 상상력을 중심으로 한 다양한 동작을 유도하고 자극하는 것을 강조하는 교수 접근 방법으로, 전적으로 극적인 접근만을 이용하여 상상과 환상을 위주로 교육을 전개하는 방법과 신체적 접근 방법에서 중요시한 동작의 기본요소를 이용하여 두 방법의 통합적인 체계를 세우고자 하는 입장이 있다(이영, 1996).

유아교육 현장에서 교사들에게 필요한 동작교육의 접근 방법은 동작의 기본요소를 유아가 체계적으로 배워 나가면서 창의적인 요소를 경험하게 하는, 신체적 접근 방법과 극적 접근 방법의 조화로운 통합일 것이다. 이를 위해서는 동작교육 내용의 합리적인 선정과 교사의 적합한 지도 방안이 가장 중요하다고 볼 수 있다.

1) 동작교육을 위한 교사의 역할

성공적인 동작활동의 전개는 교사에게 달려 있다고 할 수 있다. 교사는 동작의 기본요소에 대해 잘 알고 있어야 하며, 이를 수행할 수 있는 유아의 능력 범위에 대한 전문적인 지식이 있어야 하고, 창의적인 활동이 가능하도록 도와줄 수 있는 음악과 소품에 대한 아이디어와 활동 전개 방법에 있어서의 노련성을 갖고 있어야 한다.

Munro(1985)는 동작활동의 질을 높이기 위한 교사의 역할에 대해 다음과 같이 설명하고 있다.

첫째, 각 유아의 동작 기술의 수준뿐 아니라 그 유아의 문화적 배경에 대해서도 잘 알고 있어야 한다.

둘째, 유아의 신체적 · 정의적 · 인지적 발달과 가능성에 대해 관심을 갖고 있어야 한다.

셋째, 유아의 실험과 탐색, 그리고 창의성을 장려한다.

넷째 긍정적인 접근에서부터 모든 동작활동을 시작한다(㉔ : 뛰지 말자라고 말하기보다는 "걸어가 볼 수 있을까?"라고 말한다).

다섯째, 유아의 동작을 항상 관찰 · 분석하고 제안을 해 주며, 유아가 필요로 할 때에 도움을 준다.

여섯째, 유아의 적극적인 행동을 격려한다(㉔ : 네가 하는 방법이 선생님 마음에 꼭

들어. 또 다르게 해 볼 수 있겠니?).

일곱째, 특정한 동작 기술을 익히기 위한 활동 뿐만 아니라 탐색적 동작활동들도 다루어 준다.

여덟째, 목적하는 바가 무엇인지에 대해 잘 알고 동작활동 계획을 세운다. 이를 위해 주간활동계획표를 작성하는 것이 도움이 된다.

아홉째, 유아 관찰 기록지에 각 유아의 동작 관련 관찰 기록을 정리해 두고, 다음 활동 선정시에 참고한다.

열째, 가능한 소집단으로 활동을 계획한다(활동에 따라 2명에서 6명 사이가 적절하다).

열한번째, 교사 자신이 유아의 동작활동에 재미있고 즐겁게 참여한다.

Sullivan(1982)은 유아의 동작적 탐색을 도와 주기 위해 교사는 유아의 에너지를 조절해 주고, 창의성을 허용하며, 지지를 보내고, 모델이 되어 주고, 또 다른 성인의 도움을 활용하고, 활동의 속도를 조절하며, 문제를 다루는 역할을 해야 한다고 보았다. 즉, 동작활동은 에너지의 사용이 높으므로 유아들이 활동에 몰입할 때 이를 조절해 주어야 하며, 다정한 신체 접촉이나 미소 등을 통해 유아가 안정감을 느끼면서 동작활동에 참여할 수 있게 해 주어야 된다는 것이다. 또한 교사의 모델링 행동은 어린 유아의 경우 특히 중요하다. 동시에 유아가 자신만의 표현을 시도해 볼 수 있도록 이끌어 주는 것도 잊지 않아야 한다. 활동에 참여하지 않는 유아나 활동 집단이 교사의 통제를 벗어나거나 활동을 따라오지 못하는 것, 활동을 귀찮아 하는 등의 문제를 효율적으로 다룰 수 있어야 한다.

따라서 교사는 유아들과 동작활동을 하기 전에 활동에 사용할 노래나 음악에 스스로 익숙해지도록 노력해야 하며, 새로운 동작 관련 용어를 사용해야 할 경우 이에 대해 유아들과 함께 생각해 보는 시간을 가져야 한다(Pica & Gardizina, 1991).

동작활동의 전개방법에 있어서 유아들이 음악을 느끼면서 창의적인 신체표현을 하는 활동의 교수 방법의 예를 활동 전개 순서대로 소개하면 다음과 같다(이정환, 1995).

첫째, 장소는 표현 활동을 할 수 있는 넓은 공간을 준비하고 유아들이 편안한 자세로 감상할 수 있는 대형으로 앉는다.

둘째, 음악을 들려준다.

셋째, 듣고 난 후 느낌이나 하고 싶은 이야기를 서로 나눈다.

넷째, 음악 속에 어떤 이야기가 있을지 생각하면서 다시 듣는다(나이가 어릴 경우는 생략한다).

다섯째, 상상의 이야기를 해 본다(음악의 길이가 길 때와 나이가 어릴 경우는 생략한다).

여섯째, 교사가 자료를 사용하여 작곡자의 생각을 들려준다.

일곱째, 다시 음악을 들으면서 앉은 자리에서 몸으로 표현해 본다.

여덟째, 원하는 유아들은 친구들 앞에 나와서 몸을 움직이면서 표현해 본다.

아홉째, 앉아서 보는 유아들에게 독특하고 재미있는 표현을 한 친구를 지적하게 하여 모방해 볼 기회를 주기도 한다.

열째, 음악을 다시 들어보는 것으로 끝내도 좋다. 이 때는 눈을 감아도 된다.

2) 동작교육을 위한 환경구성

유아를 위한 동작교육의 환경은 크게 두 가지로 나누어서 생각해 볼 수 있다. 한 가지는 자유선택활동으로 동작활동을 시도하기 위한 흥미영역 구성의 한 요소로 음률영역을 생각해 볼 수 있고, 나머지 한 가지는 좀더 큰 집단의 유아들이 함께 동작활동을 할 수 있도록 넓고 개방적인 공간을 마련하는 일과 그에 따른 여러 가지 동작 장비들을 준비해 주는 일이다. 이 중 음률영역의 경우 많은 활동들이 음악적 요소와 함께 몸 움직임이 함께 동반되는 것이 대부분이므로 음악활동과 동작활동을 위한 음률영역의 환경구성은 따로 분리해서 생각할 수가 없다.

따라서 음률영역의 구성과 운영에 대한 논의는 본 책의 '음악교육의 교수방법 및 환경구성'에서 다룰 것이며, 여기에서는 특별히 동작교육을 위한 기본적인 장비와 실외환경의 구성에 대해 다루고자 한다.

(1) 동작교육을 위한 설비

대부분의 동작활동들은 음악적 요소나 간단한 소품, 동작 기구 등과 같은 다양한 장비들을 필요로 한다. 유아의 동작교육을 위한 물리적 환경구성의 계획을 수립하기 위해서는 공간 구성에 대한 배려와 함께 조작적인 동작 장비들에 대한 계획이 수립되어야 한다.

다음에서 소개하는 장비들은 다양한 동작활동을 위한 매체로 제시되고 있는 것들 중 우리 나라에서 준비가 가능한 것들을 중심으로 정리한 것이다(Hammett, 1992 ; Werner, 1980).

① 배드민턴채 : 유아의 체형에 맞게 제작된 유아용으로 준비한다.

② 균형대(평균대) : 균형잡기 같은 체육 동작을 시도해 보기 위해 반드시 필요하다. 안전을 위해 평균대는 유아의 허리 높이보다 낮은 것으로 준비한다.

③ 공

㉠ 실외용 공 – 실외에서 집단활동으로 활용할 수 있는 공으로 가능하면 다양한 크기의 공들을 준비한다.

㉡ 휘플공 – 멀리 날아가지 못하게 구멍을 뚫은 속 빈 플라스틱 공으로 여러 크기로 준비한다. 골프 연습용으로 나와 있다.

㉢ 실로 짠 공 – 지름이 10센티 정도의 크기가 적합하다.

④ 배트 : 시중에서 판매되는 플라스틱이나 인조 가죽(안은 솜으로 되어 있는 것)으로 제작된 것으로 길이가 다른 것으로 구비한다.

⑤ 팥주머니 : 팥이나 쌀, 콩 등이 들어 있는 주머니로 다양한 크기와 색을 준비한다.

⑥ 상자 : 유아가 점프하기와 착지하기를 하는데 쓸 수 있는 나무나 플라스틱 상자를 준비한다. 극화놀이에도 유용하게 활용될 수 있다.

⑦ 공잡는 도구 : 작은 공이나 콩주머니를 받을 수 있는 도구로 손에 쥘 수 있는 크기로 제작한다. 큰 플라스틱통을 자르고 끝 처리를 안전하게 해 준 다음 손잡이를 붙여 만들 수 있다.

⑧ 철봉대 : 매달리기, 매달려 흔들거리기를 할 수 있다.

⑨ 기어오르기 도구 : 실내용과 실외용으로 준비한다. 실외용은 고정 시설물로 설치하고 실내용은 조립식으로 설치해서 융통성 있게 배치해 준다.

⑩ 발자국 : 유아의 발자국 크기로 부직포나 시트지 등을 이용하여 많이 제작해서 기본 동작활동 등에 활용한다.

⑪ 후프 : 재질이 부드러운 것으로 지름이 67센티 정도가 적합하며, 색깔을 다양하게 구비한다.

⑫ 나무말 : 다양한 신체활동을 할 수 있다.

⑬ 뛰어넘기를 하는 줄 : 유아가 점프 동작을 할 수 있는 줄을 만든다.

⑭ 리듬막대 : 길이 32센티, 지름 2.6센티 정도의 나무막대를 준비한다.

⑮ PVC 파이프 : 유연한 PVC 파이프는 후프처럼 쓸 수도 있다. 통 안에 공을 넣어 공굴리기 활동을 할 수도 있는 것으로 준비해 두면 좋다.

⑯ 리본과 스카프 : 리듬 동작활동을 위해 다양한 색깔과 크기로 준비한다.

⑰ 풍선 : 여러 가지 색깔과 모양(하트, 동물, 막대모양 등)으로 준비한다.

⑱ 신호 악기 : 탬버린이나 드럼과 같이 활동 신호로 적합한 악기면 좋다.

⑲ 구르기를 위한 매트 : 구르기 활동 외에 뛰어내리기 활동에서 착지하기 위한 용도로도 사용하기 위해서는 4~8인치 정도의 두께가 적합하다.

⑳ 터널 : 가벼운 플라스틱으로 만들어진 것이 좋으며, 큰 골판지 상자나 오래된 담요와 탁자보도 활용할 수 있다.

㉑ 옷걸이채 : 옷걸이를 스타킹으로 감싸 공치기 활동 등에 활용한다.

㉒ 한삼 : 천으로 만든 것을 구입하거나, 유아들이 작업활동으로 양면 비닐을 꾸며 만든 것을 활용한다.

(2) 실외환경 구성

운동장으로 대표되는 유아교육기관의 실외시설은 유아들의 대근육 동작과 고정 시설물을 통한 조작적 동작을 보다 원활하게 할 수 있게 해 준다. 기본적으로 유아교육기관의 운동장은 지면이 다양하게 구비되어야 하는데, 특히 모래시설과 잔디 그리고 자전거를 탈 수 있는 아스팔트 길의 구분이 있는 것이 바람직하다. 잔디밭이 있을 경우 유아들은 구르기 동작 등을 실외에서도 쉽게 시도해 볼 수가 있을 것이다.

운동장에 설치되어 있는 고정 시설물들은 특히 체육 동작을 위한 환경으로 이용될 수 있으며, 유아들이 스스로 설치할 수 있는 시설물들, 즉 점프하기를 위한 상자와 같은 장비의 배치 작업을 통해 밀기, 당기기, 들어올리기와 같은 기술을 통합시키는 경험을 가질 수도 있을 것이다(Werner, 1980).

운동장의 지면이 딱딱한 영역에는 줄을 그어 경계를 표시해 주거나 세모, 네모, 동그라미와 같은 형태를 크게 그려 주어 여러 가지 동작활동이 자연스럽게 일어나도록 할 수 있다. 경계선을 그어 줄 경우 유아들은 줄 따라 걷기, 균형잡기 같은 활동을 자연스럽게 하게 될 것이다.

또한 도형의 모양이나 쉬운 자음(ㄱ · ㄴ · ㅁ 등)의 모양을 크게 그려 놓고 그 모양의 선을 따라 걷기, 앵금질하기, 스키핑하기, 말 뛰기, 점프하기 등의 기본 동작들을 경험해 볼 수 있다. 또한 지면이 딱딱한 영역에서는 여러 가지 이동 동작 외에 차기 · 때리기 · 굴리기 · 던지기와 같은 조작적 동작활동이 시도될 수 있다.

동작교육을 위한 실외환경 구성의 배치를 위한 기준을 살펴보면 다음과 같다(Werner, 1980).

첫째, 동작을 위한 장비는 단순하고 안전하면서 자연스러운 것이어야 한다.

둘째, 동작을 위한 장비는 유아들에게 매력적이어야 하며, 정기적으로 잘 수리되어야 한다. 유아들이 좋아할 수 있도록 기구들이 자연스러운 나무색으로 이루어진 것 외에 밝은색으로 칠해진 종류들도 갖추어 놓는다.

셋째, 유아들의 무릎 높이보다 낮은 정도의 오르기 기구를 반드시 마련해 주도록 한다.

넷째, 매달리기 동작을 위한 장비는 유아들의 손에 잘 잡힐 수 있는 크기여야 한다.

다섯째, 미끄러지기 동작을 할 수 있는 공간을 마련해 준다.

여섯째, 동작기구들은 유아들에게 날카로운 모서리가 없어야 한다.

일곱째, 기어다니기 동작을 위한 공간은 필요한 경우 성인이 들어갈 수 있는 정도의 여유가 있어야 한다.

여덟째, 나무로 제작된 모든 장비는 끝처리가 잘 되어 있어야 한다.

아홉째, 로프나 후프와 같이 비고정적인 기구는 운동장의 가장자리에 비치되어 있어서 원하는 유아들이 사용한 뒤 다시 가져다 놓을 수 있게 비치되어 있어야 한다.

열째, 동작 장비들이 설치되어 있는 지면은 모래나 잔디 등과 같이 충격을 완화할 수 있는 표면으로 되어 있어야 한다.

제2장

음 악 교 육

1. 음악교육의 개념 및 목적
2. 음악교육의 내용
3. 음악교육의 교수방법 및 환경구성
4. 음악활동의 실제

인간은 출생하자 마자 소리를 산출할 수 있고 또 소리에 민감하게 반응할 수 있다. 어머니의 자장가 소리에 행복해 하며 잠들고 갑작스레 나는 큰 소리에는 울음으로 반응을 한다. 친근한 성인이 부드럽게 말하는 목소리가 들리면 웃음을 짓고 시끄러운 소리에는 얼굴을 찡그린다. 출생 후 뿐 아니라 출생 전인 태아의 경우에도 소리와 음악에 반응할 수 있을 것인가? 보고된 연구 결과에서 태아는 어머니의 리드미컬한 심장 소리를 들을 수 있다는 것을 실험으로 증명하였다. 즉, 아기가 갓 태어나 울거나 보챌 때에 태내에서 들었던 어머니의 심장 소리를 녹음하여 들려주었다. 소리를 내며 울던 아기는 점점 잠잠해지더니 편안히 잠이 들었는데 이 연구 결과는 갓 태어난 아기가 어머니의 심장 소리에 익숙해져 있었다는 것을 증명하고 있다.

아기가 태어나 성장하면서 영아의 일상 생활은 점차 음악적 자극과 밀접하게 관련되어진다. 졸릴 때 '둥둥'이나 '자장자장' 등과 같이 리듬 있게 얼러 주거나, 자장가를 들려주기, 등을 두들겨 주기, '잼잼잼잼'이나 '도리도리' 등과 같이 리듬이 있는 신체 놀이를 하는 것은 아기를 편안하게 하거나 즐겁게 하는 음악적 자극들이다. 소리 듣기뿐 아니라 소리 탐색 역시 1년 미만의 영아들에게는 흥미 있는 경험이다. 소리에 대한 경험은 유아의 음악적 성장을 이끄는 시발점이 된다. 다양한 주변의 소리를 듣고 음악에 주의깊게 귀를 기울이면서 영아들은 점차 들은 음악을 자신의 몸으로 표현할 수 있게 된다.

따라서 유아가 속한 주변 환경의 풍부한 소리와 음악을 탐색할 다양한 경험이 제공된다면 유아는 자신의 음악적 성장과 발달을 최대로 발휘할 수 있을 것이다. 이것이 유아를 담당하고 있는 교사나 양육자들이 그들에게 풍부한 음악적 환경과 경험을 제공해야 하고 유아의 요구와 흥미에 따라 경험을 제공해야 하는 중요한 이유가 될 것이다.

그러나 음악교육을 하는데 있어서 교사들은 자신의 음악적 기술과 음악 지식의 부족을 이유로 음악 활동을 시도하지 않으려 하고 다양한 음악 경험의 제공을 두려워하는 경우가 많다. 유아교육기관에서의 음악교육은 정교한 음악 기술의 습득이나 연주하기, 어려운 곡의 악보 읽기 및 정확한 노래부르기, 청음, 창작곡 만들기 등을 추구하는 것이 아니다. 유아 음악교육에서는 간단한 리듬으로 이루어진 다양한 리듬활동의 시도가 보다 더 중요하며 유아가 만드는 짧은 찬트나 간단한 노래의 듣기와 부르기, 한 장르로 제한되지 않은 다양한 양식의 곡들을 접하게 함으로써 유아의 음악에 대한 흥미를 길러 주고 음악을 즐기며 좋아하는 음악적 선호를 발달시키고자 하는데 그 목적이 있다.

음악은 함께 듣고 즐기며, 자신의 감정을 타인에게 표현하는 한 수단이 된다. 그러나 그간의 유아 음악교육이 개인의 기능적인 기술 습득에 치중하거나, 자유로운 표현의 기회보다는 교사 지시에 따라 일률적으로 따라 하기에 보다 더 치중하여 왔다고 여겨진다. 유아의 음악에 대한 자기 표현은 음악 그 자체를 통해, 자신의 신체 움직임을 통해, 그리고 문학, 그림 및 다른 유아와 함께 하는 움직임을 통해 다양하게 표현이 가능할 것이다. 모든 유아들은 음악적 반응을 할 수 있는 잠재력이 있으며 이러한 잠재력은 유아 자신의 적극적인 참여와 탐구를 통해서 최대로 발휘될 수 있다. 소리와 음악에 대한 시도자가 유아 자신이 된다면 유아는 주변 세계를 직접 경험하고 탐색함으로써 스스로 음악적 지식을 습득하게 되고, 자신의 음악적 능력 발달 및 음악적 표현력을 증진하여 나아가 음악을 깊이 있게 감상할 수 있는 능력을 갖추게 성장할 것이다.

1. 음악교육의 개념 및 목적

1) 음악에 대한 개념

소리는 모든 음악의 기본을 이룬다. 소리는 물체의 진동에 의해 그 파장이 공기를 통해 귀에 전달이 되고 그 울림이 인간의 청신경을 자극하여 들리게 된다. 어떤 소리는 인간의 귀로 들을 수 없는 아주 작은 소리인 반면 어떤 소리는 인간의 청각에 장애를 일으킬 정도의 시끄럽고 큰 소리들도 있다. 음악에 대한 개념을 발달시키기 위해서는 다양한 음의 성질을 이해하고, 그 성질들의 서로 같고 다름을 구별하거나 식별 및 분류할 수 있는 능력의 발달이 이루어져야 한다.

다음은 음악의 가장 기초가 되는 중요한 개념들을 살펴보았다. 그러나 음악이란 아래에서 살펴본 개념들이 따로따로 분리되어 사용될 수 없으며, 서로 복합적으로 어우러져 음악이라는 예술 형태를 지니고 인간의 감정을 표현하는 중요한 역할을 한다는 것을 반드시 고려해야 할 것이다.

(1) 음에 대한 개념

유아의 음에 대한 개념은 매우 어린 시기일지라도 자신의 음악적 경험에 비추어 형성되기 시작하고 점차 확장되어 간다. 18개월된 영아도 짧고 긴 음을 모방할 수 있으며, 만 5세까지 유아들은 음의 기본적인 개념, 즉 음의 강약(loudness), 장단(duration) 및 고저(pitch), 그리고 다른 음색(timbre)이 있음을 경험을 통해 개념을 확장해 간다. 음색은 소리를 만들어 내는 물체의 재료(나무, 가죽, 쇠, 플라스틱 등)나 구조, 크기, 소리를 내는 방식(두드리기, 문지르기, 맞부딪치기, 튕기기, 불기 등)에 따라 음의 질이 결정된다.

(2) 리듬과 속도에 대한 개념

리듬(rhythm)은 음의 장단과 강약이 동시에 질서 있게 움직이는 것을 말한다. 유아들은 느리거나 빠른 음이 있음을 알고 음악의 박자나 일정한 흐름, 리듬의 형태에 대한 개념을 형성한다.

(3) 박자에 관한 개념

박자는 곡의 시작부터 끝까지 음의 강약이 규칙적이며 지속적으로 표현되는 현상으로서 리듬의 기본적 단위가 된다. 같은 박자의 곡도 여러 가지 다른 속도로 연주된다.

(4) 리듬 패턴에 대한 개념

리듬 패턴이란 길고 짧은 음이 집단으로 묶여져 있는 것을 의미한다. 음악은 길고 짧은 음으로 구성된 음의 패턴을 지니고 멜로디나 노래의 노랫말은 몇 가지의 반복적인 리듬 패턴을 지닌다.

(5) 음의 강약에 대한 개념

음악의 이해 중 가장 먼저 발달하는 개념으로써 같은 곡은 세고 커지거나 점점 약해질 수 있다. 음악에서의 강약은 갑자기 또는 서서히 일어날 수도 있으며 이러한 강약이 음악의 분위기에 영향을 미친다.

(6) 멜로디에 관한 개념

멜로디는 음의 고저와 장단이 의미 있는 방식으로 조직된 서로 다른 음 높이의 흐름을 의미한다. 멜로디는 곡 전반에 걸친 주제나 동기 등을 대표함으로써 유아가 곡을 알아낼 수 있게 도와 주는 음악의 곡조이다. 노래의 곡조는 고유한 멜로디를 지니며 멜로디는 다양한 리듬의 음을 지닌다.

(7) 음색에 관한 개념

음색이란 그 소리의 독특한 질에 의한 소리의 차이를 말한다. 유아들은 사람의 목소리 중 자신의 어머니 목소리와 다른 어른의 목소리를 구별할 수 있는데 이것은 각 사람의 목소리 음색이 다르기 때문이다. 각기 다른 주변 환경의 소리, 악기의 소리 등도 모두 다른 음색을 지닌다. 이러한 다양한 음색이 어우러져 음악적인 소리를 낼 수 있다.

(8) 화성에 관한 개념

화성이란 높이가 다른 두 개 이상의 음이 동시에 울리는 음악적 현상을 의미한다. 화성은 각기 다른 음성과 음성, 악기와 악기 또는 악기와 음성이 동시에 소리를 냄으로써 만들어진다.

(9) 음악의 형식에 관한 개념

리듬, 멜로디, 화성, 음색, 강약의 요소들이 전체적인 음악으로 배열되고 조직되어 그 결과로 음악의 형식이 형성된다. 음악의 전반적인 요소가 반복이나 대조되는 형태로 조직된다. 형식의 개념은 유아에게 늦게 발달된다. 이런 형식의 발달은 멜로디, 리듬, 화성, 강약, 음색의 개념 발달에 의존하기 때문이다.

2) 음악적 개념의 발달

인간은 태어나기 전인 태내기에서 소리나 음악에 대해 반응을 할 수 있다. 임신 3개월이 되면 벌써 태아들은 외부의 소리 자극에 대해 반응을 하게 되고 점차 외부에서 들리는 음악 소리에도 반응을 한다. 출생 후, 영아는 소리에 더욱 민감하게 반응을 하는데 4개월경까지 사람의 목소리, 특히 어머니의 목소리를 들으면 편안해하고 자신의 입으로 소리를 만들어 내는 것을 즐긴다. 생후 4~6개월 사이의 영아는 의도적으로 소리가 나는 쪽으로 고개를 돌리거나 시선을 멈추고 주변의 소리를 들으려 하며 음악 소리가 들리면 조용해진다. 영아가 만 1세가 되면 성인이 입이나 도구로 이상하게 내는 새로운 소리를 듣는 것을 즐거워하고 자신의 입으로 간단한 소리를 반복하여 내거나 성인의 소리를 모방하기도 한다. 이 시기의 영아는 음악을 틀어 주면 만족해 하고 옹알이를 음 높이를 달리하여 소리를 낼 수 있으며 이를 즐긴다.

18개월의 영아는 스스로 시도한 리드미컬한 몸 움직임을 즐기며 음악 소리를 따라 온 몸을 튕기듯이 흔들거리기를 즐겨한다. 또한, 다양한 물체를 세게 치거나 두드림으로써 소리내기를 즐겨하는데 종종 매우 시끄러운 소리를 만들고 그 소리를 즐긴다. 만 2세의 유아는 성인이 불러 주는 동요 노랫말 중 한 단어나, 한 구절을 따라 함으로써 노래부르기에 즐겨 참여하기도 한다. 3세경이 되면 유아는 간단한 음으로 이루어진 노래를 혼자 또는 성인을 따라서 부를 수 있고, 간단한 리듬을 리듬 악기로 연주할 수 있게 된다.

만 3세에서 4세까지의 유아는 자신의 목소리를 좀더 잘 조절할 수 있게 되어 음의 고저, 강약, 속도 등을 조절할 수 있다. “무궁화 꽃이 피었습니다.”, “여우야 여우야 뭐-하니” 등의 단순한 리듬 패턴을 모방하기 시작하고 간단한 노래의 노랫말과 멜로디를 정확히 부르기도 한다. 이 시기의 유아는 특히 자신이 만든 찬트를 놀이 중에 혼자서 즐겨 부르거나 자신이 알고 있는 곡조에 가사를 마음대로 바꾸어서 흥얼거리는 것을 즐겨한다. 다양한 양식의 음악에 흥미를 나타내며 소리의 탐색을 즐긴다. 간단한 리듬 패턴을 리듬 악기를 사용해 정확히 연주할 수 있다.

4세가 되면 유아의 음역은 좀더 넓어지고 정확한 리듬과 음의 높낮이로 노래를 부를 수 있으며 대부분의 리듬 악기를 연주할 수 있다. 이 시기의 유아는 노래에서 반복적으로 나오는 재미있는 의성어나 의태어, 우스운 단어들을 매우 즐겨 사용하고 집단으로 노래부르는 것을 즐기기 시작한다. 5세가 되면 유아는 집단으로 새 노래를 부르기, 다양한 악기를 탐색하거나 리듬 악기로 연주하기, 다양한 소리를 구별하고 범주화하기 및 음악을 감상하고 다양하게 표현하기 등의 활동을 할 수 있는 음악적 발달을 이룬다.

3) 음악교육의 목적

유아교육 현장에서 음악적 경험을 통해 얻어질 수 있는 음악교육의 목적을 살펴보면 다음과 같다(Moomaw, 1984).

첫째, 음악은 유아 자신의 감정을 표현하고 다루기 위한 좋은 배출구가 되어 보다 성숙한 유아의 감정 표현 및 통제를 발달시키도록 돕는다. 유아들은 현재 자신이 느끼고 있는 긍정적·부정적 정서들을 표현하기 위해 손뼉을 치거나, 악기를 두드리고, 노래를 흥얼거리거나 또는 리듬있게 몸을 흔들거린다. 따라서 음악적 경험을 통해 유아 자신의 정서를 자연스럽게 표출하게 함으로써 정서적 감수성을 기른다.

둘째, 음악적 경험은 유아의 인지발달을 돕는다. 다양한 재질의 자료를 두들겨서 어떻게 소리가 만들어지는가를 탐색하고 소리의 성질 및 음악의 특성에 대한 인지 개념을 발달시킨다.

셋째, 음악은 다양한 소리에 대한 이해 및 듣기 기술을 증진시킨다. 음악활동들은 유아가 보다 주의 깊게 주변의 소리를 듣고 두 소리의 차이를 식별하며 같은 소리들을 분류할 수 있는 경험을 제공한다. 이러한 소리 듣기는 노래하기, 악기 다루기, 음악을 새롭게 만들기 및 음악 악보를 읽고 연주하기 등 후의 음악활동의 기초를 이루는 매우 중요한 경험을 구성하며 유아의 음악성 발달을 돕는다.

넷째, 다양한 음악을 듣고 신체의 움직임을 통해 표현함으로써 유아 자신의 신체 부분 인식과 대근육 발달이 증진된다.

다섯째, 음악활동에서 유아 자신이 놀이자가 되어 창의적으로 시도하고 표현할 때에 한 개인으로서의 자신감과 다양한 성공감을 경험하게 된다. 이것은 유아의 자아 개념 발달을 촉진한다.

여섯째, 음악을 듣고 놀이나 몸 움직임, 그림 및 다른 수단을 사용하여 다양하고 자유롭게 표현하는 경험과 음악을 만드는 경험을 통해 음악을 즐기게 되고 창의성 발달을 돕는다.

일곱째, 음악 경험과 관련된 용어(예 : 노랫말의 단어나 이야기)의 사용을 통해 언어 발달을 촉진한다.

여덟째, 대집단과 소집단의 음악 경험을 통해 대인간 긍정적 상호작용 및 사회적 발달을 촉진한다.

2. 음악교육의 내용

음악교육의 내용에 대한 이론적 부분은 노래부르기, 소리 듣기, 악기 탐색하기 및 음악 감상하기의 영역으로 나누어 기술하고자 한다. 그러나 노래부르기 활동은 현재 유아교육기관에서 활발히 이루어지고 있는 활동이고 충분한 활동 자료가 제공되고 있는 것으로 조사되어졌다. 따라서 본 자료집의 이론적 배경에서는 노래부르기를 영역 중 하나로 기술하였으나 활동의 실제를 제시한 2부에서는 노래부르기 영역을 제외한 네 영역의 활동들을 제시하고 있음을 밝혀 둔다.

1) 노래부르기

노래부르기는 유아에게 굉장한 기쁨을 안겨 준다. 대부분의 유아는 자발적으로 노래하기를 즐길 뿐 아니라 다른 사람이 부르는 노래를 듣는 것을 즐긴다. 유아들은 소꿉놀이, 실외놀이 등에 몰두하며 자신이 새롭게 만든 노래를 중얼거리거나 그 노래에 맞추어 리듬있게 몸을 움직이기도 한다. '보세요 보세요, 나는 예뻐요.' 등의 찬트를 흥얼거리며 가위질을 하고 있는 유아를 유치원에서 쉽게 관찰할 수 있다.

3~4세 유아들은 '도'에서 '라'까지의 음역을 가진 노래를 쉽게 따라 부른다. 또한 3~6세 유아는 높은 음으로 올라가는 노래보다는 높은 음에서 낮은 음으로 내려가는 노래를 더 쉽게 부를 수 있다. 그러나 종종 만 3세 유아는 '낮고 높은' 음의 개념을 '작고 큰' 음의 개념과 혼동하기도 한다.

노래부르기 활동을 계획할 때는 다음과 같은 점을 고려해야 한다.

첫째, 유아가 자발적으로 부르는 노래나 유아가 만들어서 부르는 찬트의 기회가 매일의 교육 경험에서 풍부히 주어져야 한다.

둘째, 유치원 뿐 아니라 가정에서도 일상 생활에 관한 노래를 하도록 격려한다. 또한 유아가 주말에 지냈던 이야기를 할 때 등도 찬트나 노래로 만들어 다른 유아에게 들려주도록 기회를 제공한다.

셋째, 유아가 노래를 부를 때 자신의 목소리를 녹음을 하였다가 다시 들려준다. 이 때 주의할 것은 성능이 좋은 녹음기를 사용하여야 하며 유아 자신의 목소리를 정확하게 녹음하여 들려주도록 한다.

넷째, 유아로 하여금 높고 낮은 음이 있는 다양한 소리들을 스스로 만들어 볼 기회를 제공한다. 즉, 자신에게 친근한 동물의 울음소리(예 : 야옹은 높은 소리이고 멍멍은 낮은 소리)나 주변에서 들리는 소리(예 : 사이렌의 높은 소리와 차 시동을 거는 낮은 소리) 등을 자신의 목소리로 다시 흉내내어 볼 기회를 충분히 주도록 한다.

다섯째, 노래를 선정할 때는 유아의 연령, 흥미, 이해 정도 및 유치원의 생활 주제를 고려하여 가능하면 짧은 곡을 선정한다. 유아는 반복되는 단어(예 : 의성어, 의태어 등)가 있는 노래, 리듬 패턴이 반복되는 노래, 문답식의 노랫말이 있는 곡, 이야기가 있는 노래 및 행동이 가미된 노래를 좋아한다. 또한 간단한 문답식의 노래를 즉흥적으로 만들어 유아와 교사, 유아와 유아가 서로 교환하는 기회를 계획한다.

여섯째, 자연과 계절에 관한 곡, 자신의 이름을 넣어 부를 수 있는 곡, 생일이나 추석 등과 같이 특별한 날에 관련된 곡, 재미있고 우스운 말이 있는 곡, 유치원의 활동과 관련된 곡, 가족과 친구에 관한 곡, 유아 자신의 신체나 옷 등에 관한 곡, 유아가 느끼고 있는 감정에 관한 곡, 동물과 애완동물에 관한 곡, 기계에 관한 곡 등은 유아가 즐겨 부르는 곡의 내용들이다.

일곱째, 집단으로 함께 노래를 부를 때 교사는 손을 위 혹은 아래로 움직이며 현재 부르고 있는 노래 음의 높고 낮음을 표시해 주는 것이 바람직하다. 이 때 교사는 부드럽게 노래를 부르도록 하고 유아가 자신의 목소리를 들어 볼 수 있도록 배려한다.

여덟째, 새로운 노래를 소개할 때는 같은 날 한 번에 새 노래를 모두 가르치지 말고 며칠에 걸쳐 점차적으로 소개하도록 한다. 새 노래를 사전에 녹음하여 자유선택활동 시간이나 간식 시간 등에 배경 음악으로 들려준다. 여러 번 새 노래를 들려주어 익숙해지면 유아는 쉽게 그 노래를 따라 할 수 있을 것이다. 새로운 노래를 가르칠 때에는 한 단어나 한 줄씩 가르치지 않는다. 그리고 유아가 지루해 하지 않도록 새 노래를 배우는 시간의 처음과 끝에는 친근한 노래를 부르도록 한다.

아홉째, 다양한 리듬 악기가 신체 움직임을 가미하면 더 쉽고 흥미있게 노래를 배울 수 있다. 노래가 익숙해지면 노랫말의 한두 구절이나 전체를 다양하게 바꾸어 봄으로써 유아의 흥미를 지속시킨다.

열째, 노래부르기는 무엇보다도 유아와 교사가 모두 즐겁고 재미있는 경험이 되도록 계획되어져야 한다. 한 번에 같은 장소에서 같은 노래를 오랫동안 반복하여 부르는 것을 하지 않아야 하며, 노래부르기보다는 노래에 관련된 이야기를 더 길게 설명하여 유아가 지루해 하지 않도록 한다.

2) 소리 듣기

Haines와 Gerber(1984)는 유아가 경험해야 할 음악적 활동 중 주의 깊게 소리를 듣는 기술의 발달은 다른 음악활동들의 기초를 이루는 매우 중요한 경험임을 강조하고 있다. 유아들은 음악을 듣고 음악적 요소들을 탐색하며 자신이 음악으로부터 받은 느낌을 표현함으로써 자신의 삶과 주변 세계에 대한 이해를 확장해 나간다. 그러나 어린 유아들은 스스로 주의 깊게 주변의 소리를 들으려고 하는 동기가 적기 때문에 교사나 부모들은 매일의 일과에서 들리는 다양한 소리를 주의 깊게 듣도록 자극하여야 한다.

이 때 유아에게 들려주는 소리의 경험들은 전후 맥락 내에서 제공되어져야 한다. 즉, 매일의 일상 사건과 사물에서 발생하는 소리를 쉽게 관련짓고 구별할 수 있도록 격려하는 것이 중요하다. 유아가 무엇인가를 하거나 사물을 조작하고 움직이고 있을 때 들리는 소리에 주의를 기울이도록 하는 방법이다. 예를 들면, 세면대에서 손을 씻으려고 물을 틀었을 때 "이게 무슨 소리일까? 어디서 나는 소리니? 그래, 물을 틀었더니 소리가 나는구나." 등과 같이 이야기를 나눈다. 또는 아주 가깝게 들려지는 주변 소리에 대한 이야기를 나누는 방법도 가능하다. 예를 들면, 전화벨 소리가 들릴 때에 "이게 무슨 소리일까, 너희들도 전화벨 소리를 듣고 있니?" 또는 화장실에서 물 떨어지는 소리가 주기적으로 들려올 때, "무슨 소리가 들리네. 무슨 소리일까? 소리가 들리니? 물이 똑똑 떨어지는 소리 같은데 우리 가서 확인해 볼까?" 등 지금 사건이 벌어지고 있는 상황 속에서 그와 관련된 소리를 연관짓도록 하는 것이 바람직하다.

소리 듣기에는 악기에서 나는 높고 낮은 소리 듣기, 음색이 다른 악기 소리 구별하기, 몸에서 나는 소리를 탐색하고 알아맞히기, 소리를 듣고 같은 소리를 분류하기(짧은 소리, 긴 소리, 큰 소리, 부드러운 소리, 듣기 좋은 소리, 시끄러운 소리, 가벼운 소리, 무거운 소리, 한 음으로 나는 소리, 화음으로 나는 소리 등), 다양한 소리를 들었을 때의 느낌 표현하기 등의 활동 내용을 포함한다.

소리 듣기의 활동을 계획할 때는 다음과 같은 점을 고려해야 한다.

첫째, 소리가 나는 도구나 악기, 놀잇감(태엽으로 돌아가는 장난감, 소리나는 책 등) 등을 유아가 쉽게 조작해 볼 수 있는 곳에 비치하여 둔다.

둘째, 폐품을 이용하여 만든 다양한 악기 등을 비치하여 쉽게 사용할 수 있도록 한다. 유아가 교사와 함께 악기를 만들 경우 유아는 소리가 어떻게 나며 악기는 어떻게 소리를 내는지를 이해하게 되어 바람직하다.

셋째, 실로폰의 경우에는 실로폰 건반 중 두 개(라와 fp)나 세 개(라, 도, 레)의 건반만을 남겨 두고 나머지는 제거한 후 비치하여 주면 좋다.

넷째, 야외 관찰이나 실외놀이에서 다양한 자연의 소리를 듣고 탐색할 기회를 제공한다. 즉, 다양한 바람 소리(센 강풍, 산들 바람, 바람 한 점 없는 것 등), 물 소리(폭포 소리, 땅 위에 떨어지는 빗소리, 폭우, 시냇물 흐르는 소리, 물방울이 똑똑 떨어지는 소리 등), 천둥 소리, 숲 속의 소리, 잔디 위의 풀벌레 소리, 동물들의 소리, 나무들의 소리(낙엽 떨어지는 소리, 나뭇잎이 바람에 흔들리는 소리) 등을 듣거나 그 모습을 관찰할 수 있는 경험을 주기적으로 계획한다.

다섯째, 소리 듣기는 특별한 날에 특별한 주제를 가지고 계획되는 것이 아니라 매일의 일상 과제로서 소리에 대한 탐색이 이루어져야 한다. 이 때 활동은 유아의 자발적인 시도로 이루어져야 하며 유아의 소리에 대한 발견과 표현 과정이 허용되고 격려되어야 한다.

여섯째, 소리 듣기의 활동은 즐겁고 친근하며 편안한 분위기에서 진행되어져야 한다. 놀이실의 조용한 곳에 듣기 영역을 마련하여 준다. 이 때 카펫이나 쿠션 등 음을 흡수할 수 있는 부드러운 재질을 가진 것들을 바닥에 깐다.

일곱째, 듣기 활동을 계획할 때에는 무엇을 주의 깊게 들어야 하는가를 아동에게 분명히 이해시킨 후에 활동을 전개하도록 하고 창의적으로 생각하거나 시도하도록 격려한다. 이 때 유아의 성숙 수준, 능력, 흥미에 따라 듣기 기술의 경험을 점진적으로 계획한다.

여덟째, 소리의 탐색을 통해 소리에 대한 인식을 증진하도록 한다. 즉, 유아 자신의 손, 발, 배 등 신체에서 나는 다양한 소리를 탐색하도록 격려한다. 또는 다른 환경에서 나는 다양한 소리(목욕탕에서 나는 소리, 은행에서 나는 소리, 목공소에서 나는 소리 등)를 녹음하여 활동이나 게임으로 연결하고 그 소리들을 구별하여 보도록 한다. 다양한 재질이 내는 소리를 탐색하고 음색의 다양함에 대해 이야기를 나누어 보거나, 리듬 있는 주변의 소리(종소리, 물 끓을 때 주전자에서 나는 소리, 초인종이 울리는 소리, 인공 위성을 발사할 때 나는 소리, 뻐꾸기 시계 소리) 등을 목소리로 따라해 보는 다양한 경험을 계획한다.

아홉째, 소리에 관한 이야기를 듣고 그 이야기에서 나온 소리들을 유아의 신체 소리나 목소리로 다시 내어 보도록 격려한다. 특히 유아는 자신의 몸에서 만들어지는 소리에 흥미를 느낀다. 친구의 목소리를 듣고 알아맞히는 게임도 바람직하다.

3) 악기 탐색하기

유아들은 소리를 내는 어떤 악기나 도구를 막론하고 매우 흥미 있어 하기 때문에 다양한 소리와 리듬 탐색을 통해 여러 악기의 음색을 경험하고 악기 다루는 방법을 자연스럽게 익히게 된다. 따라서 유아가 악기 소리를 직접 듣고, 만지며, 소리내고, 음악을 들어 보는 기회를 갖도록 하기 위해 악기는 한 번에 한 가지씩 자연스럽게 소개하는 것이 바람직하고 소개된 악기를 자유롭게 다루어 보는 충분한 시간을 제공한다. 소근육 발달이 미숙한 5세 이전의 유아들에게는 간단한 리듬 악기나 멜로디 악기를 다루어 볼 기회를 제공하는 것이 바람직하다.

유아가 경험해야 할 악기들의 종류는 다음에 제시된 음악교육의 환경구성 부분에 기술하였다. 악기 탐색하기 활동을 계획할 때에는 다음과 같은 점을 고려해야 한다.

첫째, 5세 이전의 유아들은 리듬 악기를 다양하게 경험하도록 활동을 계획하며 이를 통해 소리의 탐색, 리듬 형태의 즉흥곡 만들기, 친숙한 노래의 박자 맞추기, 강하고 약한 박자를 연주하기, 리듬 패턴을 연주하기 등의 교육 내용이 포함되도록 한다.

둘째, 멜로디 악기는 음의 높 · 낮이와 멜로디의 개념을 발달시키는 데 도움을 주고 친숙한 노래의 간단한 리듬 패턴을 연주하는데 사용이 된다. 이 때 음의 높 · 낮이가 크게 차이가 나는 두 가지의 악기를 사용하여 비교하며 들려주거나 독특한 악기의 음색과 높 · 낮이를 이용하여 음악으로 만든 이야기를 전개하는 데 사용할 수 있다.

셋째, 소리의 탐색과 식별을 위해 실로폰이나 우드블럭 등은 매우 좋은 질의 것을 사용하는 것이 바람직하다.

넷째, 유아에게 악기를 소개할 때는 악기의 이름, 생김새 및 연주 방법을 알려주고 직접 충분한 시간 동안 각 악기의 음색 등을 탐색할 수 있도록 한다. 악기는 사용 규칙을 정해 악기를 다루는 법(예 : 사용 후 선반 위에 놓기 등)을 알려주어 무기나 장난감 등으로 사용하지 않도록 한다.

다섯째, 악기를 파는 유치원 주변의 전문 악기 상점을 방문하여 다양한 악기를 직접 볼 수 있는 경험을 갖거나 민속 악기를 관람할 기회를 갖는다.

여섯째, 주변의 초등학교나 중 · 고등학교를 방문하여 밴드부나 특별 활동부에서 하는 악기 연습 장면을 견학한다. 이 때 간단한 동요를 연주해 달라고 요청하거나 유아가 직접 악기를 다루어 볼 기회를 갖도록 하면 더욱 바람직하다. 부모 중 악기를 다룰 수 있는 분을 초청하여 작은 악기 연주회를 계획할 수 있다.

일곱째, 소리의 크기와 음색의 차이에 대한 탐색은 유아의 자발적인 시도를 격려하고 음악적 요소들을 표현하도록 유도한다. 유아들이 사용할 수 있는 악기는 주로 리듬 악기와 타악기 종류인데 유아들과 함께 만들어 사용하면 더욱 바람직하다. 만들어 사용할 수 있는 악기의 종류는 음악교육의 환경구성의 마지막 부분에 제시되어 있다.

4) 음악 감상하기

다양한 형태와 양식의 음악을 듣는 것은 유아의 듣기 능력의 발달 및 음악에 대한 흥미 및 선호를 증진하는 데 매우 유익하다. 질이 좋은 전축과 CD플레이어 등을 구비하여 깨끗한 음질의 녹음곡을 들려주는 것이 중요하다. 녹음된 음악뿐 아니라 생동감 있는 실제 연주를 들을 기회를 갖도록 계획한다. 음반을 사용할 경우 음악은 다양한 양식의 음악을 택하도록 하며 한 곡을 오랫동안 들려주기보다는 대비가 분명한 곡을 선정하여 짧고 다양하게 들려주도록 한다. 즉, 빠른 곡과 느린 곡, 웅장한 곡과 부드러운 곡, 큰 소리의 곡과 작은 소리의 곡, 무거운 느낌의 곡과 경쾌한 곡, 높은 소리의 곡과 낮은 소리의 곡 등 분명히 대비되고 명확한 박자와 리듬, 강약을 가진 곡을 선정한다. 또한, 동요, 고전 음악, 국악, 영화 음악, 어린이 만화 음악, 행사 음악, 종교 음악, 다른 나라의 전통 음악, 현대 음악, 다양한 악기의 독주곡(현악기, 관악기, 타악기, 멜로디 악기, 전통 악기 등) 및 협주곡, 오케스트라 등 다양한 음악을 경험하도록 선곡한다.

음악 감상하기 활동을 계획할 때는 다음과 같은 점을 고려해야 한다.

첫째, 다양한 곡을 듣는 것이 가장 중요한 목적이다. 음악을 듣고 난 후 유아에게 언어적으로 반응할 시간을 충분히 주거나, 음악에 맞는 다양한 표현을 하도록 격려한다. 즉, 음악을 듣고 그림으로 표현하기, 음악으로 만든 이야기 꾸미기, 음악에 맞추어 손가락춤을 추기, 이야기가 있는 음악을 듣고 그 이야기의 뒷부분을 완성하기, 느낌을 기호로 표현해 보기, 스카프춤으로 표현하기 등 음악을 듣고 느낀 감정에 따라 여러 방법으로 표현하도록 활동을 계획한다.

둘째, 음악 감상곡은 짧고 묘사적이며, 생동감 있고 예술적인 곡을 선정하여 유아가 듣는 집중력을 증가시키고 폭넓은 음악을 듣도록 자극한다.

셋째, 주변의 인사나 단체를 활용하여 생생하게 연주되는 질 높은 음악을 들을 기회를 갖도록 하는 것이 중요하다.

넷째, 주제별로 모아진 시청각 자료와 함께 그에 맞는 곡을 감상하는 것도 유아의 듣기 집중력을 증가할 수 있는 방법이다. 이런 비디오 테이프들은 화질과 음질이 좋은 VTR을 사용해야 한다. 예를 들면 '동물들의 하품'의 주제로 다양한 동물들의 하품하는 장면을 모으고 생동감 있고 동물들의 하품하는 박자에 맞는 음악과 함께 편집하여 시청각 자료로 활용한다. 시청각 과학 자료보다는 음악 감상을 위한 자료로 개발이 된 시중에서 구입 가능한 테이프를 활용하는 것이 보다 음악을 통한 즐거움과 심미적 만족감을 얻기에 바람직하다.

3. 음악교육의 교수방법 및 환경구성

1) 음악교육을 위한 교사 역할

유아가 어떻게 소리를 듣고 그 소리에 반응하며 소리를 통해 자신을 표현할까? 하는 것은 음악교육의 기본적인 의문점이다. 따라서 유아가 주변에서 다양하게 들리는 소리에 대한 자각을 발달시켜 다양한 소리를 경험하게 하는 것이 매우 중요하다. 이러한 음악의 기본적 개념들은 유아 자신의 직접적 탐색과 참여, 다양한 자발적 표현 및 폭넓은 반응을 격려하는 성인이 있을 때 충분히 달성되어질 것이다. 다음은 이러한 격려를 교사가 어떻게 할 것인지에 대한 구체적인 음악교육의 지도방법을 기술하였다.

첫째, 정확하게 음악적 개념이나 음악을 사용하는 기술을 가르치고자 하는 것보다는 유아의 즐거운 소리에의 탐색이나 소리 및 음악 만들기 활동에의 적극적 참여가 우선되어야 한다. 유능한 교사는 유아에게 음악활동을 가르치기보다는 유아와 함께 놀이하며 그 음악적 개념을 경험하도록 하는 교사이다. Metz(1986)는 유아 자신이 들은 음악의 내용과 특성에 유아가 어떻게 반응하는지를 연구하였다. 만 2~4세 유아원 아동의 움직임은 자연스런 장소에서 자유선택활동으로 제공되고 움직임에 대한 경험의 기쁨을 주는 것이 중요하며 장소, 시간, 공간의 탐색을 허락하는 경험을 주는 것이 중요하다고 보고하였다.

음악활동들은 단순히 유아의 신체나 음악만을 포함시키는 것이 아니라 작은 도구(예 : 스카프, 줄 등)를 사용하는 것이 좋으며 교실 주변의 자료나 자원 등 무엇이나 가능하게 사용할 수 있다. 특히 유아에게 의미 있는 자료는 학습을 더 촉진할 수 있기 때문에 자기가 신문으로 만든 공을 던지거나, 자기가 만든 인형 등을 가져와 함께 춤추거나 자유롭게 표현하는 등의 활동들은 음악을 듣는 기쁨과 움직이는 의미를 더 촉진할 것이다.

둘째, 음악활동은 매일의 일과에서 계획되어져야 하며 다양한 참여의 기회가 제공되어야 한다. 최근의 여러 연구(Holt, 1988 ; Sayre, 1990 ; Sharron, 1990)에서 음악활동과 동작활동, 문어활동 및 놀이와의 통합을 시도하는 활동들이 연구 · 개발되어 보고되고 있다. 이들 연구의 공통적 특징은 상상을 사용하여 아동의 창의적 사고 및 표현을 다양한 활동간의 통합을 통해 촉진한다는 것이다. 실내 자유선택활동이 끝난 후 집단 율동 시간의 분리된 시간에서 음악활동을 전개하거나 음악활동이 유아의 동작 표현과 기타 다른 흥미영역의 활동 주제나 개념과 분리되어 제시되는 것은 바람직하지 않다는 지적이다. 음악 개념간의 통합은 물론 교과 영역간의 통합 및 주제와 흥미영역 활동간의 통합이 이루어진 가운데에 음악활동이 실시되어야 한다.

셋째, 유아들의 느낌이나 생각을 자유롭게 표현하는 허용된 분위기가 조성되어야 한다. 음악활동은 유아들의 시도로 활동의 전개가 시작되어야 한다. 교사의 지시적인 시도나 계획된 활동의 전개도 필요하다. 그러나 유아들은 음악적 개념들이 형성되어 가는 중에 있으며 이것은 직접적인 활동과의 상호작용을 통해 자신이 스스로 구성해 가야 할 학습 요소인 것이다. 무엇보다도 유아들은 자신의 상상과 느낌을 매우 즉각적으로 표현하는 허용된 분위기에서 폭넓은 감정을 이끌어 내고 음악적 시도의 다양성을 이끌어 내어야 한다. 그러기 위해서는 무엇보다도 충분히 탐색할 수 있는 음악적으로 풍부한 환경의 마련과 음악적 흥미를 소유한 교사의 태도가 중요하다. 유아의 놀이 속에서 음악활동의 주제를 찾아 보는 것이 보다 유능한 교사의 역할일 것이다.

넷째, 음악활동시 교사와 아동의 상호작용은 매우 중요한 요소이다. Andress (1991)는 교사들이 아동과의 상호작용을 하는 3가지 방법을 제시하고 있다. ① 모델링 방법이다. 모델링이란 교사가 행동이나 활동을 직접 유아들에게 시범을 보이고 따라 하게 하는 것을 의미하는 것이 아니라 교사가 음악을 얼마나 사랑하는지와 자신이 느낀 점을 창의적 표현을 통해 발산하는 것을 얼마나 가치 있게 여기고 있는가를 모델링하도록 하는 것을 의미한다. 자신이 들은 음악을 자연스럽고 자유롭게 교사가 표현하는 모습을 통해 유아들도 음악을 듣고 그것을 움직임으로 표현하는 것에 기쁨을 느끼게 되는 것이 모델링의 주요 목적이 된다. ② 아동의 행동을 기술하는(describing) 방법이다. 기술의 방법은 유아가 지금하고 있는 몸의 움직임을 언어로써 기술해 주고 명명해 주는 것이다. 즉, 유아 자신의 움직임과 음악적 아이디어, 자신의 음악적 생각 및 느낌의 관계를 구체적으로 언어로 기술하는 방법을 의미한다. 이 언어적 기술 방식은 유아가 음악에 따라 자신의 몸을 움직이고 있을 바로 그 때의 유아의 행동에 대해 즉각적으로 기술해 주는 것이 가장 효과적이며 활동 후에 그들이 하였던 행동을 종합하거나 기억하게 하는 것은 덜 효과적이다. 즉, '경민이는 음악 소리가 점점 없어질 때까지 아주 천천히 손가락을 펴고 있구나', '승하는 기차가 아주 빠르게 달리듯이 소리를 아주 빠르게 내고 있네.' 등과 같이 지금 유아가 하고 있는 행동을 기술하는 것이 중요하고 그들의 행동을 자랑스럽게 생각하고 있으며 격려한다는 메시지가 전달되도록 한다. 이렇게 유아가 하고 있는 그 상황의 행동을 기술해 주는 방법은 유아의 음악적 개념의 형성에 도움을 주고 유아의 자유로운 표현에 도움을 준다. ③ 유아의 반응을 끌어내기 위해 제시를 사용하는 것이다. 제시는 유아들로 하여금 몸의 움직임과 새로운 음악적 정보를 관련짓도록 하지만 교사의 지나친 제시는 유아의 상상력을 제지하기 때문에 주의해야 한다. 즉, '내 연은 하늘을 아주 높게 날고 있구나. 이제는 땅 아래로 내려오고 있네.' 등 다음에 진행될 움직임을 유아에게 제시해 주는 것을 말한다. 그러나 유아 자신이 움직임의 제시자가 될 수 있다. 중요한 것은 유아들의 제시를 유용하고 가치있게 여기는 교사의 반응이다. Andress는 제안하기에 가장 좋은 상호작용 방법은 모델링, 행동의 기술, 그리고 행동 제시의 3가지 방법을 모두 혼합하여 사용하는 것이라고 지적하였다.

다섯째, 각 유아의 생활 환경적 특성 및 연령적 · 개별적 발달을 고려하여 음악적 경험을 균형있고 체계적으로 연간, 월간 및 주간 계획에 포함하여야 한다. 음악적 경험 중 소리 듣기는 음악적 경험의 기초적인 활동이므로 특히 중요시한다. 소리 듣기를 경험시킬 때에는 유아가 익숙해 하고 친숙한 곳에서 나는 소리들의 시도와 경험으로부터 시작을 한다. 따라서 처음에는 유아가 사용하는 숟가락 부딪치는 소리, 물 첨벙이는 소리, 그네가 움직이는 소리, 자동차 소리 등과 같은 소리를 구별하도록 계획한다. 악기 소리로는 단순한 동작을 통해 단순한 리듬을 산출하는 리듬 막대 소리, 신문지 막대로 내는 소리, 마라카스 소리 등을 경험하게 한다. 점차 때리고 긁음으로 나는 빨래판 악기, 다양한 소리가 나는 3~4 종류의 마라카스 소리, 튕겨서 나는 줄 소리, 다양한 재질을 두드려 나는 소리 등을 경험하게 한다.

듣기 활동의 계획시 교사는 유아의 개인적 발달을 고려하되 처음에는 단순한 활동을 경험하게 계획하고 점차 복잡한 음악적 활동을 서두르지 않고 경험하도록 한다. 이 때 계획적인 활동을 단계적으로 사전에 준비하며 활동의 전개시 교사 중심의 구조적인 방식이나 기술을 강조하는 음악활동으로서 진행하기보다는 유아가 좋아하는 활동을 중심으로 하여 과정에 초점을 두고 진행한다. 유아의 흥미를 유지하기 위해서는 다양한 자료의 제공을 통한 다양한 탐색을 시도하도록 유아에게 충분한 시간을 허락하도록 한다.

여섯째, 교사는 유아의 연령이 어릴수록 대집단보다는 소집단으로 활동을 계획하고 실외놀이를 최대로 이용하여 활동을 계획한다. 실외 놀이터의 조용하고 평평한 넓은 공간을 이용하며 기본 동작 및 창의적 표현 등을 위한 활동을 진행할 수 있다. 특히 낙엽이 떨어지는 모습, 바람의 속도, 물 줄기의 솟구치는 모습 등

실외에는 움직임의 주제들이 많이 관찰될 수 있어서 바람직하다.

일곱째, 유아교육기관은 가정과의 긴밀한 관계를 유지함으로써 유아의 음악적 발달을 촉진할 것이다. 유치원에서는 각 가정으로 새로 배운 노래의 악보를 보내거나 가정에서 할 수 있는 소리 탐색의 활동들을 적은 목록 등을 보냄으로써 일관성 있는 음악 환경을 마련하도록 한다. 부모들이 많이 드나드는 유치원의 현관 옆이나 실외에 게시판을 설치하여 지역사회에서 쉽게 가볼 수 있는 음악회 소식을 알려준다. 게시판 옆의 악보함을 마련하여 지난 주에 유아교육기관에서 새로 배운 악보를 복사하여 꽂아 둠으로써 필요한 부모가 가져갈 수 있게 배려하는 것도 바람직하다. 또한 부모들 중 악기를 연주할 수 있는 부모들의 지원을 받아 유치원 유아를 위한 작은 연주회의 기회를 마련하는 것도 좋은 활동이 된다.

여덟째, 교사 자신이 음악을 선호하고 즐기며 자유로운 표현을 가치 있게 여기는 사람이어야 한다. 이러한 교사는 매일의 일상 생활에서도 음악을 통한 상상력의 기회를 마련하고 풍부한 음악 환경 및 다양한 악기 등을 준비하고 유아의 음악적 반응에 즉흥적이고 창조적으로 반응할 수 있다. 항상 음악에 관한 자료 활용과 음악적 지식을 항상 추구하여 자신의 음악적 발달을 위하여 부단히 노력하게 되고 이것이 유아의 적극적이고 직접적인 음악의 인적 환경이 될 것이다.

2) 음악교육의 환경구성

(1) 음률영역의 환경구성

유아들이 개별적으로 자신이 선택한 음악을 듣고 다양한 소리 및 악기를 탐색하고 실험할 수 있는 음률영역이 되기 위해서는 다양한 자료와 교구가 마련된 물리적 환경이 준비되어야 한다. 음률영역은 블록이나 소꿉영역의 근처에 배치하는 것이 바람직하며 이는 창의적인 움직임과 상상 놀이에서 상호 자극을 받아 통합되어 질 수 있기 때문이다. 다음은 음률영역에 비치하여야 할 음악 자료 및 교구들을 제시하였다. 이러한 교구들은 선반에 잘 정돈하여 두고 유아가 악기를 사용한 후 다시 놓아야 할 자리를 쉽게 알 수 있도록 선반 위에 악기 모양을 붙여 둔다.

1 음률영역에 구비되어야 할 악기

① 리듬 악기류 : 탬버린, 캐스터네츠, 트라이앵글, 방울, 리듬막대, 톤블록, 우드블록, 핸드벨, 마라카스, 귀로, 손가락 심벌즈 등
② 멜로디 악기류 : 실로폰, 스텝벨, 목금, 피아노, 키보드 등
③ 현악기류 : 우클레레, 기타, 만돌린 등
④ 전통 악기류 : 소고, 장구, 작은 장구, 징, 꽹과리, 북 등

2 음률영역에 구비되어야 할 교구

① 그림 및 사진 자료 : 악기들의 사진 및 연주하는 모습, 노래하는 모습, 오케스트라의 사진, 오페라 사진, 음악회 포스터 및 음악을 듣는 모습 등
② 음률에 관계된 책류 : 유아들이 즐겨 부르는 노래를 그림과 함께 곁들여진 노래책, 악기나 음악가에 관한 그림책, 전통 악기를 소개하거나 악기 연주하는 모습을 담은 그림책, 다른 나라의 희귀한 악기를 소개한 그림책 등
③ 시청각 장비류 : 성능이 뛰어나면서 유아가 조작이 가능한 녹음기와 다양한 곡의 테이프, 유아 각자가 들을 수 있는 헤드폰, CD 플레이어, 악기 제작 및 연주에 관한 비디오와 모니터 등

유아의 음악적 성장을 자극하려면 유치원 교실 내의 청각적 자극 환경 역시 계획적으로 제공한다. 배경 음악은 자유선택활동 시간 중 아동의 놀이가 활발히 진행이 되지 않는 등원하는 시간, 간식 시간 등에 어울리는 아름답고 경쾌한 종류의 음악이나 새로 배울 노래 등을 선정하여 들려준다. 이때 배경 음악은 소리가 너무 크지 않도록 주의한다. 모이는 시간, 치우는 시간, 실외에 나가는 시간 등을 음악이나 악기 소리로 표시하여 유아들이 음악과 악기를 생활 속에서 자연스럽게 경험하도록 한다. 음악활동은 하루 일과 중 여러 차례 가지는 것이 좋다. 전이 시간을 이용해 노래나 간단한 노래 게임을 할 수 있고 실외에서도 리듬에 맞춘 자유 표현의 활동 기회를 제공하는 것이 바람직하다. 실외에 간단한 리듬 악기를 준비하여 자연의 소리를 따라 리듬을 시도하여 볼 수 있으며, 배경 음악을 모래밭이나 잔디 등 조용한 놀이가 진행되는 실외에도 틀어 주어 유아의 폭넓은 감상의 기회를 제공한다.

(2) 교사와 유아가 만든 악기

유아교육기관에서는 교사와 유아가 만든 리듬 악기를 통해 다양한 활동을 시도해 볼 수 있다. 다음은 유아교육기관에서 만들 수 있는 악기들이다.

1 리듬 악기대

유아의 키에 알맞은 높이의 나무대를 만들어 주변에서 구할 수 있는 다양한 자료들을 달아 준다. 즉, 다양한 크기와 재질의 숟가락, 포크, 냄비 뚜껑, 주전자 등을 매달아 다양한 소리를 탐색해 보도록 한다.

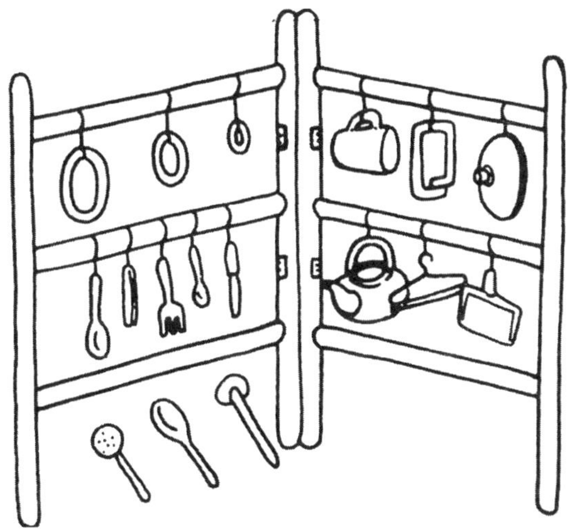

[그림 2-1] 리듬 악기대

2 휴지통 기타

빈 휴지통에 고무 밴드를 세 개 끼워 기타를 만든다. 이때 고무줄 팽팽한 정도를 달리하여 소리의 고저를 조절하거나, 굵기가 다른 3종류의 고무줄을 끼워 기타를 만든다. 휴지통의 양 옆을 예쁘게 장식하면 재미있다.

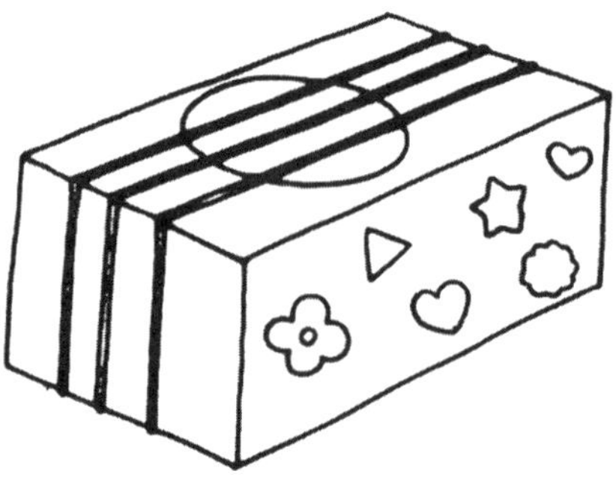

[그림 2-2] 휴지통 기타

3 밴조

빈 구두 상자의 정 가운데에 원을 뚫고 상자를 예쁘게 장식한다. 상자의 옆에 하드보드지로 밴조의 막대 모양을 그려서 붙인 후 고무줄을 3~5개 끼운다. 고무줄의 아래쪽에 연필을 끼운다. 기타처럼 고무줄의 굵기를 달리하거나 고무줄의 팽팽함의 정도를 달리하여 높고 낮은 음을 조절한다.

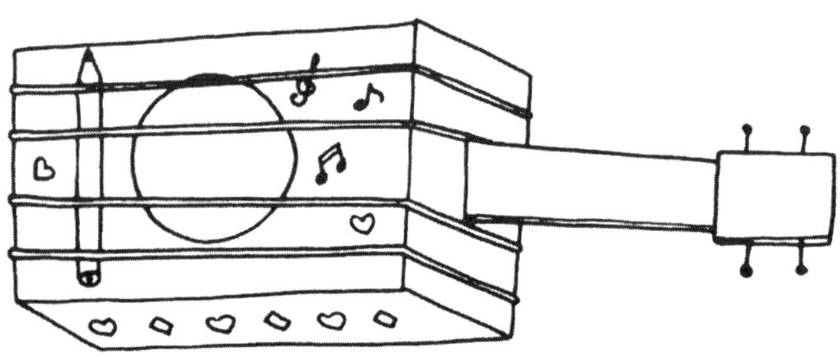

[그림 2-3] 밴조

4 분유통 북

빈 분유통에 플라스틱 뚜껑을 씌우고 스카치 테이프를 붙여 고정한 후 칼라 시트로 예쁘게 장식한다. 분유통의 플라스틱 뚜껑 또는 통 아래 부분을 두드리면 된다. 이때 손바닥으로 그냥 두드려도 좋고 북 채로 두 곳을 두드리면 다른 소리를 내기 때문에 흥미롭다.

[그림 2-4] 분유통 북

5 마카로니 소리 부채

대나무 부채에 다양하게 물들인 마카로니를 실로 꿰어 부채에 매단다. 이때 마카로니는 식용 색소로 물들인 후 락카칠을 하면 더욱 단단하고 예쁜 소리 부채가 된다.

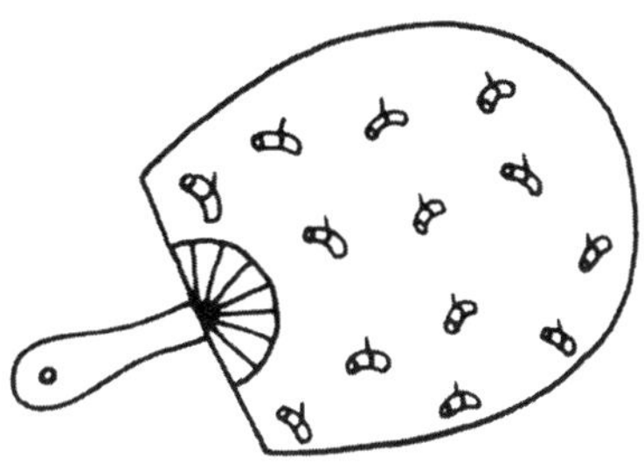

[그림 2-5] 마카로니 소리 부채

6 방울 리듬 장갑

목장갑이나 끼지 않는 겨울 장갑을 이용해 방울 장갑을 만든다. 목장갑일 경우에는 물을 들이거나 유성펜으로 그림을 그려서 장식한다. 방울의 크기를 달리하여 크기가 다른 동그란 방울이나 종을 달아서 방울 장갑을 만든다.

[그림 2-6] 방울 리듬 장갑

7 깡통 북

다양한 크기의 북(큰 커피 깡통, 옥수수 깡통, 복숭아 통조림 깡통 등)을 3개 준비하여 스카치 테이프로 붙인다. 이때 깡통의 바닥이 위로 오게 한다. 칼리 시트로 예쁘게 장식한 후에 깡통 바닥을 손이나 북 채로 친다.

[그림 2-7] 깡통 북

8 화분걸이 종

크기가 다양한 플라스틱 화분을 4~5개 마련한 후 대에 매단다. 이때 노끈의 안쪽에 방울을 매단다. 북채나 플라스틱 막대를 준비하여 벨을 치거나 손으로 친다.

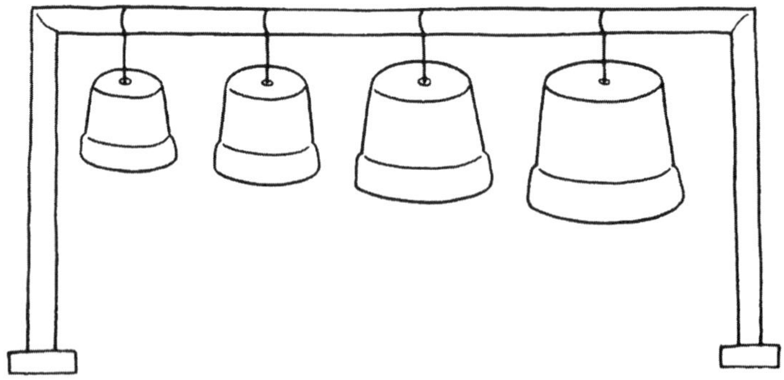

[그림 2-8] 화분걸이 종

9 단추 짝짝이

평평하고 색깔이 화려한 큰 단추를 두 개씩 준비한다. 이때 단추는 플라스틱, 나무, 유리, 금속성 등 다양한 재질의 것으로 그림과 같이 두꺼운 고무줄을 유아의 검지의 크기에 맞게 끼워 준비한다.

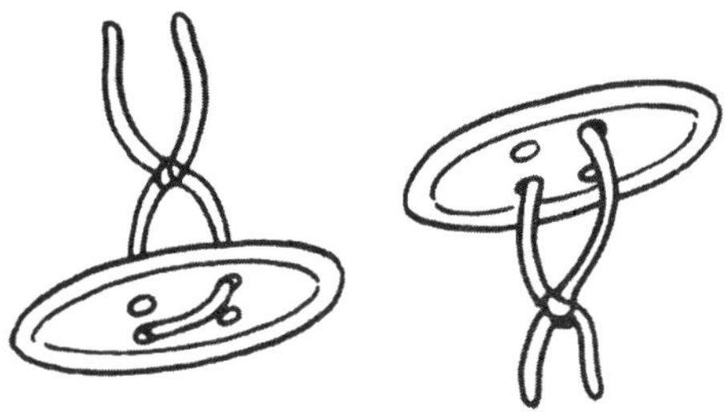

[그림 2-9] 단추 짝짝이

10 나무 블록 악기

직사각형의 나무막대 위에 나무로 만든 빈 상자, 나무통, 플라스틱통, 쇳조각을 붙인다. 두드리는 막대도 다양하게 준비하여 실로폰 막대, 쇠막대, 북채, 솜방망이를 사용한다. 나무막대, 쇠막대, 북채, 솜방망이를 사용한다.

[그림 2-10] 나무 블록 악기

11 손잡이 짝짝이

나무판 두 개를 그림과 같이 경칩으로 붙인 후 손잡이를 단다. 이 때 하드보드지를 두 개 붙여 손잡이 대신 굵은 고무줄을 달아 사용할 수 있다. 이 짝짝이를 사용할 때는 짝짝이 사이에 손가락이 끼지 않도록 주의한다.

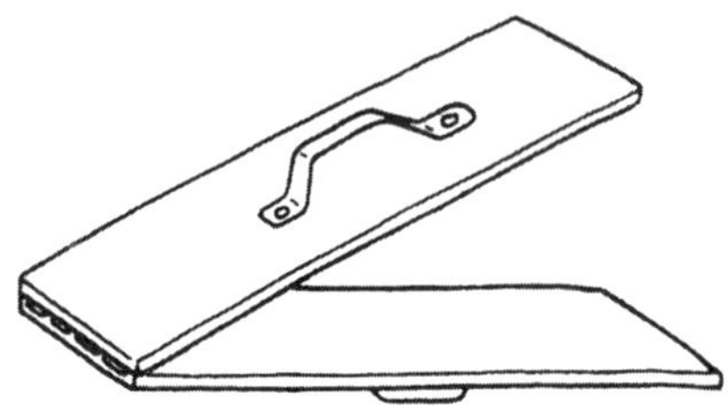

[그림 2-11] 손잡이 짝짝이

12 탁구채 병뚜껑 흔들이

탁구채(또는 주걱)에 병뚜껑을 두 개씩 포개서 가운데 구멍을 뚫고 탁구채(주걱)의 끝 부분에 구멍을 내어 병 뚜껑이 느슨하게 포개지도록 단다.

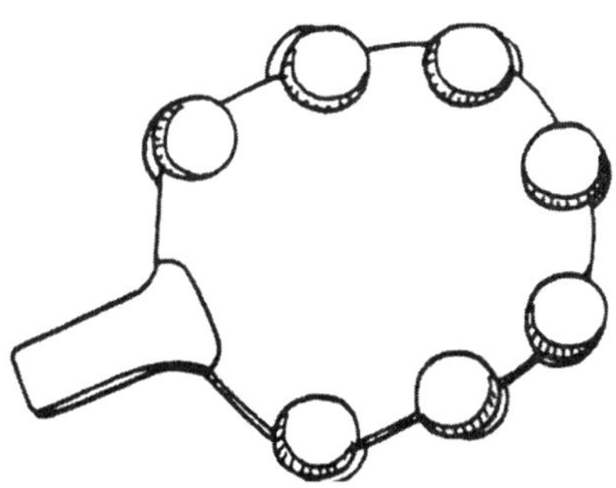

[그림 2-12] 탁구채 병뚜껑 흔들이

13 옷걸이 리듬 악기

옷걸이에 숟가락, 포크, 칼 등을 매단다. 이때 숟가락은 스테인레스의 재질을, 칼은 나무로 만든 장식용 칼을, 포크는 플라스틱의 것으로 준비하여 매달아도 재미있다. 이때 바구니에 나무막대, 솜방망이, 쇠숟가락을 준비하여 주어 다양한 막대로 다양한 재질의 것들을 두드릴 수 있는 기회를 제공한다.

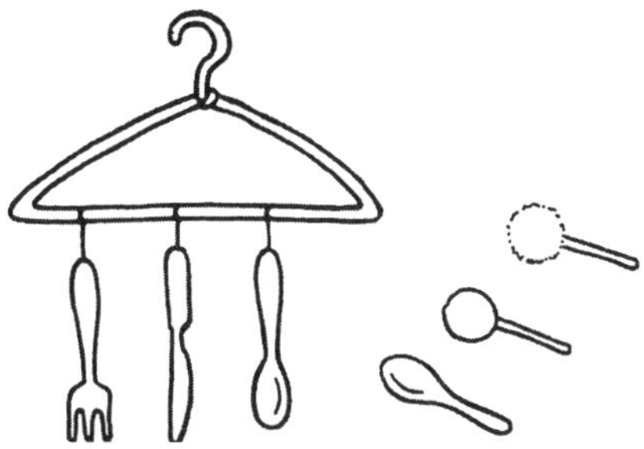

[그림 2-13] 옷걸이 리듬 악기

14 방울막대

긴 막대에 방울을 3~4개 달아서 사용한다.

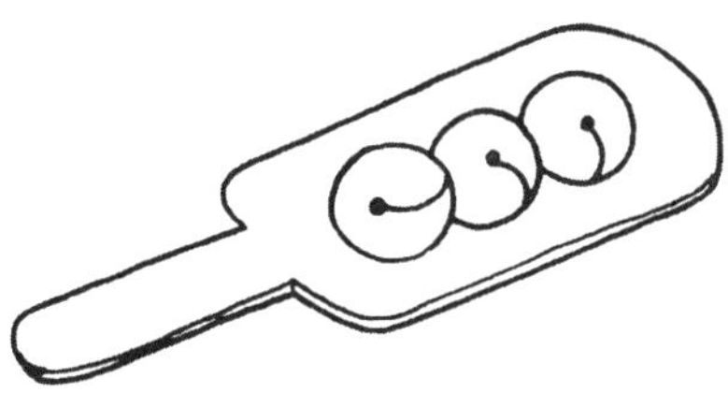

[그림 2-14] 방울막대

15 빗소리 마라카스

메추리알을 넣는 비닐껍질 속에 하드보드지 조각을 잘게 자르거나 다양한 색깔의 빨대를 3mm 정도의 길이로 잘라 안에 넣는다. 이때 조각들을 너무 많이 넣지 않는다. 껍질의 뚜껑을 닫고 압설자를 끼워 본드로 붙인 후 네 가장자리를 스카치 테이프로 돌려 가며 붙여 안의 조각들이 밖으로 나오지 않도록 한다. 조그마한 스티커 등을 겉에 붙여 장식하면 빗소리가 들리는 마라카스가 된다.

[그림 2-15] 빗소리 마라카스

4. 음악활동의 실제

1) 듣기활동의 실제

(1) 음악감상 활동계획의 예('생활주제'를 중심으로)

생활주제 및 기간	감상작품	감상내용
유치원과 친구(3월)	* 듣기를 위한 기초 활동	· 음감, 리듬감, 느낌에 대해 자발적으로 탐색할 수 있는 동적 활동
	* 트리츠트라트 폴카	· 등하원시 부르는 "안녕" 노래에 맞추어 6가지 동물의 동작을 익히고, 동작이 익숙해지면 이를 통해 감상 음악에 맞추어 움직인다.
식물과 자연(4월)	* 요한 스트라우스의 '봄의 소리 왈츠'	· 봄이 되면 관찰할 수 있는 것을 찾고 이것을 준비하여 음악에 맞추어 등장시키며 춤추는 동작을 한다.
	* 아리랑	· 세마치 장단을 말리듬으로 익히고 말리듬에 맞추어 소고를 치며 음악을 감상한다.
나와 가족(5월)	* 멘델스존의 결혼행진곡	· 부모님의 결혼 사진을 모아서 앨범을 만들고 사진을 보며 개별적으로 감상하기
	* 음악 : 자장가	· 음악을 듣고 언제 부르는 노래인지 생각하기 · 박수근의 '모자' 그림 속의 엄마 모습 관찰하고 음악과 함께 공통점 찾기 · 역할놀이영역에서 아기 재우기 활동으로 확장
동물과 자연(6월)	* 요나손의 '뻐꾹 왈츠'	· 움직일 수 있는 그림 활동판을 음악에 맞추어 조작하며 감상하기
	* 피터와 늑대	· 각 악기가 표현하는 동물의 이미지를 알고 음악의 표현에 따라 등장 인물 인형으로 극화하기

생활주제 및 기간	감상작품	감상내용
여름(7월)	* 음악 : 생상 '백조' 차이코프스키 '백조의 호수'	· 비교 감상-백조에 대해 알아보고 두 음악에서 표현하는 백조의 같은 점, 다른 점 찾기 · 백조의 어떤 모습을 표현하는지 이야기하기
교통기관(9월)	* 네케의 '코시코스의 우편마차'	· 음악에 맞추어 리듬 악기 치기 활동을 한 후 어린이들의 연주를 녹음하여 원곡과 번갈아 비교하며 듣기
	* 뱃노래	· 말장단 익히고 어부 아저씨의 고래잡기 신체표현을 하며 감상하기
우리나라, 가을(10월)	* 전래동요 감상하기	· 놀이와 함께 음악 듣기
	* 놀이와 함께 음악 듣기	· 세 곡의 음악을 듣고 그림에 어울리는 곡 선택해서 이유를 말하고 함께 감상하기
세계 여러 나라, 우주(11월)	* 음악 : 생상의 '동물의 사육제' 중 '사자'	· 3편의 그림을 관찰한다. · 음악을 들려주며 가장 어울리는 그림(사자가 있는 3편의 명화그림)을 찾고 음악과 함께 그림을 감상한다.
	* 베토벤의 '월광'	· 음악을 듣고 도화지에 달빛 꾸미기
겨울(12월)	* 쇼팽의 스케이딩 왈츠	· 음악을 듣고 음악에 맞추어 스케이트 동작 표현하기

2) 노래부르기 활동의 실제

(1) 그림자료를 이용한 노래지도

그림을 통한 노래지도는 그림 그리기나 그림카드를 통해 노래지도를 하는 방법이다. 그림 그리기와 그림카드를 이용한 지도방법을 노래지도에 많이 활용되고 있으므로 예를 들어 살펴보자.

〈본시수업계획안 예시〉

활 동 명	우리나라는 사계절이 있어요.	활동유형	소집단	활동영역	음률영역	연령	만 4세
생활주제	우리나라	주제	우리나라의 자랑거리	소주제	우리나라의 상징 알아보기	활동일시	6. 3
활동목표	• 노랫말을 그림으로 표현하게 하여 상상력을 키운다. • 우리나라는 일년이 사계절로 구성되어 있음을 안다.						
교육과정 구성요소	• 탐구생활 : 과학적 기초능력 기르기 - 자연 현상에 대해 알아보기 • 탐구생활 : 과학적 기초능력 기르기 - 생명체와 자연환경 소중하게 여기기						
활동방법	**활 동 내 용**						
활동자료	노래가사판, 우리나라 지도가 그려진 도화지(유아 수만큼), 크레파스, 카세트						
본시활동 도입 동기유발	**① 손유희와 함께 주의집중 시간을 갖는다.** 선생님은 ○○를 사랑해! (사랑해!) 선생님은 ○○를 사랑해! (사랑해!) 선생님은 ○○도, ○○도, ○○도 선생님은 새싹반을 사랑해! (사랑해!) **② 흥미 · 동기유발을 위해 이야기 나눈다.** - 우리나라에는 어떤 계절이 있을까? - 사계절의 특징은 무엇이 있을까?						
전개	**① 노래 가사판을 제시하며 이야기해 본다.** - 노래내용을 보며 우리나라는 왜 아름다울까? - 봄에는 왜 꽃 나라일까? - 겨울은 왜 하얀눈 나라일까? **② 우리나라 지도가 그려진 도화지를 나누어 주며 소집단으로 그림을 그린다.** - 1조 : 자기가 좋아하는 색깔로 칠하게 한다. 2조 : 가장 좋아하는 사람을 그리게 한다. 3조 : 꽃을 그리게 한다. 4조 : 여름 밤 하늘에 별을 그리거나 물놀이하는 그림을 그리게 한다.						

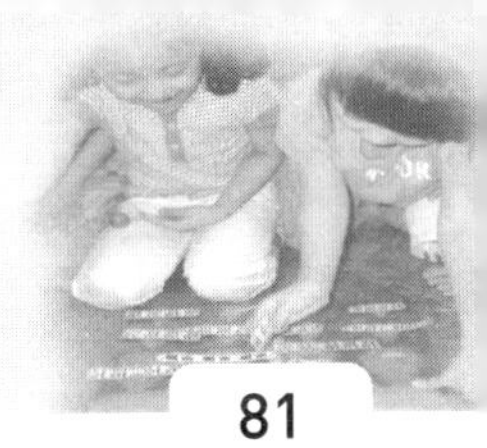

	5조 : 나무를 그리게 한다. 6조 : 눈 오는 날의 그림을 그리게 한다. **③ 그림을 그리는 동안 노랫말을 익힐 수 있게 노래를 들려준다.** **④ 노랫말과 그림을 연결시키면서 이야기 나눈다.**
마무리	**① 음률 활동 후 배운 노래와 이야기 나누기를 한다.** - 가장 좋아하는 사람은 누구였지? - 아름다운 꽃 이름은 무얼까? - 물놀이는 어느 계절에 할까? - 눈 오는 겨울에는 어떤 놀이를 하며 즐거워할까? **② 다음 활동 안내를 한다.** - 내일은 종이 찢기를 하면서 우리나라를 꾸며 보도록 하자. - 손을 씻고 와서 맛있는 간식 먹는 시간을 가지도록 하자. - 예쁜 꽃을 그린 친구는 화장실로 가세요.
유의점	• 창의적으로 그림을 그릴 수 있도록 유의한다.
평가	• 노랫말을 그림으로 표현할 수 있었는지 언어적 상호작용을 통해 평가한다. • 우리나라는 사계절로 구성되어 있음을 언어적 상호작용을 통해 평가한다.
확장활동	**【 음률 - 새노래 익히기 】** • 노래를 부르면서 동작을 만들어 본다. **【 조형활동 - 예술적 표현 즐기기 】** • 우리나라 지도를 꾸며 보게 한다(종이 찢어 붙이기, 점토 붙이기 등).

(2) 기호를 통한 노래지도

기호를 통한 노래지도는 기호를 통하여 노랫말을 연상하게 하여 유아가 상징놀이에 심취하면서 노래를 쉽게 배우도록 지도를 하는 방법이다.

활 동 명	통통통	**활동유형**	소집단	**활동영역**	음률영역	**연령**	만 5세
생활주제	건강과 안전	**주제**	즐거운 운동과 휴식	**소주제**	적절하게 운동하기	**활동일시**	6. 3
활동목표	• 기호(상징)를 통한 노래를 지도함으로써 대 · 소근육 발달을 키울 수 있다. • 노랫말에 따라 신체를 움직여 본다.						

교육과정 구성요소	• 건강생활 : 나의 몸 움직이기 - 이동하며 움직이기 • 표현생활 : 예술적 표현 즐기기 - 움직임과 춤으로 표현하기
활동방법	**활 동 내 용**
활동자료	노래가사판, 기호그림 8장, 카세트
본시활동 **도입** **동기유발**	**① 노래가사판을 함께 읽어 보며 주의집중 시간을 갖는다.** 통통통 높이 뛰다가 살살 동그랗게 뛰다가 흔들흔들흔들 춤추다가 점점점점 아래로 엉금엉금 기어가다가 살금살금살금 데굴데굴데굴데굴 굴러가다가 일어섯 하나둘 씩씩하게 걷다가 깡충깡충 뛰다가 빙글빙글빙글빙글 돌아가다가 물 속으로 풍덩 땅을 보고 통통통 하늘 보고 통통통 첨벙첨벙첨벙첨벙 헤엄치다가 일어섯 **② 흥미 · 동기유발을 위해 이야기 나눈다.** - 우리 친구들 모두 바른 자세로 앉았나요? - 가사판을 보면서 어떤 행동들이 있었지? - 첫 번째 가사는 어떻게 해야 할까? - 우리 건강한 몸을 위해 체조하는 방법에 대해 알아보자.
전개	**① 그림기호판을 제시하며 가사를 읽어 준다.** V V V - 나머지 그림판도 똑같은 방법으로 읽어 준다. **② 기호를 보면서 신체표현을 할 수 있게 한다.** • 통통통 높이 뛰다가 • 살살 동그랗게 뛰다가 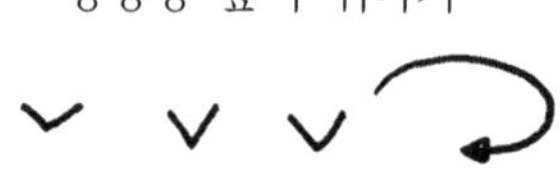 • 흔들흔들 흔들흔들 춤추다가 

	• 점점점점 아래로  • 엉금엉금 기어가다가  • 살금살금살금  • 떼굴떼굴떼굴떼굴 굴러가다가  • 일어섯  ③ **그룹을 나누어 신체활동하게 한다.** - 두 그룹으로 나누어 음률활동을 하게 해 본다. ④ **노래를 부르면서 다함께 율동해 본다.**
마무리	① **음률 활동 후 배운 노래와 이야기 나누기를 한다.** - "통통통 높이 뛰다가"는 어떤 동작을 했었지? - "점점점점 아래로"는 어떤 동작이었지? ② **다음 활동 안내를 한다.** - 내일은 이 노래의 2절을 배워 보도록 하자. - 손을 씻고 와서 맛있는 간식 먹는 시간을 가지도록 하자. - 살금살금 기어서 화장실로 가보자.
유의점	• 너무 시끄러워 지지 않도록 통제를 하면서 신체활동한다.
평가	• 기호를 통해 대근육 발달을 키울 수 있었는지 평가지를 통해 평가한다. • 노랫말에 따라 신체를 움직여 보았는지 언어적 상호작용을 통해 평가한다.
확장활동	【 게임 - 퍼즐 맞추기 】 • 노랫말에 맞는 기호를 가져오는 게임을 한다.

(3) 그림 동화를 이용한 노래지도

그림 이야기를 통한 노래지도는 노래를 가르쳐 주는 것이 아니라 노래에 흥미를 가지게 하는데 목적이 있다.

<table>
<tr><th>활 동 명</th><td>꼭꼭 씻어요</td><th>활동
유형</th><td>대집단</td><th>활동
영역</th><td>음률영역</td><th>연령</th><td>만 5세</td></tr>
<tr><th>생활주제</th><td>건강과 안전</td><th>주제</th><td>깨끗한
나와 환경</td><th>소주제</th><td>나를 깨
끗이 하기</td><th>활동
일시</th><td>6. 10</td></tr>
<tr><th>활동목표</th><td colspan="7">• 유아 스스로 깨끗하게 손씻는 생활습관을 기를 수 있다.
• 유치원에서 활동 후 언제 손을 씻어야 하는지 안다.</td></tr>
<tr><th>교육과정
구성요소</th><td colspan="7">• 건강생활 : 건강하게 생활하기 - 몸과 주변을 깨끗이 하기
• 표현생활 : 예술적 표현 즐기기 - 움직임과 춤으로 표현하기</td></tr>
<tr><th>활동방법</th><th colspan="7">활 동 내 용</th></tr>
<tr><th>사전활동</th><td colspan="7">【 동화 「손부터 씻고!」- 이야기 나누기 】
▣ 손을 어떻게 씻어야 하는지 아이들의 눈높이에 맞게 잘 풀어내었다. 이 책은 아이들에게 올바른 손씻기 습관을 형성하는데 긍정적인 역할을 할 것이다.

글 : 김세실 / 그림 : 황미진 / 출판사 : 베틀 북</td></tr>
<tr><th>활동자료</th><td colspan="7">동화책 「손부터 씻고!」, 노래가사판, 그림〈모래놀이, 간식 먹기, 화장실 등〉 퍼즐〈손씻는 순서〉</td></tr>
<tr><th>본시활동

도입
동기유발</th><td colspan="7">① 노래가사판을 함께 읽어 보며 주의집중 시간을 갖는다.

손뼉을 치자 짝짝짝! 위에서 치자 짝짝짝!
반짝반짝 까딱까딱 반짝반짝 까딱까딱
쉿! 소리 없이 짝짝짝 예쁜 손 무릎에</td></tr>
</table>

	② 흥미 · 동기유발을 위해 동화책「손부터 씻고!」를 읽어 준다. - 동화 속 친구가 어디를 갔나요? - 친구의 손은 어떻게 되었나요? - 친구가 손을 씻지 않았으면 어떻게 되었을까요? - 그럼 이제 손을 언제 어떻게 씻어야 하는지 알아볼까요?
전개	**① 그림을 보여주고 이야기를 나눈다.** - 여기 하나~ 둘~ 셋~ 네 가지 그림이 있어요. 뭘 하는 그림일까요? - 다음에는 뭘 해야 할까요? - (원하는 대답이 나올 때 까지) 그럼 그 다음에는 또 뭘 해야 할까요? - 이 네 가지 그림 말고 또 나는 이럴 때 손씻어요 하는 친구 ? - 00 이는 이럴 때 손을 씻는구나, 또 나는 이럴 때 손씻어요 하는 친구? - (반복질문, 긍정적인 대답) **② 손씻기 퍼즐을 통해 손씻는 과정을 알려 준다.** - 선생님이 퍼즐을 준비해 왔어요. 저 해 볼래요 하는 친구? - 우와 손씻기 순서가 있네요. 우리 같이 따라해 볼까요? - (흉내를 내며 읽어 준다) 손바닥을 마주대고 싹싹, 엄지손가락을 감싸 쥐고 빙글빙글, 손깍지를 끼고 뽀득뽀득, 손가락을 마주잡고 조물조물, 손등과 손바닥을 포개어 쓱쓱, 손톱 밑까지 쓱싹쓱싹 - 우와 손씻기 끝이다~ 손씻는 방법이 어때요? **③「손을 씻자」손유희를 가르쳐 준다.** 손을 씻자 깨끗하게 손을 씻어요 뽀글뽀글 거품 내어 손을 씻어요 오! 수건 어디 있을까? 저 높은 곳에 있어요 털어봐요 툴툴 흔들흔들 털어요 털어봐요 흔들흔들 마를 때까지~ - 모두 일어서서 다시 해 볼까요 ? 흔들흔들 털 때 온몸을 털어 봐요. **④ 그룹을 나누어 음률활동하게 한다.** - 두 그룹으로 나누어 음률활동을 하게 해 본다.
마무리	**① 손씻는 방법에 대해 마지막으로 알려 준다.** - 오늘은 손씻기에 대해서 알아봤어요. 선생님 저 아직 모르겠어요. 하는 친구 있니? - 그럼 마지막으로 다시 퍼즐을 읽어 봐요.

마무리	- (흉내를 내며 읽어 준다) 손바닥을 마주대고 싹싹, 엄지손가락을 감싸 쥐고 빙글빙글, 손깍지를 끼고 뽀득뽀득, 손가락을 마주잡고 조물조물, 손등과 손바닥을 포개어 쓱쓱, 손톱 밑까지 쓱싹쓱싹 ② **평가를 한다.** - 어떤 친구가 스스로 깨끗하게 손씻기를 잘 할 수 있을까 ? - 손씻기는 언제 해야 할까? ③ **다음 활동 안내를 한다.** - 다음은 조형활동을 할 것이니 준비물을 가지고 책상으로 앉으세요.
유의점	• 음률활동 후 산만해 질 수 있으니 주의집중을 잘 해 준다.
평가	• 스스로 깨끗하게 손씻는 습관을 기를 수 있는지 언어적 상호작용을 통해 평가한다. • 활동 후 언제 손을 씻어야 하는지 언어적 상호작용을 통해 평가한다.
확장활동	【 건강 - 목욕하기 】 • 손씻기 뿐만 아니라 다른 몸 구석구석 씻는 방법을 알아본다.

제3장

통합적 접근방법

1. 통합적 접근방법의 개념
2. 통합적 접근방법에서의 교사의 역할

1. 통합적 접근방법의 개념

음악과 동작을 서로 분리해서는 효과적인 각 활동의 목적을 이룰 수 없다. 음악이 없는 동작은 유아의 자유 표현을 제대로 이끌어 낼 수 없으며, 손 동작이나 작은 몸의 움직임을 생각하지 않고는 유아의 음악적 활동을 고려할 수 없을 것이다. 이러한 활동의 표현 과정에서의 음악과 동작의 밀접한 관계뿐 아니라 음악과 동작에서 사용하는 기본 개념들은 다른 교과 영역의 개념들과 매우 밀접히 관련되어 있다. 동물, 계절, 색깔, 식물, 곤충, 신체, 음식, 도구나 기계, 밤과 낮, 신체 감각에 관한 과학 및 수학 개념들은 음악의 주제로 널리 사용되는 것들이고 이 주제들은 유아의 노래에서도 쉽게 볼 수 있는 것들이다.

창의적 동작 표현에 있어서 식물의 성장에 대한 개념을 표현하기 위해서는 동작과 과학, 동작과 음악의 밀접한 연관이 없이는 효과적인 활동 전개가 불가능하다. 유아들은 위에서 기술한 개념들에 관해 과학적 · 수학적으로 관찰하고 생각하며 음악으로 노래하고 신체로 그 개념들을 표현하고 있는 것이다. 이외에도 구름, 비, 태양, 별, 바람, 폭풍, 천둥 등과 같은 자연의 모습에 대한 주제를 유아들은 노래와 신체로 표현한다. 크다-작다, 위-아래, 많다-적다, 뚱뚱하다-홀쭉하다, 좁다-넓다, 동그라미-네모-세모 등 기본 수 개념도 음악과 동작활동의 기본요소로 사용되고 있다. 수 개념에서 사용되는 같은 개념의 용어가 음률활동에서 활용되고 음률과 수 개념의 밀접한 관계 속에서 활동이 전개되어 나간다.

음악과 동작, 음률과 수 · 과학뿐 아니라 음률과 사회 영역 역시 밀접한 관계를 형성하고 있다. 유아의 일상 생활과 유치원에서의 매일의 활동을 구별짓는 데에 음악과 악기가 사용되고 있다. 장난감을 치울 때, 모이는 시간, 간식 시간 등을 구분하기 위해 악기를 사용해 알리거나 일정한 노래나 음악을 사용하기도 한다. 특별한 날이나, 명절, 행사들은 음악과 움직임을 통해 축하를 하거나 즐기게 된다. 이외에도 다른 나라의 음악을 들으며 그 나라에 대한 이해를 확장하거나, 한 나라의 역사, 지리, 경제 등도 음악을 통해서 제시된다.

음률 교육의 통합적 접근이란 음악교육과 동작교육의 이론적 기본요소들이 따로 분리된 교과 영역의 별개의 활동으로 계획되고 전개되는 것이 아니라 음악과 동작의 기본요소, 유치원의 생활주제 및 아동의 흥미, 그리고 각 교육 내용간의 밀접한 통합을 통해 전개되어지는 것을 의미한다. 동물 주제 중 동화 읽기 활동('열심히 운동한 엄마 거위')은 언어영역에서의 읽기 활동으로만 이루어지는 것이 아니라 다른 영역으로의 확장을 꾀함으로써 음악, 동작, 문학의 기본요소들을 통합적으로 경험시킬 수 있다. 즉, 동화 속의 엄마 거위의 체조하는 신체 표현을 유아들이 창의적으로 만들어 보고 빠르고 느리게, 또는 크고 작게 각 체조 동작을 구성하여 본다. 이때 체조 동작에 적절한 빠르기와 음악을 준비하여 유아들 자신이 새롭게 만든 체조 동작을 연속하여 움직여 봄으로써 신체 인식 및 대근육 발달을 증진시킬 수 있다.

맹꽁놀이('나' 주제)는 언어활동이다. 그러나 간단한 리듬 패턴을 사용해 언어를 주고받음으로써 유아의 음악적 리듬감을 증진시키고 수학적 기본 개념의 확장을 돕는다. '나'의 주제의 손바닥 · 발바닥 찍기는 미술영역의 찍기 활동에서 만든 자료를 확장하여 음률영역에서 꼬기 활동의 자료로 사용하였다. 이것은 개념과 주제의 통합뿐 아니라 여러 영역에서 물리적 교구가 동시에 사용되거나 확장되는 것을 의미하며 인접 영역간의 밀접한 상호작용을 나타내는 예이다. 유아교육기관의 생활주제는 다른 교육 내용들을 통합하여 유아가 습득해야 할 개념과 활동들을 하나로 묶는 역할을 한다. 위의 예에서 보았듯이 한편의 동화는 유아의 수개념, 과학 개념의 학습뿐 아니라 음악을 듣고 반응하는 창의적 표현의 전개를 위한 중요한 매개적 역할을 담당한다.

이상에서 진술한 영역간 및 주제의 통합뿐 아니라 음악교육(동작교육)의 각 개념들은 한 활동 내에서 통합적으로 이루어질 수 있다. 즉, 활동을 여러 날에 걸쳐 또는 여러 장소에서 변형과 확장을 통해서 실시함으로써 여러 가지 음악적 개념(동작의 개념)들 간의 통합을 꾀할 수 있다. 이를 위해서는 유아에게 물리적 현상이나 사물의 변화 과정을 충분히 관찰할 시간을 사전 경험으로 주어야 한다. 사전 관찰 후 영역간의 통합적 교육 활동을 통해 그에 대한 개념을 구체화시킨 후에 유아의 음악적 경험을 전개하거나 음악적 표현을 이끌어 낸다. 즉, 천둥 소리처럼 강하고 갑작스럽게 나는 큰 소리와 갑작스럽게 나는 소리지만 은근하고 작게 들리는 연못의 퐁당 소리(연못에 돌을 던지거나 개구리가 연못 속으로 뛰어들 때 나는 소리 등)에 대한 활동으로 소리의 강약에 대한 개념을 경험시킬 수 있을 것이다. 이때 장마나 큰 비가 오고 나서 유아들이 직접 천둥 소리를 집이나 학교에서 한두 번 경험한 후에 실시하거나 큰 양동이에 담겨진 물에 돌을 던져서 나는 소리들을 경험한 후에 실시하는 것이 바람직하다. 과학영역에서는 천둥치는 과정을 담은 비디오나 책을 통해 천둥의 발생 과정 등을 알아본다. 독서영역에서는 천둥에 대한 동시를 제시하거나 그에 관련된 이야기 책을 비치하여 수시로 접할 수 있게 한다. 음률 영역에서는 유아 개개인이 천둥 소리와 퐁당 소리의 직접적인 음을 들을 수 있도록 녹음기를 틀어 주고 유아들은 자신들이 들은 소리의 느낌을 그림이나 기호, 선 등으로 표현해 보도록 한다.

또한 유아 자신이 들은 각각의 소리들을 목소리로 따라서 흉내내어 본다. 소리의 제한이 덜한 실외놀이에서는 유아가 천둥과 연못의 퐁당 소리를 시도해 볼 수 있게 큰북과 작은드럼을 준비하여 탐색해 보도록 한다. 천둥 소리인 큰북 소리가 들리면 실외놀이에 참여한 유아들이 자신의 활동을 멈추고 몸을 앉아 움츠리는 등의 표현을 하는 것으로 정하고 천둥 게임을 할 수도 있다. 작은드럼을 치면 자신이 하던 행동을 계속할 수 있다. 이때 술래인 유아가 큰북과 드럼을 번갈아 가며 치도록 하며 큰북과 드럼을 칠 때 음의 강약을 직접 소리와 몸으로 경험해 보는 기회를 충분히 갖도록 한다. 실내 자유선택활동에서는 베토벤의 운명 교향곡과 같이 웅장하고 강한 곡과 장난감 교향곡과 같이 가볍고 약한 느낌이 드는 곡을 대비하여 들려준다. 이 때 음악을 감상한 후 유아 자신의 신체를 이용하여 자유롭게 느낌을 표현하고 느낌에 대해 서로 이야기해 본다.

처음에는 단순히 음악에 맞추어 자신의 느낌을 표현하게 하다가 점차 '내가 만일 천둥이라면' 또는 '내가 만약 연못가의 돌이어서 물 속으로 던져졌다면' 등의 상상에 따라서도 신체 움직임을 스스로 찾아내 보게 유도한다. 아동들이 서로 상상적 움직임을 즐긴다면 다른 유아의 움직임도 감상할 기회를 제공할 수도 있다. 이러한 표현활동시 교사는 창의적인 표현의 장려를 위해 다양하고 적절한 음악을 준비한다. 물리적 환경구성으로써 천둥이 치는 컴컴한 하늘과 연못에 돌이 던져지는 모습을 그린 배경 그림을 OHP를 사용하여 유치원의 천장이나 벽에 비추어 창의적 신체 표현을 촉진한다. 이때 교사는 유아가 신체로 표현하는 중간에 강약, 속도, 고저 등의 음악적 개념을 탐색할 수 있도록 적절한 지시를 사용한다. 이상의 예에서 보았듯이 한 활동의 진행과 확장에서 음악과 동작의 기본 개념과 경험들이 통합되어질 수 있을 것이다.

2. 통합적 접근방법에서의 교사의 역할

움직이고 싶은 욕구를 자극하고 채워 주기 위해서는 노래나 음악을 들려주어 표현을 격려하고, 다양한 도구를 사용하여 자신의 신체 표현을 적극적으로 하고 확장하도록 격려하는 교사의 역할이 매우 중요하다. 창의성은 아동 자신이, 주어진 시간과 자료, 기회, 실험의 역할 등을 주도하는 '놀이하는 분위기'에서 길러진다. 놀이를 통해 음악이 만들어지고 동작이 표현되며 다른 영역과 주제간의 통합도 원활하게 이루어진다. 유아들은 무한한 창의력을 내재하고 있다. 창의적 표현 환경에 익숙하지 않은 유아들은 처음에는 자신의 표현을 매우 꺼려하고 즐겁게 참여하지 않으려 한다. 창의적 표현의 기회를 빈번히 가질수록 유아들은 더 적극적으로 표현 활동에 참여하게 된다. 따라서 교사는 유아들에게 놀이하는 자유로운 분위기를 조성해 주고 그 속에서 음악 개념을 경험하며 신체 표현을 스스로 탐색해 볼 수 있도록 충분한 시간과 물리적 활동을 마련해 주어야 한다.

이러한 물리적 환경이 마련이 되었다 해도 교사가 한두 가지 운동 기술의 숙달을 분리하여 강조하거나 분리된 음악적 기술을 강조한다면 2~7세의 유아들은 음악적 즐거움과 움직임의 기쁨을 경험하지 못하고 무한한 창의적 표현력을 나타내지 못할 것이다. 교사 중심의 결과를 강조하는 접근방법은 유아들에게 사고를 구성하고, 재구성하고, 실험하고, 탐색하며, 숙고하는 충분한 시간을 허락하지 않을 뿐 아니라 유아 중심의 학습을 촉진하지 않는다. 교사가 유아들 스스로 문제를 찾고 해결하도록 촉진하고 활동의 과정을 중시할 때 유아들은 복합적이고 확산적인 해결책을 발견할 뿐 아니라(Dyer & Schiller, 1993) 움직임으로 인한 즐거움을 경험하는 유아로 성장하게 될 것이다.

과정적 접근방법과 함께 교사는 음악과 동작활동을 서로 통합적으로 이루어지도록 계획하며 이러한 음률활동은 교실 내의 쓰기, 읽기, 수, 과학, 미술, 사회의 교육내용과 통합적으로 이루어지도록 계획 · 전개하는 것이 중요하다. 발달영역의 각 과업을 따로 분리하여 자극하고 촉진하는 것이 아니라 전인적인 유아를 기르는 것에 가치를 두는 교사의 태도가 중요하다. 최근의 여러 연구(Holt, 1988 ; Sayre, 1990 ; Sharron, 1990)에서도 음악활동과 동작활동, 문어활동 및 놀이와의 통합을 시도하는 활동들이 활발히 연구되어 보고되고 있다. 이들 연구의 공통적 특징은 상상을 사용하여 유아의 창의적 사고 및 표현을 다양한 활동간의 통합을 통해 촉진하는 것이고 이것은 곧 음률교육의 통합적 접근을 시도하고자 하는 교사의 적극적인 역할이 매우 중요한 요소임을 지적하고 있다.

제4장

동작을 위한 교육

1. 지각-운동 발달을 위한 동작활동
2. 언어 개념 발달을 위한 동작활동
3. 수학 개념 발달을 위한 동작활동
4. 과학 개념 발달을 위한 동작활동
5. 사회 개념 발달을 위한 동작활동
6. 미술과 음악 개념 발달을 위한 동작활동

동작교육의 목적에서 지적한 바와 같이 동작교육은 동작을 위한 교육이 있고 동작활동을 학습에 이용하고 유아의 전인 발달을 도모하기 위한 수단으로 이용하기 위한 교육이 있다. 따라서 동작활동을 통하여 이동동작, 비이동동작, 조작적 동작 등 기본동작 형태를 경험하면서 사회, 정서, 지각, 언어, 창의성, 인지 발달은 물론 개념 학습도 모두 포함시킬 수 있다. 동작활동의 교육적 적용을 위한 내용이나 개념은 Gallahue의 모델에서 제시된 내용이나 유아교육 과정의 교육내용을 기초로 하여 연구해 볼 수 있다.

Gallahue는 각 연령 수준에서 학습해야 할 모든 개념을 체육교육 프로그램에 통합시켜 학습시킬 수 있다고 보고, 각 학습영역별로 체육활동과 통합시킬 수 있는 원리와 예를 제시하였다(Gallahue, et al., 1975).

1. 지각 - 운동 발달을 위한 동작활동

각 아동은 독특한 개인으로서 성숙 수준, 발달 단계, 학교에서 얻은 학습 경험이 저마다 다르다. 다음은 Gallahue 모델에서 제시한 유아기 아동의 수준에 적합한 지각-운동 측면에 관계된 개념들의 목록이다.

① 예민성(acuity) : 환경 내의 청각적 · 시각적 자극을 의미있게 그리고 정확하게 받아들이고 분별할 수 있는 능력

② 균형(balance) : 신체 위치의 감각 그리고 자세나 위치를 유지하거나 회복시키는 능력

③ 양측성(bilaterality) : 신체의 좌 · 우측을 동시에 혹은 병행하여 움직이기

④ 신체 이미지(body image) 혹은 신체 인식(body awareness) : 자신의 신체에 대한 인식, 각 신체 부위의 이름, 동작, 기능, 위치를 아는 것, 신체의 한쪽이 다른 쪽과 다르다는 내적인 감각을 갖는 것, 신체에 대한 인식을 타인으로부터 받는 피드백뿐만 아니라 내적인 신호로부터 받는 느낌을 포함.

⑤ 종결(closure) : 행동이나 정신적 행위에서의 완성에 도달하는 과정, 상황을 안정시키거나 완성시키는 경향
⑥ 배를 대고 기기(crawling) : 납작 엎드린 자세로 한 지점에서 다른 지점으로 움직이기
⑦ 네 발로 기기(creeping) : 손이나 무릎을 바닥에 대고 한 지점에서 다른 지점으로 움직이기
⑧ 교차-형태(cross-pattern) : 반대쪽 팔과 다리를 동시에 움직이는 동작
⑨ 인출(decoding) : 감각양식을 통해 들어온 자극 메시지를 받아들여 이해하고 해석하는 능력
⑩ 깊이 지각(depth perception) : 관찰자와 대상 사이의 거리에 대한 직접적인 인식을 다루는 시각적 측면
⑪ 방향성(directionality) : 측향성(laterality)의 인식과 이 인식을 공간(위, 아래, 오른쪽, 왼쪽, 앞, 뒤)으로 투사
⑫ 난독증(dyslexia) : 읽기 혹은 읽기 이해에 있어서 부분적 무능력
⑬ 뛰기 무능력(earthbound) : 뛰어오르기 시도에서 신체를 공중으로 뜨게 하는데 있어서 무능력 즉균형이나 협응의 부족에 기인
⑭ 부호화(encoding) : 말하기, 쓰기 혹은 행위를 통해서 자신을 표현하는 능력
⑮ 눈-손의 협응(eye-hand coordination) : 눈으로의 수용과 손으로의 생성을 지각적으로 함께 조직하는 능력
⑯ 형태-배경(figure-ground) : 기형학적 도형들이 배경과 대조될 때 윤곽선을 가진 사물로 나타난다. 형태 부분은 배경보다 약간 앞으로 튀어나와 보인다.
⑰ 소근육 운동(fine-motor) : 신체의 소근육을 통제하는 능력, 우선 눈과 손이 학문적 과제의 성취에 필수적이다.
⑱ 고정(fixation) : 눈의 초점을 사물에 맞추는 능력
⑲ 형태 지각(form perception) : 전체를 구성하는 요소들이나 부분들의 배열 혹은 패턴을 지각하는 능력. 이때, 그 요소들은 서로 특별한 관계에 있다.
⑳ 성 동일시(gender identification) : 이 요인은 유아가 자신에게 적절한 성과 동일시하는 것과 관련이 있다. 자신의 적절한 성에 동일시하는 데 있어서 문제가 있는 유아는 다음의 학습 상황에서도 문제를 겪게 된다.

㉑ 대근육 운동(gross-motor) : 신체의 대근육, 특히 팔과 다리를 협응시킨 동작으로 사용하여 특정 과제를 성취하는 능력

㉒ 과잉 활동성(hyperactivity) : 과잉 에너지를 갖고 있어서 잠시라도 동작을 통제할 수 없는 아동의 지나친 활동성

㉓ 과잉 산만성(hyperdistractibility) : 배경 '소음'으로부터 최우선적 자극을 구별하지 못하는 아동의 무능력, 그 결과 유아는 환경의 여러 가지 청각적 · 시각적 · 촉각적 단서들에 의해 산만해진다.

㉔ 저 활동성(hypoactivity) : 활동성의 현저한 부족

㉕ 운동감각(kinesthesia 혹은 kinesthetic) : 각 신체 부위의 위치와 이전 경험에 비추어 그 신체 부위가 어떻게 움직이는가에 대한 내적 신경근육상의 느낌

㉖ 측향성(laterality) : 신체의 한쪽 측면이 다른 쪽 측면과 다르다는 내적 감각, 신체의 양측면에 대한 완전한 운동 근육상의 인식

㉗ 청취 기술(listening skills) : 듣기의 신체적 능력, 들은 음향의 이해, 그에 대한 반응의 조합

㉘ 기억(memory) : 이전에 제시된 청각적, 시각적 및 운동 근육적 경험들을 정확히 회상하는 능력

㉙ 안구 추적 운동(ocular pursuit) : 눈동자가 움직이는 목표물을 따라 움직이는 능력

㉚ 지각-운동 연결(perceptual-motor match) : 감각으로 받아들인 단서들을 신경근육 체제의 반응과 통합시키는 과정

㉛ 고착성(preservation) : 새로운 자극이나 변경된 자극에 대한 새로운 반응을 발달시키지 못하는 것. 습득된 특정 방식이 고착되어 이 방식이 적절하지 못한 상황에서도 그 식으로 계속 반응하는 것.

㉜ 공간 위치(position in space) : 대상의 공간적 특성들을 특히 관찰자와 관련하여 인식하는 것. 특정 감각에 의해서 위치, 방향, 크기, 형태, 거리를 지각

㉝ 수용-추진(receipt-propulsion) : 유아 자신에게로 움직여 오는 대상과의 접촉 활동 그리고 반대로 대상에게로 접근하는 동작을 포함.

㉞ 서열화(sequencing) : 앞서 제시된 청각적, 시각적, 촉각적 정보를 정확한 순서대로 회상하는 능력

㉟ 공간 관계(spatial relationships) : 공간에서 자신의 상대적 위치, 그리고 공간에서 사물들간의 상호 관계를 이해하는 것. 둘 이상의 사물들의 모양, 크기 등이 유사성을 알아보는 능력

㊱ 공간-시간 관계(space-time relationships) : 공간에서의 동시적 관계를 시간에서의 연속적 관계로 전환시키는 능력 혹은 그 반대로의 전환 능력, 예를 들어 유아는 사각형을 공간적 측면에서는 전체로 인식하지만, 시간 측면에서는 일련의 선과 각들이 연속적으로 조직되어 생성되었다는 것을 인식해야 한다.

㊲ 시각적-운동근육 능력(visual-motor ability) : 생활에서 얻는 재료를 의미있는 전체로 조립하고 시각화하는 능력, 즉 기민하고 협응성 있게 보고 수행하는 능력, 신체나 손 동작들을 시각과의 협응에 의해서 조정하는 능력

㊳ 시각적 추적(visual pursuit) : 움직이는 대상을 유연하고 지속적으로 따라가기. 시야 중심에 그 대상을 놓고서 그 움직임과 지각적 변경 간의 직접적인 관계를 인식하는 능력

유아는 이 개념들과 관련하여 하나 혹은 그 이상의 문제를 갖고 있을지도 모른다. 유아가 이러한 문제들을 극복하도록 도와 주는 방법은 유아가 보다 높은 기능적 수준에 도달할 수 있는 준비도의 수준으로 이끌어 주는 것이다. 취학전 유아의 지각 · 운동 발달을 위한 활동의 예는 다음과 같다.

1) 신체 인식 혹은 신체 이미지

① 교사가 불러 주는 신체 부위를 유아가 가리켜 보이게 한다. 여러 신체 부위들을 얼마나 다양하게 움직일 수 있는지 알아보게 한다.

② 교사가 불러 주는 신체 부위를 유아가 거울을 보며 짚어 보게 한다. 거울에 비춰진 것과 자신의 실제 몸을 모두 만져 보게 한다.

③ 여러 신체 부위를 이용하여 풍선을 차 보게 한다.

④ 방향을 강조하는 장애물 코스를 설치한다. 즉 터널 밑으로 기어가게 하고, 타이어 사이를 뛰어 보게 하고, 쌓아 놓은 블럭 위로 뛰어넘게 하고, 특정 높이의 막대 밑으로 기게 하는 활동들을 해 보게 한다.

⑤ 큰 종이에 유아 자신을 그려보게 하고, 이때 빠뜨린 부위가 있는지를 찾아서 채우게 도와 준다.

⑥ 메시지 전달받기-유아를 드러눕게 한 다음에 교사가 건드리는 신체부위를 펴 보게 한다. 그 다음에는 유아의 눈을 감긴 다음에 그와 동일한 시도를 다시 한다. 그리고 언어적 지시에 따라서 신체부위를 유아 자신이 만져 보게 한다.

2) 측향성 – 방향성

① 옆으로 드러누어서 위쪽으로 뻗친 손을 쳐다보거나 혹은 눈높이의 목표를 쳐다보며 옆으로 기기

② 팔과 다리의 같은 쪽을 동시에 움직이거나 혹은 교차 형태로 움직이며 걷기

③ 공중 전환(midair-change)은 왼쪽 팔과 다리를 앞으로 내밀고, 오른쪽 팔은 똑바로 뒤를 향하게 한다. 이때 무게는 양쪽 발에 똑같이 싣는다. '전환'이라는 지시가 떨어지면 유아는 공중으로 뛰어오르면서 왼쪽, 오른쪽 팔과 다리의 위치를 바꾼다. 이때 눈은 항상 목표물을 주시하고, 이륙한 지점에 다시 그대로 착지해야 한다.

[그림 4-1] 화살표 방향대로 움직이기

④ 공중 전환을 교차 형태(반대편 쪽 팔과 다리가 앞으로 나간 상태)의 동작을 시도해 보게 한다.

⑤ 공놀이는 한 손만을 이용하여 공을 갖고 놀게 한다. 양손을 교대로 사용해 보게 한다. 발을 이용하여 공을 조작해 보게 한다. 흔들리는 공을 쳐 보게 한다. 공을 바닥에 튀겨 보게 한다. 몸을 움직이면서 공을 튀기고, 던지고, 받고, 차게 한다.

⑥ 트위스트판은 뉴톤의 행위-반응의 법칙을 이용하여 한쪽 팔은 앞으로, 다른 쪽 팔은 뒤로 움직이게 한다. 눈은 목표물에 고정시킨다.

⑦ 트위스트판은 한쪽 팔은 몸통에 붙이고, 다른 쪽의 자유로운 팔로 허리 높이의 지지대를 밀쳐 내면서 한 바퀴를 돌아 그 자유로운 팔이 다시 원위치로 돌아오게 한다. 한쪽 방향으로 돌게 한다.

⑧ 칠판에 그려진 화살표 방향대로 움직이기(그림 4-1)는 화살표가 가리키는 방향(오른쪽, 왼쪽, 위, 아래)으로 각 신체 부위들을 움직여 본다. 이때 언어적 단서를 제공할 수 있다. 메트로놈의 리듬에 맞추어 방향 지시에 따라 움직인다.

⑨ 발을 교대로 사용하여 스쿠터 타기

⑩ 트램폴린(trampoline) 활동은 오른발 혹은 왼발로 점프하기, 오른쪽 혹은 왼쪽으로 1/4회전, 1/2회전, 1회전해 보기, 점프하면서 왼손으로 오른쪽 무릎을 건드리는 것처럼 각 신체 부위를 건드려 보기

⑪ 오른쪽, 왼쪽 방향을 강조하면서 행진하기

⑫ 리더의 활동을 따라 하기는 장애물 코스를 이용하여 장애물의 왼쪽으로, 오른쪽으로, 위로, 아래로, 사이로, 주위를 지나가기

3) 공간 관계

① 공간을 탐색하게 하고, 자신의 신체 위치를 다른 유아나 사물들의 위치와 관계짓기, 예를 들어 순이는 영희 앞에 서 있다.

② 나무 조각들을 이용한 활동-시각적, 청각적, 촉각적 단서에 의해서 조각들의

형태를 재생하기

③ 교사가 보여주는 모델과 동일한 형태를 재생하기(시각적 단서)

④ 유아에게 “파란색 사각형을 오렌지색 마름모의 오른쪽에 놓아보자.”라고 말해 준다(청각적 단서).

⑤ 유아에게 한 형태의 조각을 시각적으로 탐색할 기회를 준 다음에, 그 유아의 눈을 가리고 그 형태를 찾아보게 하는 것(시각적 기억과 촉감)

4) 균 형

(1) 기구를 사용하지 않는 균형 기술

1 양손과 양 무릎을 바닥에 대고 다음의 활동들을 눈을 뜬 상태에서 해 보고, 다시 눈을 감은 상태에서 해 본다.

① 한쪽 다리를 들어올린다. 다른 쪽 다리를 들어올려 본다.

② 한쪽 팔을 들어올린 다음에 다른 쪽 팔을 들어올린다.

③ 왼쪽 팔과 다리를 동시에 들어올린다.

④ 왼팔과 오른쪽 다리를 동시에 들어올린다.

2 등을 똑바로 펴고 무릎을 꿇고 앉는다.

한쪽 무릎을 들어올리고, 다른 쪽 무릎으로 균형을 잡음. 이것을 눈을 뜬 상태에서와 감은 상태에서 해 본다.

3 똑바로 서기

① 한쪽 다리를 들고 다른 쪽 다리로 균형잡기

② 발끝을 세우고 걸어 보기

4 발의 여러 부위로 걸어 보기

① 발의 바깥부위로 걸어 보기

② 발의 안쪽부위로 걸어 보기

③ 발가락으로 걸어 보기
④ 뒤꿈치로 걸어 보기

5 점핑과 홉핑 활동

① 얼마나 멀리, 얼마나 높이뛸 수 있는가?
② 다양한 패턴으로 홉핑하기(왼발/오른발을 1/1, 2/2, 2/1, 1/2 형태 등으로 뛰기)
③ 리듬에 맞추어 두 발 모아 뛰기 혹은 깡충 뛰기

2) 기구를 이용한 균형 기술

1 균형대(balance board)

① 눈을 뜬 상태에서 혹은 감은 상태에서 두 발로 서기
② 한 발로 서기
③ 발가락이나 무릎같은 신체부위를 건드려 보기
④ 마루로 뛰어내리면서 똑바른 자세로 착지하기
⑤ 균형대 위에서 균형을 잡으면서 공을 튀기고 받기

2 평균대(balance beam)

① 눈을 목표물에 고정시키고 앞으로, 뒤로 그리고 옆으로 걷기
② 머리 위에 지우개를 얹고서 평균대 위를 걷기

3 사다리

① 사다리를 뉘여 놓고 사다리 단 위를 앞으로, 뒤로, 옆으로 걷기
② 단 사이를 여러 방향으로 두 발 모아 뛰기, 한 발로 뛰기
③ 사다리를 옆으로 뉘여 놓고, 단 사이를 지나가기

5) 시지각 운동

(1) 안구 추적 운동(ocular pursuit or tracking)

① 움직이는 목표물을 눈에서 16~18인치 떨어뜨려 놓고, 네 방향(수평, 수직, 대각

선, 원)으로 움직인다. 양쪽 눈을 동시에 사용하여 움직이는 물건을 추적한다. 그리고 한쪽 눈으로 연습해 본다.

② 작은(테니스공 크기) 공을 천장에 매달아 놓는다.

㉠ 유아의 머리를 고정시키고, 눈동자만 공이 흔들리는 방향(왼쪽, 오른쪽 및 기타 다른 방향)으로 따라가게 한다.

㉡ 집게손가락을 사용하여 다가오는 공을 쳐다보게 한다.

㉢ 종이를 말아서 한 손에 쥐고 흔들리는 공을 치게 한다.

㉣ 팔꿈치, 어깨, 이마, 귀 등으로 공을 톡톡 쳐 보게 한다.

③ 공기돌 경로-머리를 움직이지 않고, 눈-손의 협응에 의해서 눈과 손이 동시에 공기돌을 따라가기(그림 4-2)

[그림 4-2] 안구 추적 운동

④ 어두운 방에 플래시 빛을 비추어 여러 방향으로 움직이게 하고, 유아들이 눈으로 그 빛을 추적한다.

⑤ 메트로놈 바늘의 움직임을 눈으로 쫓기

⑥ 칠판에 그려진 기하학적 도형의 통로를 눈으로 쫓아가기

(2) 수렴-재수렴(convergence-reconvergence)

① 사물을 유아의 코 앞에서 4인치 정도 떨어뜨려 놓는다. 유아로 하여금 교사와 목표물을 번갈아 쳐다보게 한다.
② 두 개의 다른 색풍선을 분필통의 양 끝에 매달아 놓는다. 지시에 따라 빨간 풍선과 초록색 풍선을 번갈아 계속 보게 한다. 그 다음에 천장, 마루, 시계, 교사 등을 보태어 간다. 이때 유아의 머리는 움직이지 않게 한다.
③ 유아 앞에 앉아서 목표물을 유아 쪽으로 움직여 본다. 유아는 자신의 앞에서 앞뒤로 움직이는 목표물을 눈으로 좇아본다.
④ 식사 시간 때 유아에게 머리를 움직이지 않고, 방 안에 있는 물건들을 둘러보게 한다.

6) 눈-손, 눈-발의 협응

(1) 대근육 운동과 소근육 운동의 협응

① 공놀이(공, 털실 뭉치 혹은 콩주머니를 이용)
㉠ 공을 양 손으로 던져서 양 손으로 받기
㉡ 공을 한 손으로 던져서 그와 같은 손으로 받기
㉢ 커다란 플라스틱 표백통의 바닥을 잘라 낸다. 한 손으로 공을 던지고, 다른 쪽 손에 쥔 통으로 그 공을 받기
㉣ 콩주머니를 던져 멀리 떨어져 있는 휴지통에 집어 넣기
② 공을 공중에 던져 바닥에 몇 차례 튀긴 다음에 받기
③ 풍선을 공중에 띄워서 신체의 여러 부위로 쳐 보기
④ 줄에 매달려 흔들리는 공을 오른손과 왼손 혹은 오른발과 왼발로 번갈아 건드려 보기
⑤ 바닥에 그려 놓은 차도를 따라 장난감 차를 움직여 보기
⑥ 동전, 이쑤시개와 같은 작은 것들을 손으로 집어보기

⑦ 공기돌, 탁구공과 같은 작은 것들을 손가락으로 튀겨보기
⑧ 한 손만을 사용하여 신문지를 뭉쳐보기
⑨ 종이를 가위로 자르고, 모양을 만들어 어떤 배경 위에 붙이기
⑩ 색칠하기, 핑거 페인팅하기
⑪ 물총으로 촛불끄기
⑫ 손가락을 맞부딪쳐 소리내 보기
⑬ 칠판 위에 여러 가지 도형, 수, 글자, 그림을 그려보기
⑭ 훌라후프, 공놀이, 줄넘기, 아이스 스케이팅, 롤러 스케이팅, 수영하기, 나무 오르기 등이 눈-손, 눈-발의 협응을 증진시키는데 적절한 활동들이다.

7) 형태 지각

운동 근육이나 촉감을 이용한다.
① 본뜨는 판을 이용하여 형태를 본뜨기
② 모양, 숫자, 글자를 찰흙으로 만들기
③ 철필을 이용하여 찰흙같이 부드러운 재료 위에 모양, 숫자, 글자를 새겨 보기
④ 손가락으로 한 유아의 등 위에 모양, 글자, 숫자를 쓰고서 그 유아으로 하여금 맞추어 보게 한다.
⑤ 여러 신체 부위를 이용하여 형태를 만들어 보게 한다.
⑥ 성냥개피나 이쑤시개를 이용하여 모양이나, 글자, 숫자, 디자인 등을 만들어 보기
⑦ 사물들을 상자 속에 집어 넣고, 유아가 그것들을 보지 않고 만져만 보게 하여 무엇인지를 추측하게 한다.

8) 형태-배경지각(figure-ground perception)

(1) 시지각 활동

① 유아로 하여금 배경 속에 숨겨진 여러 그림들을 찾아보게 한다.

② 단추들을 크기, 모양, 색, 구멍수에 따라서 분류하기
③ 특정 페이지에 나와 있는 특정 글자들을 연필로 모두 지워버리게 한다. 예를 들어 'ㅁ'자만을 지우기
④ 퍼즐 활동

(2) 청각 활동

① 산만한 소음 배경에서 특정 단어를 구별하여 듣기
② 연주된 악기 이름들을 맞추어 보기

9) 청각적 리듬 유형

(1) 손의 이용

성인이 특정 유형의 소리를 만들어, 유아가 그것을 반복해 본다. 박수치기, 손가락 튀기기, 무릎치기를 다음과 같은 유형으로 배합시킨다.

① 박수, 박수, 손가락 튀기기, 무릎치기 - 여러 번 반복하다가 다시 그 반대로 해 보기
② 박수, 손가락 튀기기, 손가락 튀기기, 무릎치기
③ 박수, 손가락 튀기기, 무릎치기, 무릎치기

(2) 도구의 이용

성인이 유형을 만들고 유아가 따라 한다.

① 막대기, 코코넛 껍질, 스푼, 탬버린, 냄비, 팬과 같은 혁신적인 도구들을 이용한다. 리더가 리듬있는 순서를 만들어 내면 유아가 그 순서를 따라 한다. 음향과 순서를 다양하게 해 본다.
② 혁신적인 도구를 악기로 이용하여 그 리듬을 음반에 담는다.

(3) 발의 사용

각 유형을 5~10번씩 수행한다.

① 점프, 점프, 왼발 구르기, 오른발 구르기
② 깡충 뛰기, 깡충 뛰기, 점프, 점프
③ 세 발자국 걸어 나가서 점프

(4) 손과 발의 사용

① 점프, 박수, 박수, 점프, 박수, 박수
② 세 발자국 뛰고 박수, 세 발자국 뛰고 박수
③ 손가락 튀기기, 손가락 튀기기, 깡충 뛰기, 깡충 뛰기

(5) 청각적 순서의 기억

① 유아에게 세 단어를 제시해 주고 그것을 반복하게 한다.
② 유아에게 서너 개의 숫자를 말해 주고 반복하게 한다.
③ 유아에게 이야기를 들려주고, 다시 들은대로 자세히 이야기해 보게 한다.

여기서 제시된 활동들은 지각-운동 발달의 특정 영역에 이용될 수 있는 예에 지나지 않는다. 이론과 활동 측면에서 보다 심도 있는 탐색이 이루어져야 할 것이다.

2. 언어 개념 발달을 위한 동작활동

동작은 취학전 시기에 있어서 언어발달의 수용적 단계(receptive phase)와 표현적

단계(expressive phase)를 포함하는 중요한 언어 예술 경험이 될 수 있다.

지각적 · 운동 근육적 세계 속에 사는 유아는 주위의 환경을 이해하는 데 도움을 줄 수 있는 청각적 단서와 시각적 단서를 계속받고 있다. 방향 지시나 이야기를 듣고서 그에 따라 움직이는 활동은 청각적 변별 및 지각 발달에 도움을 준다. 즉, 교육적 동작활동의 상황에서 제시되는 특정 단서들에 의해서 유아들이 청각적 · 시각적 메시지를 이해할 수 있도록 지도해 줄 수 있다. 예를 들어, 드럼의 박자는 빠르게 움직이는 것을, 탬버린은 느리게 움직이는 것을, 호루라기는 멈추는 것을, 화살 표시는 앞 · 뒤 · 옆으로 움직이는 것을, 색상은 출발(녹색)과 정지(빨간색) 신호의 동작을, 도형은 높은 수준(△)과 낮은 수준(▽)으로 움직이는 것을 의미할 수 있다.

유아가 자신이 속한 환경을 접해 가면서 얻는 동작 경험에 의해서 자신이 구사하는 단어들을 올바르게 이해할 수 있다. 유아는 특정 대상을 조작하고 던지고, 차고, 때리고 받고하는 과정에서 조작기술 뿐만 아니라 사물의 이름들, 그 사물의 이용 범위나 본질을 배워 나간다. 예를 들어, 공이 무엇인지 그것으로 무엇을 할 수 있는지를 배운다. 그들은 탁자 주위로, 의자 밑에서, 터널 밑으로, 의자 위로, 높게, 낮게, 둥글게, 빠르게 혹은 느리게 등과 같은 부사들과 달리기, 걷기, 두 발 모아 뛰기와 같은 행위 단어들을 경험함으로써 유아의 언어 발달을 위한 기초를 마련해 둔다. 앞에서, 뒤에서, 꼭대기에서, 옆에서와 같은 위치를 나타내는 단어들은 공간에서 유아가 자신의 위치를 이해하게 하는데 도움을 준다.

동작활동을 통해서 처음에는 유아가 신체 부분을 이해하게끔 도와 주다가, 점차 성공적인 동작 경험을 갖게 하여 긍정적인 자아 개념을 형성하도록 해 주며, 자신을 언어적으로 신체적으로 표현하도록 조장해 준다. 예를 들어 유아가 이야기, 시, 동요에 따라 움직이는 활동은 유아 자신이 들은 것을 해석하고 기분과 느낌을 표현할 수 있는 기회를 제공해 준다. 글자 형태의 습득은 신체로 글자 모양 만들기, 글자 형태 주머니, 글자 블록과 같은 동작 경험들을 통해서 얻을 수 있다. 유아의 언어적 표현능력은 유아가 자신의 동작을 말로써 표현하도록 조장해 줄 때나 혹은 유아가 이야기를 꾸며 보도록 조장해 줄 때에 신장될 수 있다.

예를 들어, 유아에게 행위의 장면(예 : 연날리기)을 제시해 주고, 무엇이 일어났는지를 유아에게 물어서 유아의 언어적 반응과 더불어 동작으로 표현해 보도록 유도

했을 때, 그것이 바로 언어적 표현과 동작 표현을 조장해 주는 활동이 될 수 있다.

유아가 교실에서 언어 개념을 배우고 있을 때, 바깥놀이 시간이나 체육 시간에도 교실에서 배우는 언어 개념과 관련된 학습 경험을 가질 수 있다. 그렇다고 해서, 체육의 목표가 유아의 언어 기술을 가르치기 위한 것이라고는 할 수 없지만, 체육 교사는 교실에서 다루어지는 내용에 친숙해 있어야 하며 그 내용을 체육 교육과정에 적용시키는 데 있어서 그 주안점을 강조하고 가르칠 준비가 갖추어져야 함을 의미한다.

다음의 예는 Gallahue가 제시한 언어 개념을 통합시킨 체육 혹은 동작교육 활동이다.

개념	말하기와 듣기
대상	만 5세
강조점	체육에서의 청각적 해독, 청각적 기억, 청각적 순서의 활동들은 유아들의 보다 나은 청취력을 길러 줄 수 있다.
활동자료	리듬막대 2개씩, 녹음기, 다양한 유형의 리듬, 속도 · 악센트를 담은 음반
지도방법	• 연습과정에서 교사는 일련의 과제를 유아에게 제시하여 정확한 순서를 기억하고 반복할 수 있는지를 본다. • 연습이 끝나면 유아들이 교사를 마주 쳐다보도록 앉힌다. • 교사는 유아에게 듣기 게임을 한다고 알려 준다. (1) 교사는 박수를 리듬에 따라 쳐 본다. 그리고 유아가 따라 해 보게 한다. 다음에 손가락을 튀기고 발을 구르는 동작도 해 본다. 이 활동들을 단순하게 연결시키다가 점차 복잡하게 연결시켜 전개한다. (2) 위의 세 활동들을 다른 순서, 즉 손가락 튀기기, 박수치기, 발 구르기 순으로 조화시켜 본다. (3) 유아들이 교사를 볼 수 없도록 등을 돌려 앉히고 소리를 들려준 다음 어떤 소리인지 물어 본다. 위의 활동들이 청각적 단서로만 사용된다. (4) 다시 교사를 쳐다보도록 앉히고 유아는 일련의 과제들을 2개의 리듬막대로 수행하게 한다. ① 리듬막대로 머리 위에서 맞부딪치게 하고, 오른쪽, 왼쪽, 앞쪽, 뒤쪽 마루 위에서 맞부딪치게 한다. ② 리듬막대 하나로 다른 리듬막대를 든 손과 같은 쪽의 신체 부위와 반대

지도방법	쪽 신체 부위를 건드려 본다. ③ 리듬막대로 앞꿈치와 뒤꿈치쪽 마디를 번갈아 두들긴다. ④ 리듬막대를 공중 위로 던져서 하나씩 받거나 혹은 동시에 두 개를 받아 본다. (5) 교사가 음악 연주에 따라 일련의 과제를 유아에게 시범을 보인다. 음악은 리듬, 속도, 강세가 다양한 것이 좋다. 느린 음악에서는 악절의 각 박자마다 그 과제를 수행하게 하고 빠른 음악에서는 각 악절의 첫 박자에서 그 과제들을 수행하게 한다. 리듬막대를 이용하여 유아가 자신의 리듬을 탐색, 보완해 나갈 수 있는 기회를 준다.

3. 수학 개념 발달을 위한 동작활동

취학전 수준에 있어서 수학 경험은 주로 수(numbers), 집합, 도형, 수량 개념들에 관한 것들이다. 유아는 수에 있어서 수 세기(numeration) 개념을 처음 형성한다. '3'이란 수를 하나의 상징으로 인식하기보다는 3개의 사물들이 모인 집단으로 2보다 크고 4보다 작다는 것을 이해하게 되는 것이다. 동작 경험은 이러한 의미의 정확한 수 개념들을 익히게 해 준다. 3개의 블록을 쌓아올리기, 2번 깡충깡충 뛰어 보기, 4번 뛰어오르기, 공을 한 번 튀기기, 공 4개를 던져 보기 등이 동작을 통해서 유아가 수 개념을 습득하는데 도움을 주는 수 활동들이다.

유아가 수 세기에 대한 개념을 배워나가면서 각 수의 상징을 인식하게 된다. 몸으로 숫자 만들기(그림 4-3), 밧줄로 숫자 만들기, 진흙으로 숫자 모양 만들기, 여러 가지 수들이 그려져 있는 사각형의 도화지 위에서 깡충 뛰기(그림 4-4), 숫자로 된 콩주머니 받기 등과 같은 활동들은 수의 모양을 인식시켜 주는 경험들이다.

[그림 4-3] 신체로 숫자 모양 만들기

4	3	1	7	4
0	6	2	5	6
5	8	9	7	8
2	7	4	3	1
3	9	0	8	2

[그림 4-4] 숫자판 위에서 앵금질하기

유아는 사물들을 분류하는 수 경험을 통해서 기본적 집합 개념을 배운다. 파란색 블록만 쌓아올리기, 여러 가지 도형들에서 원을 찾아내기, 네 발 가진 동물들이 이름 붙이기, 빨간색 공만을 바닥에 튀겨보기와 같은 분류 활동들을 해 봄으로써 분류 혹은 서열(order) 감각을 익히게 된다. 기본적으로 사물들은 색, 모양, 크기, 무게, 질감 및 온도와 같은 특징에 의해 분류될 수 있다.

취학전 유아의 도형 개념도 동작활동을 통해서 학습될 수 있다. 유아가 형태를 알려면 형태의 요소들을 익히는 것이 필요하다. 예를 들어, 삼각형은 세 면과 세 개의 점을 가진 형태로 인식된다. 만약 유아에게 불완전한 형태의 도형을 제시하거나 선의 길이, 색 혹은 각도를 변화시키면 유아가 그 도형을 인식하는데 어려움이 따른다. 본질적으로 어린 유아는 형태를 인식할 때에 한 번에 한 가지 요소만을 고려할 수 있으며, 좀 더 나이가 들어서야 형태를 지각하고 형태의 항상성을 알게 된다.

그러므로 도형 모양의 팥주머니 만들기, 진흙으로 도형 만들기, 마루 위에 도형을 구두약으로 그려보기, 여러 가지 기형학적 모양으로 자세를 취해 보기, 밧줄로 여러 가지 도형을 만들어 보기와 같은 경험은 유아가 형태를 학습하는데 도움을 준다.

수량적인 개념을 학습하는 데 있어서도 동작 경험들을 이용할 수 있다. 교사들은 크기, 길이, 양, 속도, 무게, 위치, 형태, 시간 및 기후의 변화를 비교해 볼 수 있는 다양한 상황을 제시해 주어야 한다. 예를 들어 빠르게 혹은 느리게 달리기, 가능한 몸을 크게, 작게 만들기, 사물의 위로 아래로 움직이기, 직선으로 혹은 지그재그로 깡충 뛰어 보기, 공을 허리보다 높게 혹은 낮게 튀겨보기 등의 활동들이 양적 개념을 가르칠 수 있는 중심적 경험들이 될 수 있다.

그러나 수학의 개념을 동작활동과 통합시키는 시도의 예는 다음과 같다.

개념	수량적 개념의 전달
대상	만 5세
강조점	동작 경험을 통하여서 다양한 수준의 크기와 길이를 배워 나갈 수 있다.
활동자료	없음
지도방법	• 동작을 통해서 크기와 길이의 다양한 수준에 대한 실험을 해 보게 한다. • 시작 단계에서는 안정의 동작 유형을 시도한다. - 저 작은 상자 안에 여러분의 몸을 집어 넣으려면 어떻게 해야 될까? - 신체 모양을 가능한 작게 하되 얼마나 다양하게 변화시킬 수 있을까? • 이제는 가능한 한 몸을 크게 만들어 보자. - 얼마나 다양하게 신체 모양을 변화시킬 수 있을까? - 그 다음에 크기를 점진적으로 변화시켜 보자. • 다음의 과제는 길이 차원에 관한 것이다.

<table>
<tr><td>지도방법</td><td>- 어떻게 하면 여러분의 키를 아주 크게 혹은 작게 만들 수 있을까?
- 신체를 넓게 혹은 좁게 만들 수 있는 방법이 얼마나 있을까?
- 이제는 바로 전에 취한 자세보다 더 크게 혹은 작게 만들어 보세요.
• 다양한 크기와 길이를 배워 나가는 과정에서 이동하며 움직일 수 있다.
- 신체를 아주 크게 보이도록 하면서 걸어 보자.
- 깡충 뛰어 보자.
- 미끄러져 보자.
- 말 뛰기 동작을 해 보자.
• 가능한 한 작아 보이게 하고 방 주위를 움직여 보자.
- 여러 가지 동작들을 할 때, 여러 방향으로 움직일 수 있도록 한다.</td></tr>
</table>

4. 과학 개념 발달을 위한 동작활동

취학전 유아에게 있어서 과학 경험들은 유아의 일상 생활에 포함되어 있다. 구조화된 경험보다 덜 구조화된 상황에서 교수하기에 적절하다고 생각되는 순간에 활동을 전개시켜 나가야 한다. 모든 유아가 동일한 활동에 참여하기보다는 유아들이 흥미를 보이는 활동에 대해 개별적인 계획을 갖고 소집단으로 시도하는 것이 바람직하다.

취학전 유아는 자신의 환경을 관찰하고 탐색하는 것에 열중한다. 그 유아들은 자신들이 접하는 거의 모든 것을 쳐다보고, 집어 보고, 조작해 보고, 냄새 맡고 건드려 본다. 이러한 경험의 대상은 주로 지구, 생물, 물리학에 관련된 경우가 대부분이다. 돌을 수집하기, 물놀이, 곤충의 기는 모습의 관찰, 나비 움직임의 주시, 꽃심기, 정원 다듬기, 차나 트럭을 운전해 보기 등이 과학과 관련하여 유아의 일상 생활에서 일어날 수 있는 활동들이다. 각 활동들을 동작으로 시도해 봄으로써 유아에게 기본적 개념을 가르칠 수 있다. 예를 들어, 유아가 벌레처럼 땅에 엎드려 느리게 기는 것, 새 혹은 나비가 공중을 높게 자유롭게 나는 것 혹은 기계가 땅을

파서 그 흙더미를 나르는 강하고 느린 움직임 등 다양한 동작의 질들을 탐색할 수 있다.

이와 같은 모방적 동작 경험 외에도 취학전 수준에 있어서 유아 자신의 동작 패턴과 기술의 여러 측면들을 관찰하고, 비교하고, 분류하고, 서열화하고, 측정해 보도록 한다. 예를 들어 각 유아는 교사나 다른 유아가 시연한 동작 유형과 리듬 유형을 관찰하고 반복해 보게 한다.

비교 동작은 더 높이, 더 낮게, 더 빠르게, 더 느리게, 가깝게, 멀리 등과 같은 동작의 질들을 탐색함으로써 경험해 볼 수 있다. 유아는 비슷한 색상의 블록들을 쌓아올린다든지, 혹은 대상들을 양(~보다 많은, ~보다 적은)에 따라서 그룹짓는 경험들을 해 봄으로써 분류와 서열화를 배울 수 있게 된다.

또한 기본적 측정 개념은 고무줄 뛰어넘기의 횟수를 세어 보거나, 뛰어넘은 거리를 막대기로 재어 봄으로써 경험해 볼 수 있다.

이 때의 측정은 측정 단위로 하는 것이 아니라 유아 자신이 선택한 단위, 즉 손, 발, 팔길이 혹은 장난감 등으로 재어 볼 수 있다. 그리고 유아가 전에 뛰어넘은 거리보다 얼마나 더 길게 혹은 짧게 뛰어넘었는지를 비교해 볼 수 있다.

취학전 유아에게 가르치는 과학 개념은 구체적인 내용보다는 기초적인 용어로 설명될 수 있어야 한다. 그러나 너무 어려운 개념이라고 해서 그것을 가르치는 것을 포기해서는 안 된다. Bruner가 언급했듯이 “유아는 어떠한 개념이라도 유아 수준에 맞게 제시되면 배울 수 있다.”는 사실이다. 예를 들어 자신의 신체 기제에 대해서 배운다고 가정해 볼 때, 취학전 유아에게는 뼈가 신체의 기초이며 근육은 그 뼈를 움직이게 하는 힘을 주는 근원이므로 근육이 힘(effort)을 발휘할 때마다 팔, 다리, 몸통이 작업을 하기 위해서 펼 수 있음을 가르칠 수 있다. 지지대와 무게 중심에서의 단순한 측면으로서 균형 활동을 가르칠 수 있다. 유아는 자신이 더 잘 구르려면 공모양으로 몸을 동그랗게 만들어야 한다는 것을 배울 수 있다. 또한 환경 속에 있는 사물들 가운데 바퀴, 지렛대, 나사, 도르래, 경사면 등을 이용한 기계류를 분류해 봄으로써 단순한 기계류를 배울 수 있다. 예를 들어 시소놀이는 유아에게 균형과 지렛대의 원리를, 나무에 못박기는 지레의 힘(leverage)에 대해서, 자전거 타기는 바퀴에 대해서 가르칠 수 있다.

유아들은 수용과 추진력의 여러 측면들을 높은 곳에서 뛰어내리기, 뛰어오르기,

던지기, 받기 등의 활동들을 통해서 배울 수 있다. 취학전 유아가 이해하기에 적절한 용어로 과학의 기본적 개념들을 도입하여야 한다. 그 주요 목적은 유아로 하여금 환경에 대해 호기심을 갖고 탐색하도록 조장하는 데에 있다.

과학 경험들을 체육 교육과 통합시킨 교육계획안은 상당히 많이 제시되어 있다. 그 예로서, Karplus가 제안한 Science Curriculum Improvement Study, Atkin과 Wyatt가 제시한 일리노이 대학의 Elementary School Science Project, Suchman이 제시한 Inquiry Training Project, Wood가 제시한 Elementary School Science Improvement Project, 그리고 Mayor와 Livermore가 제시한 the American Association for the Advancement of Science Project 등과 같은 과학 교육계획안이 체육과 밀접하게 통합되어 있다.

유아는 과학과 체육에서 문제해결 학습을 배운다. 과학 경험으로는 사물들의 분류, 관찰, 비교, 정보의 중요도에 따른 등급화, 측정, 공간/시간 관계의 인식, 계획 · 실험 능력 등을 포함한다.

동작활동이나 체육에서 유아들은 공, 보조기구, 설비 등을 크기, 모양, 소리, 용도별로 분류하는 경험을 가질 수 있다. 유아들은 여러 종류의 공들을 관찰하고 크기들을 서로 비교해 보고, 종목별로 공들을 분류해 볼 수 있다. 또한 측정 활동을 포함한 상황이 체육에서 일어날 수 있다. 유아들이 공을 얼마나 멀리 던졌거나 찼는지를, 얼마나 높이 점프했는지를 그리고 각 종목마다 필요한 공간 면적을 측정해 볼 수 있다. 그 외에도 속도를 다양하게 하여 뛰어넘기를 해 볼 수 있고 그 다음에 자신의 맥박을 재어 볼 수도 있다.

다음은 과학 개념을 동작에 통합시킨 활동 예이다.

개념	아르키메데스의 부력 원리
대상	만 5세
강조점	무거운 것은 물에서 가라앉고 가벼운 것은 뜬다.
활동자료	풍선, 작은 고무공, 공기돌, 껌, 물이 담긴 통
지도방법	• 풍선이 커다랗지만 공기로 채워져 있어 쉽게 뜬다. 고무공도 역시 뜬다. 고무공은 풍선보다 작고 가볍기 때문에 뜬다. • 공기돌은 조밀하다. 유아가 비중을 이해하지 못하더라도, 공기돌 안에 공기

지도방법	가 없다고 말해 주고, 그렇기 때문에 공기돌이 무거워 뜨지 않는다고 설명해 준다. • 껌이 뜰 것인지를 유아로 하여금 추측하게 해 본다. 유아들로 하여금 여러 상태의 껌을 실험해 보게 한다. - 씹지 않은 껌과 씹은 껌이 둘 다 뜨지 않을 것이다. - 풍선껌은 공기가 채워져서 크기가 크더라도 뜰 것이다. - 유아는 무거운 것은 가라앉고, 가벼운 것은 뜰 것이라는 사실을 배우면서 물에서의 사물의 특징을 이해할 것이다.

5. 사회 개념 발달을 위한 동작활동

취학전 수준에서의 사회적 경험은 유아가 가족에 관해서 뿐만 아니라 지역사회의 인물들 및 사회적 요구를 더 잘 알 수 있도록 방향이 설정되어야 한다. 그 목적을 달성하려면 유아는 동물들, 새, 물고기, 장난감, 교통수단, 직업 및 여러 문화권의 생활 스타일을 더 잘 인식할 수 있게끔 경험들을 구성해야 한다. 그 경험의 구성은 직접적 환경, 유사한 문화 환경, 그리고 상반된 문화 환경의 순서로 전개되어 나가는 것이다. 그럼으로써 유아들은 기본적 가족 단위가 어머니, 아버지, 형제 및 친척으로 구성되어 있음을 알게 될 것이며, 점차 환경을 중요한 다른 사람과 지역사회로 확장시켜 나갈 수 있다.

유아에게 친숙한 동물, 새, 물고기 등은 인간을 이해하는 데 필요한 서론적 주제로 사용할 수 있다. 유아들은 그 생물들이 어디에 살고 있고, 무엇을 먹으며 길들여질 수 있는 것인지를 배울 수 있다. 집에서 기르는 동물들도 하나의 주제가 될 수 있다. 다른 지역의 동물들도 주제가 될 수 있다. 농장, 박물관의 견학이나 영화상영 등은 그 주제에 이용될 수 있는 활동들이다. 이것들을 동작과 연관시키는 방안으로 동물, 새, 물고기의 동작을 관찰한 다음에 그 움직임을 따라 하는 활동이 있을 수 있다. 유아들은 기어오르기, 날기, 착지하기, 빨리 달리기, 방향을 바꾸어 보기, 기기, 수영하기 그리고 다른 모든 동물의 동작 형태를 시도해 볼 수 있다.

이동하며 움직이기, 제자리에서 움직이기, 도구 및 놀이시설 활용하기의 동작 유형은 유아가 장난감을 갖고 놀 때에도 나타난다. 블록을 쌓기, 인형놀이, 자전거 타기, 트럭놀이 등 장난감을 이용한 모든 다른 형태의 놀이가 동작 유형을 탐색하고, 발달시킬 수 있는 기회를 준다. 유아의 환경은 다양한 장난감과 다른 문화의 장난감이 제공되고 그것을 갖고 놀 기회를 가질 때에 확장된다.

교통수단도 유아의 생활에 대한 인식을 확장시켜 줄 수 있는 동작 경험의 주제가 될 수 있다. 보트, 비행기, 기차, 장난감, 트랙터, 트럭, 엘리베이터, 에스컬레이터, 오토바이, 자전거 및 기타 기계용품들이 동작 경험을 통해서 탐색될 수 있다. 유아는 신호에 따라 멈추거나 지나갈 수 있고, 빠르게 혹은 느리게 움직이고 마치 무거운 짐을 나르는 것처럼 움직이거나, 언덕을 오르는 듯한 움직임을 해 볼 수 있다. 수송 수단의 다른 예로서 동물들을 이용할 수 있다. 유아들은 말, 소, 코끼리를 타고 있는 듯이 혹은 풍선, 용, 회오리바람과 같은 상상물을 타고 있는 것처럼 그 움직임을 표현해 볼 수 있다.

수송과 관련된 활동으로 단순한 지도 읽기 경험이 사회 교육에 포함될 수 있다. 방이나 놀이터의 배치 형태를 지도로 구성할 수 있다. 그리고 유아는 그 지도를 따라 한 장소에서 다른 장소로 옮겨갈 수 있다.

직업 측면에서 유아는 가족 구성원 각각의 책임에 대해서 배울 수 있다. 유아는 일터에 가본다든지, 일터에서 일하는 역할놀이를 해 볼 수 있다. 접시를 닦고, 나무를 자르고, 잔디를 깎고, 낙엽을 긁어 모으고, 눈을 쓸고, 농장 일을 해 보고, 타이프 치고, 기계 조작하는 것 등의 동작을 통해서 탐색될 수 있는 경험들이다.

간호원, 의사, 소방사, 경찰, 구두 수선공, 카우보이, 산림감독원, 항해사 및 우주 비행사도 영화, 시 혹은 이야기를 통해 탐색될 수 있다. 다른 문화권의 새로운 직업도 유아에게 소개할 수 있을 것이다.

그리고 각 역사, 문화, 기후, 지리적 조건에 따른 생활 스타일도 사회과 경험에 포함될 수 있다. 이러한 주제들도 동작 경험으로 다루어져야 할 것이다. 다른 문화권의 공휴일, 게임, 장난감이 소개될 수 있다. 사회과 개념을 통합시킬 수 있는 동작 경험들 가운데 춤, 묘기, 게임과 같은 동작들은 우리의 생활 방식과 다른 지역 사람의 생활 방식 사이의 일치감과 차이점을 깨닫게 해 주는 경험이 될 수 있으며, 그 외에 다른 동작 경험을 통해서 협동, 경쟁, 우정, 집단의식, 지도력과 같은 가치를 배울 수 있다. 유아의 가정과 가족에 대한 지식이 점차 세계에 대한 이해로 진전해 나갈 때, 그 개념은 유아의 어휘, 성숙 수준에 적절한 용어로 소개되어야 한다.

다음은 취학전 유아에게 적절한 사회-동작의 통합 활동 예이다.

개념	집에 사는 사람들과 가족
대상	만 5세
강조점	동작 경험을 통해서, 유아는 집에서 쓰는 기구의 설비, 그리고 가족 구성원들의 다양한 책임들에 대해서 배울 수 있다.
활동자료	없음
지도방법	• 유아가 가사 기구와 가족 구성원의 책임을 배워 나가는 과정에서 이동하며 움직이기, 제자리에서 움직이기와 관계되어 탐색할 것이다. • 공간, 힘, 시간, 흐름과 같은 동작의 기본요소도 이용될 수 있다. • 굽히기와 뻗기 동작이 필요한 가사 기구와 일들을 떠올리며 움직여 본다. - 유아에게 그 이름을 물어 본다. 그 대답으로 가위, 안경, 세탁하는 것, 옷을 너는 것, 톱질하기, 못을 박기 등이 나올 수 있다. • 비틀기(twisting)와 돌기(rotating) 개념이 탐색될 수 있을 것이다. - 비틀기는 축이 고정되어 있어 그것을 중심으로 도는 것 - 돌기는 지지대를 변화시켜 도는 것을 의미 • 이 동작이 필요한 가사 가구와 일들을 움직여 보고, 이름 붙이게 한다. - 시계, 드릴, 세탁기, 레코드판 등이 있다.

6. 미술과 음악 개념 발달을 위한 동작활동

여러 연구들에서 유아가 환경과 접촉하여 개념을 형성하는 능력을 조사한 결과,

'촉각적'(haptics)인 접촉을 통해서 개념을 형성하였음이 보고되었다.

촉각에 관한 연구들을 통해서 규명된 공간 요소들 혹은 공간 매개 차원들로는 저항력(힘), 거침－부드러움(질감), 두꺼운－얇은(두께), 개방－폐쇄(종결), 젖은－마른(매체), 따뜻함－차가움(온도), 둥근－각진(모양), 날카로움－둔탁함(날) 등이 있다. 이 요소들은 '촉각적 공간'(haptic space)이라고도 부른다. 이러한 요소들은 동작의 질과도 유사하다. 통계적 자료에 따르면, 유아가 고도로 분화된 다차원의 대상 기제를 인식하는 것은 8세경이 되었을 때라고 한다.

이 분화된 기제를 정교하게 발달시키려면, 미술과 동작 경험이 취학전 수준에 제공되어야만 한다. 미술과 동작 경험의 통합을 통해서 유아가 공간, 시간, 힘, 흐름과 같은 질적 특성들을 탐색할 수 있도록 해 주어야 한다. 그리기, 자르기, 찢기, 잠그기와 같은 경험들은 유아가 여러 가지 질감, 모양, 도구, 색, 재료 등으로 작업하는 동안에 대근육과 소근육 발달을 도모한다.

또한 음악교육과 동작을 통합시킨 활동도 리듬(시간 · 공간), 노래, 춤, 창조성에 대한 유아의 능력을 확장시켜 준다. 취학전 시기가 유아 자신을 자유롭게 표현할 수 있는 시기이기 때문에 자유롭게 노래부르고 춤출 수 있는 분위기가 마련되어야 한다. 단순한 노래, 동요, 손유희 등은 유아의 노래 실력과 대 · 소근육 발달을 도와 준다. 유아 수준에 적절한 포크 댄스나 심포니 음악에 맞추어 창조적으로 추는 춤은 리듬감과 춤추는 능력을 발달시켜 준다. 박수치기, 가볍게 두드리기, 스텝밟기, 깡충뛰기, 빙빙돌기 등의 동작들은 음악의 박절을 이해하는데 도움을 준다. 그리고 유아 자신의 신체를 음악적 도구로 이용할 수 있고, 스카프, 종이 리본, 가운 등으로 흔들기 동작과 휘날리는 동작을 탐색할 수 있다.

미술과 음악 개념을 체육에 통합시킨 동작활동들 가운데 그리기, 색칠하기, 조각하기, 깎기, 짜기, 구성하기, 배열하기 등의 미술 기술을 발달시키는 동작 경험과, 노래부르기, 읽기, 듣기, 춤추기 등과 관련된 음악적 기술을 발달시키는 동작 경험이 있을 수 있다. 다음은 미술과 음악을 체육에 통합시키는 활동 예들이다.

개념	새노래 익히기
대상	만 5세
강조점	노래부르기 활동은 동작 경험을 통해서 청각적 반응이 강화될 수 있다.

활동자료	밧줄, 유아들이 점프하는 동작을 자극하는 음악
지도방법	• 이 활동에서 유아는 긴 밧줄을 이용한 점프 동작을 할 수 있다. • 활동에 참여한 유아들은 밧줄을 돌리는 동작과 점프동작을 교대로 한다. • 점프 기술은 반복된 연습을 통해서 발달한다. • 여러 가지 방법으로 점프를 할 수 있다. - 중앙에 서 있다가 밧줄을 돌리면 점프한다. - 밧줄을 돌리는 상태에서 밧줄 바깥쪽으로부터 안쪽으로 뛰어들어간다. • 유아가 이 활동에 숙달되면 음악 리듬에 맞추어 점프하도록 시도한다.

이상에서 살펴본 개념과 활동의 예를 참고로 한다면 유아교육 과정에서 목표하고 있는 모든 발달영역의 목표가 모두 동작을 통한 학습활동의 내용이 될 수 있다고 본다. 2007년 교육인적자원부에서 제시한 유치원 교육과정(교육과학기술부, 2008)을 참고하여 동작을 통한 교육활동의 주제로 설정하는 것도 매우 효율적인 응용 방법이라 하겠다. 동작활동을 유아 교육목표의 각 영역에 이용하기 위하여 유아교육 과정의 교육내용을 요약하면 다음과 같다.

(1) 신체발달 영역에서 감각 기능과 운동 및 신체 조정능력, 건강 및 안정

(2) 정서적 발달 영역에서 긍정적 태도, 성취감, 심미감 및 창의적 표현

(3) 언어발달 영역에서 발음, 어휘와 문장, 의사소통, 글자의 기초 기능

(4) 인지발달 영역에서 자연현상에 대한 개념, 사회현상에 대한 개념, 논리 · 수학적 사고

(5) 사회성 발달 영역에서 개인과 가정생활, 집단생활, 국가생활 등

즉, 신체, 언어, 정서, 인지, 사회성 발달의 각 영역에서 다룰 수 있는 내용이 모두 동작활동을 통해 운영될 수 있다.

개념	그리기와 색칠하기
대상	만 5세
강조점	유아들이 미술과 동작의 통합된 경험을 통해서 질감(texture), 방향 변화, 동작의 흐름, 디자인 등을 인식할 수 있다.
활동자료	큰 도화지나 신문지, 물감, 면도 크림, 향료, 분말, 녹음기

지도방법	• 미술실 혹은 체육관이나 기타 교실 • 종이를 유아에게 나누어 준 후에 핑거 페인팅을 하게 한다. - 물감이나 면도 크림을 이용할 수 있다. • 핑거 페인팅한 물감이나 면도 크림 위에 다양한 실험을 경험시킨다. - 다양한 색상의 포스터 물감가루를 뿌려 보게 한다. - 모래, 기름 등을 그림 위에 바르게 한다. - 바나나 향, 페퍼민트 향, 각종 향료들을 그림 위에 뿌려 보게 한다. • 유아들은 다양한 색상, 촉감, 냄새들을 감각을 통해서 배울 수 있다. • 실험하는 동안 다양한 템포의 음악을 배경 음악으로 틀어 준다. • 음악의 템포, 흐름에 따라서 핑거 페인팅을 다양하게 표현하게 한다. - 빠른 템포가 담긴 레코드는 명랑, 흥분 및 위험을 암시하는 반면, 느린 템포의 레코드는 외로움, 고요함, 조용함을 암시할 수 있다. - 타악기 형태의 음악은 방향의 뚜렷한 변화를 지적해 줄 수 있다. - 부드러운 음악은 자유롭고, 유연하고, 점진적인 변화를 줄 수 있다. • 템포, 방향, 수준, 흐름의 변화를 마루 위에서 동작으로 표현하게 한다.

제5장

창의적 신체표현 활동

1. 수업의 선택
2. 창의적 신체표현 활동의 중요성과 구성 요소
3. 창의적 신체표현 활동의 기본요소
4. 제재 선정

1. 수업의 선택

수업 선택은 무엇보다 교사 자신의 방법으로 가르치는 것이 좋다. 수업의 계획을 짜기 위해 먼저 요소를 선택하고 연결된 내용을 찾아야 한다. 단 요소는 일정하나 가르치기 위해 선택하는 내용은 다양하다.

① 유아들의 반응이 좋은 것이 무엇인가?

② 유아들의 연령에 적당한가?

③ 유아들의 일반적인 동작 능력에 알맞은가?

④ 지역적인 특성을 고려했는가?

이상과 같이 각 수업이 전 시간의 수업 위에 세워져야 하며, 유아들은 반복하는 과정에서 안정감과 성취감을 얻으려 하여 이에 만족하고 반복되더라도 점차 그 방법은 달라질 것이다.

2. 창의적 신체표현 활동의 중요성과 구성 요소

유아들의 신체표현 활동은 생각, 감정, 지적인 인상을 신체의 움직임으로 표현하는 것이다. 그들의 표현활동은 자기가 아는 것, 흥미와 관심이 많은 것 등을 자기 나름대로 나타내는 특성을 가지고 있다. 성인의 방식대로 표현하게 할 경우는 〈표 5-1〉(김옥련, 1982)과 같은 결과가 나타나므로 교육적 성과는 기대할 수 없다.

표 5-1 자기 표현과 모방의 비교

자기표현	모방표현
자기 수준에 의한 표현	남의 수준에 의한 표현
⇩	⇩
자주적 사고	의존적 사고
⇩	⇩
정서적 순화	욕구 정지
⇩	⇩
자유와 부드러움	억제와 속박
⇩	⇩
새로운 사태에 쉽게 적응	고정된 일정한 형에만 따름
⇩	⇩
진보, 성공, 행복	의존심, 의타심, 완고

플레밍(Fleming, 1976)에 의하면 유아는 움직이고 싶은 표현 욕구를 지니며 이런 욕구는 신체표현 활동을 통하여 독창적인 표현이 될 수 있고 유아의 직관력 및 사고력에 도움을 줄 수 있다고 하였다.

3. 창의적 신체표현 활동의 기본요소

신체를 기구로 사용하고, 움직임을 도구로 사용하는 신체표현 활동은 시간, 공간, 힘, 흐름 등의 기초적 구성 요소를 필요로 하며 유아들이 신체표현 활동에서 탐색해야 할 개념은 다음과 같다.

표 5-2 신체표현 활동의 탐색 개념 구성 요소

요소	영역	탐색개념
공간 (space)	방향	앞으로, 뒤로, 옆으로, 위로, 아래로
	범위	크게, 보통으로, 작게 등과 같은 움직임이 전체적 크기
	수준	높게, 낮게, 수평, 수직, 사선
	경로	곧게, 둥글게, 지그재그로, 똑바로, 곡선으로
	바닥형태	움직이면서 그려지는 바닥의 다양한 디자인, 그림 등의 형태가 있고 없음을 말한다.
	초점	동작에 초점이 있을 경우와 없을 경우, 즉 주의를 집중시켜 향하는 특정한 지점이나 공간들이 있을 경우 동작에 초점이 있다고 한다.
힘 (force)	세기	세게, 보통으로, 약하게
	힘의 질	갑자기 딱딱하게, 천천히 부드럽게, 계속적으로, 점차적으로 사라지게
	무게	무겁게, 가볍게
시간(time)	속도	느리게, 보통으로, 빠르게, 점점빠르게, 점점느리게
	리듬	박자에 맞추기, 리듬 패턴 알기
흐름(flow)	흐름	유연하게, 끊기게, 연속적으로

4. 제재 선정

창조적 표현활동을 위한 제재 선정은 흥미와 호기심을 줄 수 있는 제재로서 신체표현이 크고 모방 표현이 가능한 제재를 다음의 요건을 고려하여 선정한다.

① 상상력을 자극시켜 줄 수 있는 공상적인 제재

② 특징이나 특성 파악에 용이한 것

③ 지적 탐구 내용이 담긴 것
④ 유사한 제재일 경우 모험성이 있는 것과 최근의 경험을 바탕으로 한 제재
⑤ 유아의 생활 전부를 표현할 수 있는 것으로 다른 영역과 관련을 맺어 가면서 제재를 택한다.

1) 움직임에 의한 분류

유치원에서는 유아의 실태나 지역 사정을 조사한 후 유아의 환경과 발달을 고려하여 선택하며, 학습 활동을 계획할 때에는 먼저 그 활동의 지도 목표에 따라 제재를 분류하여야 한다.

지도 목표에 따라 제재를 분류하는 방법은 머레이(Murray, 1963)가 [Dance in Elementary Education]에서 제시한 방법을 참고로 한다.

표 5-3 움직임에 의한 분류 예

요소	주제	제 재
시간 (time)	빠른 움직임	달리는 말, 활, 쥐, 소나기, 불자동차, 새, 팽이, 바람, 제트기, 폭풍, 오토바이, 독수리, 사자, 사냥개
	느린 움직임	큰 벽시계, 할머니, 거북, 큰 나무, 꽃이 핀다, 달팽이, 나비, 아이스크림이 녹는다.
공간 (space)	높은 움직임	로켓 발사, 비행기, 하늘, 굴뚝, 안테나, 연, 탑, 사다리 오르기, 하얀 구름
	낮은 움직임	거북, 새싹, 잠수함, 개미, 오리, 지친 말, 지렁이, 뱀, 벌레, 인디언의 수렵, 전철, 병아리
흐름 (flow)	둥근 움직임	시계, 공, 바퀴, 시계 바늘, 프로펠라, 풍차, 레코드, 회전문, 달팽이, 전화 다이얼
	위, 아래 움직임	시소, 엘리베이터, 널뛰기, 떨어지는 별, 절구, 공치기, 두레박, 피아노 건반

요소	주제	제　재
무게 (weight)	강하고 무거운 움직임	코끼리, 곰, 거인, 성난파도, 천둥, 레슬링, 밭 가는 소, 로봇, 굴러 떨어지는 바위
	부드럽고 가벼운 움직임	풍선 나르는 새, 나비, 비눗방울, 눈송이, 달빛, 연기, 꽃잎, 깃털, 속삭임
시간과 흐름 (time&flow)	날카롭고 빠른 움직임	야생마, 불꽃, 기차, 시계, 귀뚜라미, 해일, 개구리, 재봉틀
	느리고 지속적인 움직임	송충이, 녹는 얼음, 연, 줄타기, 큰 배, 붕어, 그네, 장갑차, 케이블카, 달팽이
시간과 무게 (time & weight)	힘이 없고 느슨한 움직임	빨래줄의 세탁물, 매달린 인형, 바람 빠진 풍선, 해초, 물에 빠진 모자, 녹는 눈사람, 시든 꽃
리듬 (rhythm)	일상 생활의 움직임	걷기, 점프하기, 뛰기, 돌기, 흔들기
	작업의 움직임	톱질, 썰기, 밧줄 당기기, 망치질, 다림질, 땅 파기, 수놓기, 바느질, 먼지 털기, 자르기
	모방적인 움직임	뛰는 말, 춤추는 선녀, 다림질이나 청소하는 어머니, 걸어가는 코끼리, 스케이트 타는 유아들

2) 감각에 의한 분류

표 5-4 감각에 의한 분류 예

주제	제　재
시각	• 제재를 발견할 수 있는 장소에 따른 분류 예) 공원, 회전목마, 솜사탕, 할아버지, 비둘기, 분수, 꽃시계 • 제재의 형태와 질, 색에서 받게 되는 인상에 따른 분류 예) 빨강색 : 흥분, 노여움, 힘, 위험 　　파랑색 : 희망, 평화

주제	제 재
청각	• 상상을 불러일으키는 소리는 신체표현을 유발하는 데 좋은 자극이 된다. 예) 벌떼 소리, 사이렌 소리, 휘파람 소리, 호루라기 소리, 종 소리, 기적 소리, 시계 소리, 바람 소리, 파도 소리, 웃음 소리, 물건 깨지는 소리, 동물의 울부짖음
촉각	• 제재에 대한 체험을 떠올려 움직임으로 나타내는 방법 예) 스폰지, 얼음, 솜, 그물, 비누, 고무 풍선

모든 종류의 감각적인 체험은 그 체험의 특징을 찾아내어 움직임으로 재현시킬 수 있다.

3) 학습 주제에 의한 분류

표 5-5 학습 주제에 의한 분류 예

주제	제 재
동물원	호랑이, 타조, 코끼리, 토끼, 원숭이, 캥거루, 낙타, 칠면조, 물개
수송기관	자동차, 버스, 마차, 손수레, 기차, 배, 비행기, 오토바이, 말, 가마
스포츠	달리기, 테니스, 농구, 배구, 야구, 넓이뛰기, 던지기, 체조
공원	회전목마, 솜사탕, 풍선, 비둘기, 벤취, 꽃시계, 미끄럼틀, 꽃
우리고장	농장, 우체국, 은행, 신문사, 동사무소, 과수원, 소방서, 경찰서, 학교, 시장, 마을회관
신비한 우주	태양, 구름, 별, 번개, 달, 바람, 비, 안개, 눈, 천둥
고마운 사람	집배원, 교통순경, 의사, 소방관, 광부, 운전수, 농부, 기관사, 건축 기사, 선생님, 부모님

4) 내용 설정

신체표현 활동의 종류나 구성 요소를 염두에 두고서 내용을 제시해 줌으로써 표현 활동에 흥미를 느끼게 되며 개성적이며 독창적인 표현력이 유도되어질 수 있다.

유치원에서는 표현 의욕을 환기시키기 위해 견학을 이용하거나 시청각 자료를 활용하는 등 사전의 배려가 필요하며, 유아 자신의 새로운 감각 반응에 의한 자유 표현에 중점을 두어서 자기의 감정에 의해 자기의 것을 표현할 수 있게 하는 것이 중요하다. 또한 미리 제재와 관련된 음악, 이야기, 그림책 혹은 동화를 들려줌으로써 상상할 수 있는 분위기를 조성하여 준 후, 극적인 상황을 제시하고 상담하여 창의적인 표현을 할 수 있도록 하기 위하여 유치원 현장에서의 끊임없는 연구와 세밀한 관찰이 무엇보다 중요하다.

표 5-6 내용 설정의 예

제재	내 용	준비물
아이스크림	• 아이스크림이 되어 녹아 내리는 아이와, 햇빛이 되어 비추는 아이로 역할을 스스로 정하게 한다. - 해가 높이 떠서 비추는 역할을 한다. - 각자 되고 싶은 모양의 아이스크림을 만들게 한다. - 비틀며 미끄러지다가 녹아 내리고, 바닥에 완전히 녹아 버린 아이는 물이 되어 길을 따라 흘러간다.	느린 속도의 효과 음악
토끼	• 토끼는 동물 중에서도 작은 동물이다. - 다리가 넷이고, 뒷다리가 길다. - 귀는 크고 길며 쫑긋하다. - 눈은 빨갛고, 입이 작다. 꼬리는 짧고 둥글다. - 긴 다리로 깡충깡충 뛴다. - 몸이 나긋나긋 움직인다. - 털은 희고, 무슨 소리가 나면 잘 놀란다.	큰북 호루라기

제재	내　　용	준비물
	- 토끼는 약해 보이고, 조용한 느낌이 든다. - 토끼가 놀라거나 기뻐할 경우 어떤 표정을 지을까? - 무서운 짐승이 나타났을 때 토끼의 모습은 어떨까?	

제6장

2007년 개정 유치원 교육과정

* 교육인적자원부 고시 제 2007-153호에 따른

1. 생활주제 및 주제에 따른 교육활동
2. 2007년 개정 유치원 교육과정
3. 동작교육 수업계획안 작성
4. 동작교육 계획안의 활동방법 구성

1. 생활주제 및 주제에 따른 교육활동

생활주제는 유아들의 생활 경험과 교육적 필요를 고려하여 선정된 생활주제와 주제 및 소주제에 따라 주요 교육 내용을 선정한 후, 적합한 교육활동으로 구성된다. 주제와 소주제 명은 교육 내용을 포함하면서 유아가 흥미를 보일 수 있는 것으로 되어 있다(교육과학기술부, 2010).

2007년 개정 유치원 교육과정에 따른 생활주제-주제-소주제를 활용하기 쉽게 정리한 내용은 〈표 6-1〉과 같다(유치원 지도서, 2010).

표 6-1 2007년 개정 유치원 교육과정 생활 주제-주제-소주제

생활주제	주제	소주제
유치원과 친구	유치원의 환경	우리 유치원 알아보기 유치원 돌아보기 함께 지내는 사람들 알아보기 시설물 사용 방법 알아보기
	유치원에서의 하루	등 · 하원하기 자유선택활동하기 집단 활동하기 간식(급식)먹기
	유치원에서의 친구	친구 사귀기 친구와 함께하기 친구와 다른 점 알아보기 친구와 사이좋게 지내기
	우리 유치원의 역사	유치원을 나타내는 것 알아보기 유치원의 자랑거리 알아보기 유치원을 졸업한 선배들과 만나기 유치원의 특별한 날 알아보기

생활주제	주제	소주제
나와 가족	나의 몸과 마음	내 몸의 구조와 기능 알기 나의 출생과 성장 과정 알기 나의 감정 느끼기 내 감정 조절하기
	소중한 나	내 몸 소중히 여기기 나의 특별함 알고 사랑하기 내 일 스스로 하기
	가족의 구조와 문화	가족의 구조와 역할 알기 가족의 생활 알기 가족의 특별한 날에 관심 가지기 가족의 문화 알기 다문화 가족에 관심 가지기
	소중한 가족	가족에 대한 고마움 느끼기 가족에 대한 예절지키기 웃어른에 대한 공경하기
우리 동네	우리 동네 모습	우리 동네에 관심 가지기 우리 동네 둘러보기 우리 동네 알아보기
	우리 동네 생활	우리 동네 자연 공간 알기 우리 동네 공공 기관 알기 우리 동네 생활 관련 공간 알기
	우리 동네 이웃	우리 동네 사람들에게 관심 가지기 직업의 소중함 알기 도움이 필요한 이웃이 있음을 알기
	우리 동네 문화	우리 동네 사랑하기 우리 동네 문화 알기 예절과 규칙 알기
동 · 식물과 자연	동물과 자연	애완동물의 특성과 보호 방법 알기 농장 동물의 특성과 보호 방법 알기 동물원 동물의 특성과 보호 방법 알기 궁금한 동물의 특성과 보호 방법 알기

생활주제	주제	소주제
동 · 식물과 자연	식물과 자연	나무의 특성과 보호 방법 알기 풀의 특성과 보호 방법 알기
건강과 안전	즐거운 운동과 휴식	적절하게 운동하기 규칙적으로 생활하기 충분히 휴식하기 즐거운 마음 가지기
	깨끗한 나와 환경	나를 깨끗이 하기 주변을 깨끗이 하기 질병 예방하기
	맛있는 음식과 건강	골고루 먹기 바르게 먹기 즐겁게 먹기
	안전한 놀이와 생활	안전하게 놀이하기 교통안전 생활화하기 위험한 상황 대처하기
생활도구	다양한 생활도구	생활 도구 쓰임새 알아보기 생활 도구 유용하게 사용하기 생활 도구 변천 과정 알아보기
	생활 도구로서의 미디어	미디어의 올바른 사용법 알아보기 미디어 사용 시 자신을 보호하기 미디어의 구조와 역할 알아보기 미디어를 통해 다양한 표현 활동하기
	생활 도구를 움직이는 힘	생활 도구를 움직이는 힘 알아보기 생활 도구의 힘을 효율적으로 사용하기
교통기관	여러 가지 탈 것	내가 이용한 교통기관 알아보기 교통기관의 특성 알기 기차의 특성과 이용방법 알기 비행기의 특성과 이용 방법 알기 배의 특성과 이용 방법 알기
	교통기관의 구조	바퀴 기능 탐색하기 교통기관의 생김새 탐색하기 교통기관의 변천 과정 알기

생활주제	주제	소주제
교통기관		미래의 교통수단에 관심 가지기 교통기관에 사용되는 에너지 알기
	고마운 교통기관	대중 교통가관 이용하기 특별한 교통기관 알아보기 일하는 자동차 알아보기 교통기관에 관련된 직업알기
	교통통신과 교통생활	도로에서의 교통안전과 교통질서지키기 자동차 이용할 때의 교통질서지키기 교통 표지판과 교통 시설물에 대한 규칙지키기 편리한 교통통신 이용하기 에너지 절약과 환경 보호하기
우리나라	우리나라 사람들의 생활	우리나라의 옷 알아보기 우리나라의 음식 알아보기 우리나라의 집 알아보기 우리나라의 생활 도구 알아보기
	우리나라의 놀이	우리나라의 전통놀이 즐기기 우리나라의 옛그림 감상하기 우리나라의 노래와 춤 경험하기 우리나라의 옛이야기 감상하기
	우리나라의 역사	우리나라의 시작에 대해 알아보기 우리나라의 과거, 현재, 미래에 대해 알아보기 미래에 대해 알아보기 북한에 대해 관심 가지기 우리나라를 빛낸 사람들 알아보기
	우리나라의 자랑거리	우리나라의 상징 알아보기 나라 사랑을 위해 내가 할 수 있는 일 알아보기 우리나라의 문화재 찾아보기 미래를 빛낼 우리들의 모습 생각해 보기
세계 여러 나라	세계 여러 나라 사람들의 생활	세계 여러 나라 사람들의 모습 알아보기 세계의 다양한 의생활 알아보기

생활주제	주제	소주제
세계 여러 나라		세계의 다양한 식생활 알아보기 세계의 다양한 주거 생활 알아보기 세계의 풍습 경험하기
	세계 여러 나라의 문화유산	세계 여러 나라의 이야기 알아보기 세계의 위인 알아보기 세계의 음악과 춤 경험하기 세계의 미술과 건축물 감상하기
	세계 여러 나라와의 교류	세계의 스포츠 경험하기 세계 여행 관심 가지기 여러 나라의 경제 알아보기
	세계의 자연과 사회 현상	세계의 자연 이해하기 세계의 재해 이해하기 세계 여러 나라의 협력과 지원 알아보기
환경과 생활	물과 우리 생활	물의 현상 탐색하기 물의 이용 알아보기 우리 주변의 물 찾아보기 물을 깨끗하게 보호하기
	흙과 우리 생활	흙 놀이하기 흙의 이용 알아보기 흙과 함께 살기 흙 사랑하기
	바람과 우리 생활	바람과 놀기 생활 속의 바람 느끼기 맑은 공기 만들기
	빛과 우리 생활	빛과 그림자 탐색하기 생활 속의 빛 찾기 유용한 빛 찾기
	소리와 우리 생활	주변에서 나는 소리 찾기 소리 만들기 아름다운 소리와 함께 즐겁게 생활하기
봄 · 여름 · 가을 · 겨울	봄	봄 날씨 알기 따뜻한 봄 즐기기

생활주제	주제	소주제
봄 · 여름 · 가을 · 겨울		봄나들이하기
	여름	여름 날씨 알기 더운 여름나기 여름의 모습 알아보기
	가을	가을 날씨 알기 풍성한 가을 지내기 가을동산 즐기기
	겨울	겨울 날씨 알기 추운 겨울나기 겨울동산 돌아보기

2. 2007년 개정 유치원 교육과정

2007년 개정 유치원 교육과정은 시기적으로는 지식 정보화 시대의 도래, 국가적으로는 저출산 문제해결을 위한 가치관 반영이라는 시대적 요구에서 비롯되었다. 따라서 유치원 교육에서부터 사람과 자연을 존중하고 사랑하는 세계관을 확립할 수 있도록 교육하여야 한다는 필요성이 부각되었다. 유치원 교육은 유아에게 알맞은 교육환경을 제공하여 유아를 교육하고 심신의 조화로운 발달을 돕는 것을 목적으로 한다. 이러한 목적을 달성하기 위하여 '몸과 마음을 건강하게 하며 기본생활 습관을 기른다.', '더불어 사는 태도와 우리 전통문화를 사랑하는 마음을 가진다.', '자신의 생각과 느낌을 자유롭고 창의적으로 표현하는 경험을 가진다.', '의사소통을 위한 언어능력을 기르며 바른 언어 사용 습관을 가진다.', '호기심을 가지고 주변세계를 탐구하며 자연을 존중하는 태도를 가진다.'로 다섯 가지 유치원 교육목표를 제시하고 있다. 교육과정은 건강생활, 사회생활, 표현생활, 언어생활, 탐구생활의 5개영역으로 구성된다(교육과학기술부, 2010).

모든 영역을 통합하여 교육하는 것이 효과적이지만 동작교육 내용은 5개영역 중 건강생활과 표현생활 영역에서 동작교육의 기본적 방향을 제시하였으며, 교육과정의 영역별 내용과 하위내용은 〈표 6-2〉와 같다.

표 6-2 2007년 개정 유치원 교육과정의 5개영역별 내용과 하위내용

영역	내용	하위내용
건강생활	나의 몸 인식하기	감각기관을 활용하기 나의 몸을 인식하고 움직이기
	나의 몸 움직이기	이동하며 움직이기 제자리에서 움직이기 도구 및 놀이시설 활용하기 바깥에서 신체활동하기
	건강하게 생활하기	몸과 주변을 깨끗이 하기 바른 식생활하기 질병예방하기 즐겁게 생활하기
	안전하게 생활하기	나와 다른 사람의 몸을 소중히 하기 안전하게 놀이하기 교통안전 규칙지키기 위험한 상황을 알고 대처하기 환경오염이나 재난에 대비하기
사회생활	나를 알고 사랑하기	나를 소중하게 여기기 나의 일 스스로 하기 나의 감정알고 조정하기
	가족과 함께 생활하기	가족과 화목하게 지내기 가족과 협력하기
	이웃과 더불어 생활하기	예절바르게 생활하기 다른 사람을 이해하고 존중하기 질서와 규칙지키기 두레의 소중함을 알고 협력하기

영역	내용	하위내용
사회생활	사회현상에 관심 가지기	주변지역에 관심 가지기 경제생활에 관심 가지기 우리나라와 우리 전통문화에 관심 가지기 다양한 문화에 관심 가지기
표현생활	자연과 생활에서 아름다움 찾아보기	소리 · 움직임 · 조형물에 관심 가지기 예술적 요소 찾아보기
	예술적 표현 즐기기	음악으로 표현하기 움직임과 춤으로 표현하기 조형 활동으로 표현하기 극놀이로 표현하기 통합적으로 표현하기 창의적인 표현과정 즐기기
	감상하기	아름다움 느끼기 예술적 표현 존중하기 우리 전통예술 감상하기
언어생활	듣기	낱말과 문장 듣고 이해하기 이야기 듣고 이해하기 문학작품 즐겨 듣기 바른 태도로 듣기
	말하기	낱말과 문장으로 말하기 생각과 느낌 말하기 이야기지어 말하기 바른 태도로 말하기
	읽기	읽기에 관심 가지기 책에 관심 가지기
	쓰기	쓰기에 관심 가지기 쓰기 도구 사용하기
탐구생활	탐구하는 태도 기르기	사물과 현상에 지속적인 관심 가지기 탐구과정 즐기기
	과학적 기초능력 기르기	물체와 물질에 대해 알아보기 생명체와 자연환경 소중하게 여기기

영역	내용	하위내용
탐구생활		자연현상에 대해 알아보기 간단한 도구와 기계 활용하기
	수학적 기초능력 기르기	수 감각 기르기 공간 및 도형에 대해 알아보기 기초적인 측정해 보기 규칙성 이해하기 자료 정리 및 결과 나타내기

1) 건강생활의 기본 구성 및 내용

건강생활은 긍정적 자아개념과 일상생활에 필요한 기초체력을 기르며, 유아의 심신을 조화롭게 발달시키기 위한 영역이다. 건강생활영역은 크게 신체운동과 건강교육의 두 부분으로 구분하여 유아의 건강증진을 위해 움직이는 내용과 건강에 대한 태도를 형성하는 내용으로 구성한다.

건강생활영역의 목표는 자신의 신체를 긍정적으로 인식하고 생활에 필요한 기초체력을 기르며, 건강하고 안전한 생활습관을 가질 수 있다. 이 영역은 '나의 몸 인식하기', '나의 몸 움직이기', '건강하게 생활하기', '안전하게 생활하기'의 네 가지 내용으로 구성되어 있다.

'나의 몸 인식하기'는 기본적인 감각 기능을 기르고 자신의 신체를 긍정적으로 인식하도록 하는데 중점을 둔다.

'나의 몸 움직이기' 유아기에 해야 할 운동을 체계적이고 규칙적으로 실시하여 기본적인 운동능력을 기르고 기초체력을 증진하는데 중점을 둔다.

'건강하게 생활하기'는 청결, 영양, 질병예방, 휴식을 통한 신체 건강뿐 아니라 정신건강을 유지하고 건강한 생활 습관을 형성하는데 중점을 둔다.

'안전하게 생활하기'는 자신과 타인의 몸을 소중히 여기고, 우리주변에서 발생할 수 있는 위험을 예방하며, 재난에 대비하는 데 필요한 지식과 기능 및 태도를 기르는데 중점을 둔다.

건강생활영역의 수준별 내용은 〈표 6-3〉과 같으며, 교사는 다음사항에 유의하여 지도하도록 한다.

① 감각을 통해 자신의 몸과 주변 세계를 바르게 인식하도록 유아의 발달 수준을 고려한다.
② 넓은 공간이나 바깥에서 규칙적으로 활동함으로써 유아기에 필요한 기본 운동 기능과 기초체력을 기르도록 한다.
③ 대근육 활동 시 체계적 활동을 통해 유아가 몸을 움직임으로써 신체를 조절하고 성취감을 맛볼 수 있도록 한다.
④ 유아의 건강생활은 일과 중 활동을 통해 생활교육으로 이루어지게 한다.
⑤ 교사는 유아가 안전하게 놀이할 수 있도록 유의해야 한다.
⑥ 유아기는 신체를 조절하거나 환경을 지각하는 능력이 부족한 시기이므로 안전사고를 예방해야 한다.

표 6-3 건강생활영역의 수준별 내용

내용	하위내용	수준별 내용	
		I	II
나의 몸 인식하기	감각기관을 활용하기	감각기관을 활용해 본다.	감각기관을 활용하여 활동한다.
	나의 몸을 인식하고 움직이기	몸의 각 부분에 관심을 가지고 움직인다.	몸의 각 부분의 특징을 활용하여 움직인다.
		자신의 신체 능력을 긍정적으로 인식하고 움직인다.	
나의 몸 움직이기	이동하며 움직이기	걷기, 달리기, 뛰기 등을 하면서 몸을 움직인다.	걷기, 달리기, 뛰기 등을 하면서 제시된 조건에 따라 몸을 움직인다.
	제자리에서	제자리에서 몸을 다양하게 움직	제자리에서 제시된 조건에

내용	하위내용	수준별 내용 I	수준별 내용 II
나의 몸 움직이기	움직이기	인다.	따라 몸을 균형감 있게 움직인다.
	도구 및 놀이시설 활용하기	공, 리본, 후프, 평균대, 매트 등 도구와 놀이시설을 활용하여 신체활동을 한다.	
	바깥에서 신체활동하기	규칙적으로 바깥에서 신체활동을 한다.	
건강하게 생활하기	몸과 주변을 깨끗이 하기	이를 깨끗이 한다.	스스로 이를 깨끗이 하는 습관을 기른다.
		손과 몸을 깨끗이 한다.	스스로 손과 몸을 깨끗이 하는 습관을 기른다.
		자기 주변을 깨끗이 한다.	스스로 자기 주변을 깨끗이 하는 습관을 기른다.
	바른 식생활하기	음식물의 필요성을 알고 골고루 먹는다.	몸에 필요한 음식을 적당한 양으로 골고루 먹는다.
		음식을 소중히 여긴다.	
		음식을 바른 자세로 즐겁게 먹는다.	
	질병예방하기	질병의 위험성을 알고 주의한다.	질병을 예방하는 방법을 알고 실천한다.
		날씨와 상황에 알맞게 옷을 입는다.	
		놀이 후에는 휴식을 취한다.	
	즐겁게 생활하기	다양한 신체활동을 통해 긴장감을 해소하고 즐거운 마음으로 생활한다.	
안전하게 생활하기	나와 다른 사람의 몸을 소중히 하기	나와 다른 사람의 몸이 소중함을 안다.	
		다른 사람이 나의 몸을 함부로 만지지 않도록 한다.	
	안전하게 놀이하기	놀잇감, 도구, 시설물의 사용법을 알고 안전하게 사용한다.	
		안전한 장소에서 안전한 방법으로 놀이한다.	
			미디어에는 유익한 것과 유

내용	하위내용	수준별 내용	
		I	II
안전하게 생활하기	안전하게 놀이하기		해한 것이 있음을 알고 바르게 사용한다.
	교통안전 규칙 지키기	보행 안전 규칙을 지킨다.	
		교통수단을 안전하게 이용한다.	
	위험한 상황을 알고 대처하기	위험한 물건과 상황에 대해 알고 대처한다.	
		위험한 상황에서 도움을 요청하여 자신을 보호한다.	
	환경오염이나 재난에 대비하기	환경오염의 위험성을 알고 안전하게 생활하는 방법을 실천한다.	
		환경오염을 예방하는 방법을 알고 실천한다.	
		인적 재난이나 자연 재난에 대해 알아보고 정기적으로 대피훈련에 참여한다.	

2) 표현생활의 기본 구성 및 내용

표현생활은 풍부한 감성과 심미적 태도 및 창의적 표현력을 기르며, 다양한 예술 표현 방식을 존중하고 즐기는 태도를 기르기 위한 영역이다. 표현생활영역은 특정한 예술적 개념이나 기능 습득보다는 생각과 느낌을 자유롭고 창의적으로 표현해 보는 경험을 중심으로 한다. 직접 보고, 듣고, 만지고, 느껴 보는 능동적인 활동 과정을 강조하고 유치원의 일과 중 자연스럽게 다양한 탐색 및 감상활동의 기회를 제공하며, 대 · 소집단 활동과 자유선택 활동에서 골고루 경험하도록 통합적으로 다루도록 한다.

표현생활영역의 목표는 생각하고 느낀 것을 예술적으로 표현하고 감상함으로써 심미적 태도와 창의적 표현력을 기른다. 이 영역은 '자연과 생활에서 아름다움 찾아보기', '예술적 표현 즐기기', '감상하기'의 세 가지 내용으로 구성되어 있다.

'자연과 생활에서 아름다움 찾아보기'는 유아가 자연과 주변 환경에서 자연스럽게 접할 수 있는 소리나 음악, 움직임, 조형물에 관심을 기울이며, 예술활동의 기본이 되는 다양한 요소를 찾아보는 경험에 중점을 둔다.

'예술적 표현 즐기기'는 유아기 다양한 예술 활동에 참여하여 생각과 느낌을 자유롭게 표현하는 데 중점을 둔다. 또한 음악, 움직임과 춤, 조형 활동, 극놀이를 통합적으로 경험하며 예술활동 과정을 즐기는 데 중점을 둔다.

'감상하기'는 유아나 다른 사람이 표현한 예술 작품 및 자연과 생활 속의 아름다움, 우리 전통예술에 유아가 관심을 가지고 즐기도록 하는 데 중점을 둔다.

표현생활영역의 수준별 내용은 〈표 6-4〉와 같으며, 교사는 다음 사항에 유의하여 지도하도록 한다.

① 자연이나 주변 환경에서 친근하게 접할 수 있는 대상에서 예술적 요소를 자발적으로 찾아보도록 한다.
② 유아가 예술적 활동에 대해 개별적인 생각과 느낌을 표현하는 과정을 즐기도록 자유로운 분위기를 조성한다.
③ 소집단 · 대집단 활동뿐 아니라 자유선택 활동에서 예술적 표현활동을 수시로 제공하되 유아가 개별적으로 활동과정에 몰입하도록 적극 지원한다.
④ 유아가 사전 경험이나 흥미에 따라 활동을 스스로 선택하여 자기 나름의 의미를 갖도록 지도한다.
⑤ 교사는 유아의 창의적 표현을 존중하는 태도를 지닌다.
⑥ 음악, 춤, 조형, 극놀이 활동 등은 가능한 통합적으로 이루어지도록 한다.

표 6-4 표현생활영역의 수준별 내용

내용	하위내용	수준별 내용	
		I	II
자연과 생활에서 아름다움 찾아보기	소리 · 움직임 · 조형물에 관심 가지기	자연과 주변 환경의 소리, 음악, 움직임, 조형물에 관심을 가진다.	
		목소리, 신체, 사물, 악기로 소리의 빠르기 · 세기 ·	

<table>
<tr><th rowspan="2">내용</th><th rowspan="2">하위내용</th><th colspan="2">수준별 내용</th></tr>
<tr><th>I</th><th>II</th></tr>
<tr><td rowspan="3"></td><td></td><td colspan="2">리듬 등을 찾아본다.</td></tr>
<tr><td rowspan="2">예술적 요소 찾아보기</td><td colspan="2">자연과 주변 환경에서 움직임의 모양 · 힘의 세기 · 빠르기 · 흐름 등을 찾아본다.</td></tr>
<tr><td colspan="2">자연과 주변 환경에서 색 · 형태 · 질감 등을 찾아본다.</td></tr>
<tr><td rowspan="11">예술적 표현 즐기기</td><td rowspan="3">음악으로 표현하기</td><td>노래를 즐겨 부른다.</td><td>노래로 자신의 생각과 느낌을 표현한다.</td></tr>
<tr><td colspan="2">전래동요를 즐겨 부르며 관련된 놀이를 한다.</td></tr>
<tr><td>신체나 리듬 악기를 사용하여 간단한 리듬 패턴을 만들어 본다.</td><td>단순한 즉흥 연주를 해본다.</td></tr>
<tr><td rowspan="3">움직임과 춤으로 표현하기</td><td>신체를 이용하여 친숙한 대상의 움직임을 표현한다.</td><td>신체를 이용하여 주변의 움직임을 다양하게 표현한다.</td></tr>
<tr><td colspan="2">도구를 활용하여 창의적으로 움직인다.</td></tr>
<tr><td colspan="2">움직임과 춤을 통해 생각과 느낌을 자유롭게 표현한다.</td></tr>
<tr><td rowspan="3">조형활동으로 표현하기</td><td colspan="2">조형활동을 통해 자신의 생각과 느낌을 창의적으로 표현한다.</td></tr>
<tr><td></td><td>협동적인 조형활동을 통해 생각과 느낌을 표현한다.</td></tr>
<tr><td>조형활동에 필요한 재료와 도구에 관심을 가지고 사용한다.</td><td>조형활동에 필요한 재료와 도구를 다양하게 사용한다.</td></tr>
<tr><td>극놀이로 표현하기</td><td>경험이나 간단한 이야기를 극놀이로 표현한다.</td><td>소품, 배경, 의상 등을 계획하여 협동적으로 극놀이를 한다.</td></tr>
<tr><td>통합적으로 표현하기</td><td colspan="2">주제에 대한 자신의 생각과 느낌을 음악, 춤, 조형활</td></tr>
</table>

내용	하위내용	수준별 내용	
		I	II
예술적 표현 즐기기	통합적으로 표현하기	동, 극놀이 등을 통합하여 표현한다.	
	창의적인 표현과정 즐기기	예술활동에 참여하여 표현과정을 즐긴다.	다양한 예술활동을 스스로 선택하여 시도한다.
감상하기	아름다움 느끼기	자연과 다양한 음악, 춤, 조형물, 극놀이 등을 듣거나 보고 즐긴다.	
			자연과 다양한 음악, 춤, 조형물, 극놀이 등을 감상하고 생각과 느낌을 나눈다.
	예술적 표현 존중하기	나와 다른 사람의 예술표현을 소중히 여긴다.	나와 다른 사람의 에술표현의 차이를 느낀다.
	우리 전통예술 감상하기	전통예술에 관심을 갖고 친숙해진다.	전통예술을 즐긴다.

3. 동작교육 수업계획안 작성

본 장에서는 2007년 개정 유치원 교육과정에 기초하여, 동작교육 활동의 본시수업계획안을 작성하는 구체적인 방법에 대하여 설명하고자 한다. 수업계획안은 1차시 분량으로 계획된 학습단원의 교수 절차를 상세하세 쓰는 것이다(Weiler, Mass & Nirschl, 1988). 수업계획안 작성을 통해 수업에 대한 전체적인 윤곽을 잡고 발생할 수 있는 문제를 예측할 수 있을 것이다. 수업계획안 작성은 교사마다 다르며, 자신만의 수업계획안을 작성하는데 고려해야 할 점은 다음과 같다(김은심, 2010).

① 수업계획안은 융통성 있는 지침으로 간주되어야 한다(Kirchner, 2001). 교사는 자신이 계획한 수업계획안에 변화가 생길 수 있다는 사실을 인식해야 하며, 항상 염두에 두고 있어야 한다.

② 교사는 분명하고 실제적인 목표를 가지고 있어야 한다. 각각의 수업마다 유아들이 무엇을 달성하기를 바라는지 관찰 가능한 구체적인 목표를 설정해야 한다.

③ 수업계획안은 상세할수록 실제 수업이 쉽게 이루어질 수 있다. 수업주제와 목표를 바탕으로 유용한 질문을 상세하게 기록한다면 성공적인 수업이 진행될 것이다.

④ 수업계획은 도입, 전개, 정리로 구성되어야 한다.

〈동작활동 본시수업계획안〉

표 6-5 본시수업계획안 예시

활 동 명		활동유형		활동영역		연령	
생활주제		주제		소주제		활동일시	
활동목표	• •						
교육과정 관련요소	• •						
활동방법	활 동 내 용						
사전 활동							
활동자료							
본시활동							

도입 동기유발	
전개	
마무리	
유의점	
평가	
확장활동	

4. 동작교육 계획안의 활동방법 구성

본시수업계획안에는 활동명, 활동유형, 활동영역, 연령, 생활주제, 주제, 소주제, 활동목표, 교육과정 관련요소, 활동방법, 유의점, 평가, 확장활동 등을 기록한다. 다음은 동작교육 수업계획안의 구성을 소개하고자 하며, 〈표 6-5〉는 본시수업계획안 예시이다.

1) 활동 명

동작교육을 포괄적으로 표현하면서 독창적이며 간단하게 주제 관련 제목을 나타낸다.

2) 활동유형

활동유형은 대 · 소집단활동으로 구성한다.

3) 활동영역

활동영역은 쌓기, 역할, 언어, 수 · 조작, 과학, 조형, 음률, 이야기 나누기, 동시 · 동화 · 동극, 신체, 게임, 요리, 바깥 활동으로 나타낸다.

4) 연령

생활주제와 주제는 연령 간 연계성을 위하여 만 3, 4, 5세 모두 동일하게 선정되어 있으며, 유아의 발달 특성을 고려하여 연령별로 제시하면 된다.

5) 생활주제, 주제, 소주제

생활주제를 중심으로 주제와 소주제를 선정한다. 예를 들어, 생활주제(유치원과 친구)-주제(유치원에서의 친구)-소주제(친구와 다른 점 알아보기)로 전개할 수 있다. 여기서 생활주제는 한 달 단위로 이루어지고 주제는 한 주 단위로 이루어지며, 소주제는 일 단위로 이루어지는 것으로 보고 사용하는 것이다.

6) 활동목표

활동목표는 한 가지 활동에 대한 목표이므로 수업에서 행해야 하는 내용을 포함하여 구체적으로 진술하여야 한다. 활동목표 서술 어미의 예시는 다음과 같이 나타낸다. 지적 기능을 통해 다른 영역 획득이 목표인 경우, 탐색함으로써 ~, 표현함으로써~, 만들어 봄으로써~ 등으로 진술하여야 하며, 운동기능인 경우는 한 줄로 정렬할 수 있다, 걸을 수 있다, 균형 잡을 수 있다, 따라 할 수 있다, 행동할 수 있다, 조절할 수 있다, 정확하게 할 수 있다, 활동할 수 있다, 움직일 수 있다. 등으로 서술할 수 있겠다.

7) 교육과정 관련요소

교육과정 관련요소는 교육과정의 5개 영역인 건강생활, 사회생활, 표현생활, 언어생활, 탐구생활 중 구별하여 서술하고 내용과 하위내용을 서술한다. 예를 들어 교육과정의 5개 영역(건강생활)-내용(나의 몸 움직이기)-하위내용(이동하며 움직이기)으로 전개할 수 있다.

8) 활동방법

활동의 수와 관계없이 수업계획은 도입-전개-마무리로 구성되어야 한다.

(1) 도입

그날 수업주제에 특히 집중할 수 있는 활동을 선택하여 흥미를 느낄 수 있도록 해야 한다. 대체로 학습 동기 유발과 흥미를 높이고 자연스럽게 동작활동으로 끌어들이도록 한다. 손유희나 주의 집중 게임, 수수께끼, 사물모형, 그림 자료, 녹음테이프 등을 활용하여 유아의 호기심을 자극할 수 있다. 활동명을 이야기하고 동작활동에 대한 기대감을 갖도록 이끈다. 도입 시간은 3~5분 내에 이루어지는 것이 중요하다.

도구가 사용되는 경우, 이 도구로 무엇을 해야 하는지 알려 주어야 한다.

(2) 전개

전개는 수업의 중심을 의미하는 것으로 교사가 미리 결정한 목표를 이루기 위해 고안된 활동으로 구성된다. 전개에 포함되어 있는 활동들은 한 활동에서 다른 활동으로 쉽게 전이될 수 있도록 구성되어야 한다. 전개는 활동을 상세히 기록함으로써 유아들을 과제에 집중시킬 수 있으며 수업시간에 발생할 수 있는 소강상태를 피할 수 있다(Graham, 2001; Sullivan, 1982). 수업의 전개는 교사의 교수 접근 유형에 따라 직접적-교사 주도적 교수 방법, 교사 안내적 교수 방법, 간접적-유아 주도적 교수 방법이 사용될 수 있다. 중요한 것은 신체탐색을 충분히 경험할 수 있도록 발산적인 질문을 계획하여야 한다.

(3) 마무리

수업을 끝맺고 유아들의 긴장을 풀어 주는 활동이 되어야 한다. 마무리는 동작활동을 하면서 느낀 것을 잠깐 동안 회상해 보며 즐겁게 활동이 끝날 수 있도록 해야 한다. 또한 다음 활동으로 연결지어 전이활동까지 계획하도록 한다. 회상하는 시간을 이용하여 평가의 의미를 두기도 한다.

9) 평가

수업주제와 목표를 준거로 동작을 분석할 때 스스로에게 질문하고 싶은 것이나 동작 교정을 위한 질문과 같은 것을 기록할 수 있다. 평가 내용은 수업목표에 맞게 작성해야 하며 유아의 발달 특성과 변화의 정도를 기술하고 다음 수업을 활용하기 위해 반영되기도 한다. 퍼셀(Purcell, 1994)은 동작활동에서 평가를 프로그램에 대한 평가, 유아 개개인에 대한 평가, 또래평가, 자기평가의 네 가지로 구분하였다. 본서는 프로그램에 대한 평가, 자기평가로 나누어 〈표 6-6〉, 〈표 6-7〉과 같이 살펴보겠다.

수업계획안의 구성은 예비교사의 경우, 상세하게 기록해 보는 것은 무척 중요하다. 실제 수업을 할 때는 여러 가지 이유로 활동 내용이 달라질 수도 있다.

(1) 프로그램에 대한 교사의 평가

프로그램에 대한 교사의 평가는 계획한 수업활동이 유아들의 활동에 어떠한 영향을 주었는지를 판단하기 위해 평가하고자 하는 것이다. 평가문항은 수업계획안에 포함할 수도 있고, 따로 평가지를 마련해서 평가하는 방법도 있다.

표 6-6 프로그램에 대한 교사의 평가

활동명 :	이름 :		
평 가 문 항	아주 그렇다	그렇다	전혀 그렇지 않다
1. 연령에 적합한 활동이었는가?			
2. 유아들이 흥미롭게 즐겨 참여할 수 있는 활동이었는가?			
3. 활동을 계획한 시간 안에 끝마칠 수 있었는가?			
4. 환경구성에서 자료들이 적당하게 배치되었는가?			
5. 활동 속에 동작요소가 다양하게 구성되었는가?			
6. 활동 속에 기본적 동작이 다양하게 구성되었는가?			
7. 정적인 활동과 동적인 활동이 조화롭게 구성되었는가?			
8. 동작의 진행순서가 적절했는가?			
9. 도입활동이 유아에게 흥미를 줄 수 있었는가?			
10. 도입활동이 본 활동의 확장에 도움을 주었는가?			
11. 교사의 언어적 자극이 유아의 표현을 확장할 수 있었는가?			

(2) 자기평가

자기평가는 활동하면서 느낀 점들을 스스로 평가해 보는 것으로 〈표 6-7〉과 같다.

유아들은 질문지 작성, 교사와의 개인적 면접, 자신의 경험을 글로 쓰거나 그림으로 그리기 등의 다양한 활동을 통해 자신을 평가할 수 있다.

표 6-7 자기평가

활동명 :	이름 :		
평 가 문 항	잘했음	보통임	잘못했음
1. 활동에 집중하며 열심히 참여하였니?			
2. 다른 친구들과 부딪히지 않고 움직일 수 있었니?			
3. 짝과 함께 혹은 집단으로 함께 움직일 수 있었니?			
4. 다른 친구들의 움직임을 관찰해 보았니?			
5. 다양한 모양을 만들어 보았니?			
6. 선생님의 지시에 잘 따를 수 있었니?			
7. 활동의 진행 순서에 따라 움직일 수 있었니?			
8. 활동 중에서 어느 부분이 가장 재미있었니?			
9. 활동 중에서 어느 부분이 가장 어려웠니?			

10. 오늘 해본 활동을 그림으로 그려 보자.

제7장

전통문화교육

1. 전통문화교육의 가치
2. 전통문화교육의 내용

유아는 문화 속에서 태어나 그 문화를 배우면서 성장한다. 그러므로 부모나 교사는 자라나는 유아들에게 그가 사는 사회의 문화를 알려 주고, 그 문화 속에 동화시킬 의무가 있다. 한국 사람이라면 누구나 한국 민족의 정신적 유산을 계승하여 아끼고 사랑하고 전수해야 한다. 전통문화교육은 과거에 이루어진 문화적 결과들을 이해하고, 이를 현재 어떻게 활용하며, 미래로 어떻게 연결할지를 가르치는 것이다.

전통문화는 단순히 지난 시대의 산물이 아니라 우수한 여러 외래문화를 받아들여 우리 것과 조화시킴으로써 우리의 전통문화를 외국문화와 병존하게 할 수 있는 수용하는 접근방법이다. 전통문화 주체성은 현재 뿐만이 아니라 미래의 사고, 행동, 생활에도 적합한 또 다른 고유문화를 창조할 수 있는 교육적 가치가 있다(탁석산, 2001).

유아기는 사람과 사람 사이의 차이, 문화와 문화의 차이에 아무런 편견이나 선입견도 형성되지 않은 순수한 시기라는 점에서 다문화 이해교육에 포함되는 전통문화교육을 실시할 수 있는 적기이다. 이 시기에 한국인의 자긍심, 주체성을 갖게 해서 전통문화를 잘 알고 다문화를 이해할 수 있도록 교육할 필요성이 있다.

1. 전통문화교육의 가치*

첫째, 전통문화교육은 민족주체성 함양을 위하는데 있으며, 민족고유의 전통문화를 계승·발전시키는 것은 민족주체성을 형성하는 데 중요하다.

둘째, 전통문화교육은 한국 문화정체성을 확립하기 위하는데 있고, 한국 문화를 아는 것은 우리 문화화 타 문화의 보편성을 이해함과 문화정체성을 추구할 수 있다. 문화정체성은 민족주체성과 더불어 우리 민족의 생존과 발전을 위한 요소가 되는 것이다.

* 정재걸, 이해영, 1993 ; 교육개혁위원회, 1996.

셋째, 전통문화교육은 서양문명과 다른 전통문화의 독특성을 이해시키는데 있다. 전통교육은 문화를 창조한 우리 조상들의 생각과 가치관을 유아에게 학습하게 하는 것이다.

이상을 종합하면 전통문화교육은 민족주체성 함양, 한국문화 정체성 확립 및 민족의 생존, 전통문화의 독특성 이해라는 교육적 가치를 내포하고 있는 것이다.

2. 전통문화교육의 내용

1) 우리 소리 길들이기

(1) 우리 악기 역할놀이

우리 민족의 전통농악은 풍물의 구성과 장단을 활용해 만든 놀이이다. 필요 인원은 7~8명이고 그 이상이 되어도 좋다. 진행자는 1명이 있어야 한다.

앉거나 선 상태로 원형대형을 갖추고 농악에 쓰이는 악기, 즉 날라리, 꽹과리, 징, 장구, 북, 소고 등 각 악기의 역할을 한 가지씩 부여받는다. 이 때 진행자가 원형대형의 중간에 의자를 두고 집단 각자에게 역할을 준다. 예를 들면, 1번은 날라리, 2번은 꽹과리, 3번 징, 4번 장구 ……같은 식이다.

진행자가 이야기식으로 말하면서 '꽹과리!'라고 말하면 그 역할을 받은 사람은 걸어와서 시계반대 방향으로 돌아 제자리로 앉는데, 이 때 반드시 그 역할의 소리를 내어야 한다. 각 역할을 적절하게 하다가 '풍물'이라는 말이 나오면 전체가 각 역할의 소리를 내면서 돌아와야 한다.

(2) 우리 악기 찾아봐요

외국의 악기(트라이앵글, 실로폰, 탬버린, 캐스터네츠, 심벌즈, 큰북)와 전통국악기(꽹과리, 징, 장구, 북, 소고, 목탁, 바라)가 그려져 있는 카드를 식별하는 놀이이다. 필요 인원은 각 팀에서 1명씩 나오면 된다. 교사가 진행자가 되고 한 팀은 국악 팀, 다른 팀은 외국악기 팀으로 구성하여 서로 소속되어 있는 악기의 면을 보이도록 뒤집는 놀이이다.

(3) 동화 속의 우리 소리

교사가 유아 전래동화를 재미있게 읽어 주면서 아동들로 하여금 음향효과를 일정한 박자 없이 자유스럽게 표현하도록 하는 놀이이다. 음향효과를 담당하는 유아는 5~6이며 동화의 내용에 따라서 그 이상이 되어도 좋다. 만약 유아 중에 글을 읽는 아이가 있다면 동화를 읽게끔 하는 것도 좋은 방법이다.

(동화를 통한 음향효과의 사례 - 노란모자 중)

휘잉휘잉휘잉(징을 친후 문지르다) 거센바람에 노란모자는 하늘로 둥둥(북)____ 그러다 바람이 가버리자 노란모자는 숲 속으로 뚝 떨어졌어요. "엉덩이가 아팠어요." 캄캄한 밤에 갑자기 번쩍 우르릉 쾅쾅(꽹과리) 천둥 번개가 치고 비바람이 몰아쳤어요(풍물소리). 노란모자는 두 눈을 꼭 감고 두 귀도 꼭 막고 '잉잉' 울었어요.

(4) 쾌지나 칭칭나네

경상도 민요인 "쾌지나 칭칭나네"의 선창과 후창을 활용하여 악기로 소리를 내면서 즐기는 놀이이다. 선창은 교사가 노래하고 후창은 유아가 소고를 이용하여 후창의 리듬인 자진모리를 자연스럽게 익힌다.

(5) 우리 소리 몸짓놀이

유아의 신체를 이용하여 국악의 리듬을 느낄 수 있도록 하는 놀이이다. 필요 인원은 30명까지도 무방하며 교사는 구음이나 북을 치면서 장단을 맞춰 준다.

우리 장단에 맞추어 걷기(장단의 속도에 맞추어 늦게 또는 빠르게 걷는다.), 달리기(속도에 맞추어 늦게 또는 빠르게 한 명이나 두 명 또는, 집단으로도 가능), 뜀뛰기(속도에 맞추어 깡충뛰기, 높이뛰기), 밀기(옆의 유아 밀기, 돌아서서 밀기), 당기기(줄을 당기거나 놓거나 끌려 간다.) 등의 놀이로 국악리듬을 느끼게 한다.

(6) 3박자 놀이

3박자 하나, 둘, 셋을 따라 부르게 한다. “덩 따 따”를 부르게 하고, “덩 덩 따쿵따”를 부르게 한 뒤, 단체로 시키거나 개인이나 그룹별로 시켜 본다. 세마치장단인 아리랑을 감상하면서 유아들이 구음으로 장단을 맞추게 하고 교사는 장구장단을 치면서 놀이를 즐긴다.

(7) 우리 소리와 말놀이

말하는 톤으로 가르치는 것이 아니라 자유로운 운율을 붙여 재미있게 우리 소리를 익히는 놀이이다. 예를 들어, 유치원은 “재미있어/ 오늘도 춤을 춘다/ 고양이 야옹야옹/ 따따따 나팔분다”를 9/8박자로 말하며 소리를 느낀다.

(8) 사물놀이 노래

“고기를 잡으러 바다로 갈까요”의 노래가사에 우리의 풍물악기 이름을 넣어서 사물놀이의 도구가 무엇인지 인지하는 놀이이다. 그 노래는 다음과 같다.

날라리, 꽹과리, 징, 장구, 북/날라리, 꽹과리, 징, 장구, 북/그 중에 네 가지/꽹과리, 징, 장구, 북/ 이것이 모여서 사물놀이

2) 우리 소리 표현하기

우리 소리 표현하기란 광범위한 서비스 영역으로서 다양한 전통문화 관련 기술과 태도, 지식의 습득과 발전이 주요한 초점으로써, 전통문화교육의 프로그램은 다음과 같다.

표 7-1 전통문화교육의 프로그램

프로그램	내용 및 효과
구음법 놀이	서양음악의 계명에만 익숙해 온 유아들에게 우리 고유의 리듬 (타)악기인 장구에서 사용되고 있는 전혀 새로운 구음법을 제시한다.
인체 놀이	민속악 장단 중 유아들에게 비교적 적합한 세마치장단, 자진모리장단을 손뼉치기, 발치기, 책상치기, 무릎치기 등 인체를 사용하여 국악리듬을 이해하도록 한다.
장단 놀이	유아들에게 소고를 나누어 주고 난타치기와 휘모리, 자진모리, 중모리장단을 익힌다. 이 때 교사는 꽹과리를 치거나 다른 악기들을 동원하여 소리를 웅장하게 만든다. 북, 장구도 함께 동원된다.
악기 놀이	유아들에게 꽹꽈리, 장구, 징, 북 등을 나누어 주고 악기의 소리를 내어 본다. 이 때 장구는 골판지 박스를 이용해도 된다.
진 놀이	멍석말이, 자진, 태극진, 오방진놀이, 달어치기 등의 진 풀이를 배우고 익힌다.
한삼 놀이	탈춤을 출 때 손을 한삼에 넣고 즐기는 활동이다. 교사가 우리 민속음악을 들려주면 아이들이 뛰면서 한삼을 흔든다. 위, 아래, 양옆으로 흔들어 본다. (노래 : 옆에 옆에 옆으로, 그대로 멈춰라)

표 7-2 전통문화교육의 프로그램

프로그램	내 용
악기연주	양악 리듬악기와 국악기를 모두 국악장단에 맞추어 직접 다루어 봄으로써, 악기 연주의 기회와 즐거움을 느낄 수 있도록 한다.
풍물놀이	교사와 아동이 풍물에 나오는 악기를 들고 대동놀이를 한다. 장단과 진놀이, 한삼놀이들의 역할을 주면서 진행한다. (적용) - 유치원 소풍, 체육대회 등에 활용

(1) 악기연주

평소에 다루어 왔던 양악기와 국악기를 국악동요의 노래에 맞추어 함께 연주해 본다. 국악동요에는 산도깨비, 소금장수 등이 있다.

(2) 풍물놀이

교사는 꽹과리나 징을 들고 연주를 하고 유아는 장구나 북, 소고 등으로 집단이 함께 어울려 배웠던 장단이나 리듬을 유치원 소풍이나 체육대회 등에 활용하는 놀이로 적합하다.

제8장

몸짓놀이

1. 유아 몸짓놀이의 개념
2. 유아 몸짓놀이의 목적
3. 유아 몸짓놀이의 범위

이 장에서는 신체활동이나 동작교육이 단순히 신체나 동작의 움직임을 고려하는 것에서 더 나아가 우리 인간의 몸과 마음, 육체와 정신이 하나라는 동양의 일원론적인 사상을 근간으로 하여 유아교육 현장에서 이루어지고 있는 신체 및 동작교육을 다시 한번 재조명하고 우리나라의 전통적인 사상에서 면면히 맥을 이어오고 있는 몸과 마음의 수련법에 대하여 소개를 하고자 한다. 덧붙여서 비슷한 맥락에서 실시되고 있는 독일의 동작예술과 일본의 리듬운동을 간략하게 소개하고자 한다.

예로부터 동양사상에서는 몸과 마음은 독립적으로 존재하는 별개의 실체로 여기지 않았다. 그래서 인간의 몸과 마음은 하나이며 그와 동시에 인간은 우주의 일원이며 동시에 소우주라고 하는 일원론의 사상적 전통을 가지고 있었다. 그렇기에 몸을 튼튼히 하려고 할 때에 단순히 몸의 근력이나 움직임만 고려하는 것이 아니라 마음의 수련도 함께 행하였던 것이다. 몸과 마음을 튼튼히 하기 위한 여러 가지 수련법이나 움직임은 주로 성인들을 대상으로 하였으나 일상생활 속에서 이루어지는 몸 수련활동에서는 남녀노소가 함께 하였다. 그러나 예로부터 전해져 내려오는 몸 수련활동이 거의 잊혀져 가고 있는 실정이다. 다행히 최근에 우리나라의 전통적인 몸짓놀이에 대한 구체적인 내용 및 프로그램을 구성하려는 연구가 활발히 이루어지고 있다.

이 장에서는 예로부터 전해져 내려오는 우리나라의 전통적인 몸 수련법을 유아들의 연령층에 적절한 내용들을 모아서 '몸짓놀이'라 하고 개별적으로 소개되어지고 있는 우리나라의 몸짓놀이에 대하여 간략하게 소개를 하고자 한다. 또한 몸과 마음이 하나라고 하는 일원론적인 동양사상과 맥락을 같이 하는 독일과 일본에서 이루어지고 있는 몸과 마음을 함께 하는 동작활동을 간략하게 소개하고자 한다.

1. 유아 몸짓놀이의 개념

몸짓놀이란 몸을 자극하여 오장육부를 튼튼하게 하고 몸을 유연하게 하며 더 나아가서 정신과 기(氣)를 되찾게 하는 활동을 말한다. 다시 말해서 몸짓놀이는 우주의 힘을 신체와 영혼에 연결하여 자각하며 자신뿐 아니라 타인과의 신체접촉을 통하여 끊어진 우주, 세상과 연결하려는 영혼의 시도라고 볼 수 있다. 즉, 동양의 전통적인 사상에서는 인간의 정신과 육체는 하나이며 정신이 육체를 반영하는 동시에 육체가 정신에 관계할 수 있다고 보고, 몸은 이 세계와 소통하는 관문이며 몸과 세계와의 관계는 끊임없이 서로 작용을 주고받으며 발전해 나가는 역동적인 관계로 인식해 왔다. 또한 우리나라의 전통사상에서는 몸과 정신에 조화롭게 공존하는 구체적인 실천 방법에 관심을 두고 인간의 몸 움직임을 인간과 우주라는 자연의 법칙과 자연의 모습을 모방한 동작으로 자연의 리듬에 인간의 리듬을 일치시키는 몸짓놀이를 일상생활에서 자연스럽게 행해졌던 활동들이 전해져 내려오고 있다. 오늘날 전승되고 있는 한국전통의 몸짓은 민속놀이, 춤, 무예, 체조 형식의 움직임(도인법, 활인법) 등이 있다.

몸짓놀이에서 가장 중요한 학습자료는 바로 생명력 넘치는 아이들의 몸이다. 표정, 손짓, 발짓, 크고 작은 몸짓으로 아이들은 무엇이든 표현하고 만들어 볼 수 있다. 그렇게 함으로써 표현하고자 하는 사물이나 상황 등을 몸으로 직접 경험하면서 느끼는 것이다.

2. 유아 몸짓놀이의 목적

유아 몸짓놀이의 목적은 유아들이 몸을 통해 자신이 가진 본성을 잘 발휘하고 몸과 마음이 함께 건강하게 자랄 수 있도록 하는데 있다. 이는 몸의 근력 및 신체기능 향상에 초점을 두기보다는 몸과 마음이 조화롭고 자연과 인간, 인간과 인간이 서로 교감할 수 있도록 하고 자신의 몸을 아끼고 사랑하며 마음과 정신이 몸과 하나가 될 수 있도록 하여 자유롭고 신명나는 유아들이 될 수 있도록 하는데 있다.

3. 유아 몸짓놀이의 범위

유아 몸짓놀이에는 한국의 전통적인 몸짓을 기초로 한 것으로 봉산탈춤의 전수자인 조윤미가 만 5세를 대상으로 한 아리랑 체조와 1995년에 이종만에 의해 개발되고 한국전통리듬체조보급회를 주축으로 보급된 덩더꿍체조, 그리고 한국인체과학연구원에서 개발한 뇌호흡체조 등이 있으며, 외국의 경우 독일의 오이리트미(Eurythmie)의 동작예술과 일본의 사쿠람보보육원의 리듬운동 등이 있다. 이들의 내용을 간략하게 소개하면 다음과 같다.

1) 우리체조(아리랑 체조)

만 5세아가 주요대상이며, 유아들에게 동작의 난이도에 따라 하루에 두세 동작씩 알려주고, 처음부터 반복하도록 한다. 기본대형은 원형이며, 장소에 따라서 일반 체조대형으로도 가능하다. 체조음악은 기본 3박자로 교사의 세마치장단과 구령에 맞추거나 세마치곡에 맞추어 할 수 있다. 유아들은 자진가락에 맞추어 어깨를 흔들며 가볍게 뛰면서 나와 대형을 갖춘다. 들어갈 때도 자진가락에 맞추어 뛰면서 제자리로 들어간다. 처음과 끝의 '읍 · 예'에서는 '예'를 갖추기 전에 인사굿을 친다.

단, 조윤미 편곡의 '아리랑'에 맞춘 '우리체조' 녹음테이프를 사용할 경우에는 곡의 길이에 따라 구령의 수가 달라지는 점을 유념하도록 한다. 즉, 8장단(하나, 둘, 셋 - 여덟, 둘, 셋)에 맞추어야 한다. 준비자세 시간으로 2장단의 간주가 동작 사이에 들어간다. '아리랑'을 편곡하여 사용하였다고 해서 1996년 교육부자료 '유아음률활동'에서는 이를 '아리랑체조'라고 표기하였다.

기대되는 효과는 다음과 같다. 첫째, 준비체조나 정리체조로 신체의 순발력과 근력 및 근지구력, 유연성, 심폐지구력, 평형성을 길러 준다. 둘째, 정신수양과 신체단련을 함께하는 전통무예를 생활화하여 단절되었던 우리의 것을 되살리는 기회가 된다.

2) 덩더꿍체조

덩덩꿍체조란 우리나라의 전통장단에 맞추어 우리나라 사람들의 몸짓인 우리 춤사위를 체조동작의 소재로 삼아 체조가 될 수 있도록 순서를 정해 고안된 체조를 말한다.

덩더꿍체조는 우리 장단에 맞추어 우리 춤사위를 가지고 만든 체조이기 때문에 동양의 체조 관점에 근거한 체조라고 할 수 있다. 동양과 서양의 체조에 대한 관점은 서로 다른 점이 있다. 서양의학이 병원체를 찾아 병원체를 퇴치하고 병이 난 부위를 치료하는데 반하여, 동양의학은 병원체를 퇴치하기보다는 병원체를 저항할 수 있도록 우리 몸의 여러 조직들이 균형을 이루게 하여 강한 힘을 기르게 하는데 치료의 목적을 두고 있다. 이와 마찬가지로 서양의 체조는 해부학적인 차원에서 우리 몸의 부위별로 운동효과를 노리는 반면, 동양의 체조는 정신과 신체의 건강상태를 고려해서 평안한 심리상태를 유지하면서 우리 몸의 모든 기관이 유기적으로 조화를 이루면서 원활하게 움직이도록 힘을 불어넣어 주는데 주안점을 두고 있다. 그러기 때문에 동양의 체조는 정신과 신체를 포함한 진정한 전신복합운동이라고 할 수 있다.

그러나 동양의 체조, 예를 들어 요가, 단전호흡, 기공체조 등은 지나치게 정신적인 측면이 강조되어 현대인들에게는 너무 느리고 단조로움이 있는 것이 사실이다. 이러한 단점을 보완해서 우리의 멋과 흥을 맛보면서 즐겁게 체조할 수 있도록 만들어진 체조가 덩더꿍체조의 장점이다.

덩더꿍체조는 덩더꿍 재롱이 체조, 덩더꿍 어린이 체조, 덩더꿍 젊은이 체조(남성용, 여성용), 덩더꿍 젊어지는 체조(노인용) 등 5 종류로 개발이 되어 있다.

3) 뇌호흡체조

뇌는 인간이 가진 모든 활동을 관장한다. 숨쉬고 소화하는 생명의 유지기능을 시작으로 말하고 듣고 움직이는 활동 뿐만 아니라 정보의 기억, 판단, 조합을 비롯하여 상상과 창조를 통한 고등정신 기능까지 주관하며 이에 적절히 반응한다. 인류가 지구상에 출현했을 때 호흡은 중요한 생명활동이었다. 그 호흡법이 세월이 흐르는 동안 한민족에 의해 기학(氣學)으로 체계화된 것이 단학(丹學)이다. 기(氣)는 생명을 유지하는 힘 또는 에너지를 뜻하는데 호흡 수련을 통해 기를 조절할 수 있으며 기를 조절함으로써 신체와 정신을 조절할 수 있다. 단학수련의 체계에서는 기를 조절하고 활용하기 이전에 기를 터득하고 축적하는 단계를 거친다. 도인체조와 지감수련(止感修練)을 통해서 기를 터득하고 단전호흡과 행공으로 기를 축적하는 것이다.

한국인체과학연구원에서 개발한 뇌호흡체조는 일반성인들이 수련하는 단학도인체조 중에서 유아들의 성장을 자극할 수 있는 체조를 중심으로 이루어져 있다. 그 내용으로는 몸의 유연성을 길러 주기 위해서 서서 몸을 늘이기, 앉아서 늘이기, 누워서 늘이기 등과 성장점을 자극하는 체조로써 튼튼한 뼈와 근육을 만드는 체조, 성장점을 자극하는 체조 등으로 나누어져 있다. 단학도인 체조는 동작, 호흡, 마음, 기의 흐름을 일치시켜 근육과 뼈와 인대를 늘이고 당기는 체조이다. 도인(導引)이란 글자 그대로 끌어당기고 늘인다는 뜻인데 단순히 근육을 늘이고 당겨 이완시킨다는 의미도 있으나 단학수련에서는 그 이상의 기적인 차원의 의미를 내포한다. 도입법은 동양에서 수천 년 전부터 전해오는 양생법의 하나로 자연에너지인 기를 우리 몸에 원활히 소통시키고 강화시킴으로써 인체의 자연치유력을 극대화하는 심신단련법이다.

조상들의 전통 심신수련법(단학)을 현대화한 뇌호흡은 정신집중과 상상력으로 신체 각 부위를 통제하는 모든 중추와 신경이 집중된 뇌에 맑고 신선한 기를 불어넣어 뇌에너지 순환을 활성화시켜 전신건강을 되찾게 하는 수련법이다. 지속적인 뇌호흡 수련을 거친 뇌는 생산적이고 창조적으로 변해 나쁜 기억보다 좋은 기억, 나약함보다 자신감을 길러줄 뿐만 아니라 육체적, 정신적으로 건강하고 학습과 업무능력이 향상되어 대인관계를 조화롭게 할 수 있게 해 준다고 한다. 뇌호흡은 정신을 집중하는 과정에서 손에 감각을 키워 뇌에 집중하는 것으로 뇌감각 깨우기, 뇌유연화하기, 뇌정화하기, 뇌통합하기, 뇌주인되기 등 5단계 과정이 있다. 각 단계별 과정은 뇌호흡체조(기체조)를 통해 잠자고 있는 뇌의 감각을 깨워 삶의 질을 높여 주는 데 집중한다.

우선 뇌감각 깨우기의 경우 털기, 흔들기, 두드리기, 늘이기, 돌리기, 용쓰기, 비틀기, 활쏘기 등의 뇌호흡체조를 하며, 뇌유연화하기는 뇌유연화체조, 뇌마사지 등을 통해 몸과 사고를 유연하게 하도록 해 준다. 뇌정화하기는 뇌활동을 이완시켜 마음의 안정과 생활의 활력을 되찾고, 뇌통합하기 단계에서는 자율진동이나 뇌회로 수련을 통해 자신의 능력을 극대화하고 잠재능력을 중점적으로 개발한다. 마지막 단계인 뇌주인되기는 자신의 창조력을 극대화해 삶의 질을 향상시킬 수 있는 능력을 얻도록 해 주는 단계다.

4) 독일의 오이리트미(Eurythmie)

독일의 인지학-슈타이너의 발도르프교육과 오이리트미의 원리이다. 인지학이란 슈나이더만의 독특한 세계관이며 인간관으로 인지학은 전체 인류문명의 발달과 관련지어 인간을 이해한다. 전체 우주 안에서 인간의 위치, 삶과 죽음의 문제를 탐구한다. 인지학은 이러한 관점을 기초로 하여 복합적이고 다층적이며 통합적인 존재로서의 인간을 강조한다. 인지학에서는 인간을 대우주 안의 소우주라는 우주적 존재로 간주한다. 이것은 전체 인류문명의 발달과정을 우주의 진화과정과 관련짓고 우주와의 관계 속에서 인간을 이해하는 것이다.

인지학적인 인간관에 따르면 인간은 이미 자신 안에 우주의 본질과 동일한 요소를 갖는 우주적인 존재이다. 자신 안에서 우주적인 요소를 깨닫고 그것과 관련지어 자신을 바라볼 수 있게 되는 종교적인 체험인 자아의 각성을 통해 인간은 단순히 물리적 존재에 그치지 않고 우주적 존재로까지 고양된다. 인간을 우주적 존재로까지 끌어 올리고 자기 안에서 우주를 느낄 수 있는 자아의 각성을 통해 원래 인간이 속해 있던 정신적인 것을 회복할 수 있다고 설명한다.

이러한 인간관에 기초해서 생겨난 것이 1919년 독일 슈트트가르트에서 자유발도르프학교라는 이름으로 시작된 발도르프학교, 슈타이너학교이다.

오이리트미는 희랍어로 '아름다운(eu) + 리듬(rythmie)'으로 '아름다운 동작'을 의미하며, 루돌프 슈타이너에 의해 만들어진 동작예술이다. 강약의 신체적 힘으로 하는 체조에 반해서 오이리트미는 신체동작을 통해 언어와 음악의 법칙성을 영적인 체험으로 표현해 내도록 노력한다. 오이리트미 동작에서 우리는 귀로 듣는 언어와 음악을 눈으로 볼 수 있다. 즉, 오이리트미의 교육적 가치는 소리를 느끼는 인간의 내적인 경험과 바깥으로 드러나 보이는 외적인 움직임을 통일하는데 있다. 오이리트미를 통해 아동들은 세계와 하나가 되는 일체감을 배운다. 오이리트미는 춤이 아니라 움직임을 통해 삶의 깊은 것을 표현하고 우주의 힘을 신체와 영혼에 연결하여 지각하는 것이다.

오이리트미는 지적인 내용을 담는 것이 아니라 기본원리에 따라 신체를 움직이는 것이다. 신체가 움직이는 동안에 인간의 내면에 잠재되어 있는 여러 가지의 느낌이나 생각을 표현함으로써 내부의 나와 외부의 내가 하나 되어 조화를 이룬다. 오이리트미는 낭송과 음악을 기본으로 하여 언어와 음악을 동작으로 표현한다.

오이리트미의 기본동작을 소개하면 다음과 같다.

① 서 있는 자세에서 두 팔을 벌린 후 몸의 중심을 가운데로 둔다. 그리고 의식을 오른쪽에 준다.

② 중심을 가운데 준 상태에서 의식을 머리 위로 준다. 중심을 가운데로 준 상태에서 의식을 발쪽을 준다

③ 정면을 바라보고 두 손은 내리고 몸의 상체를 앞으로 준다.

오이리트미는 3가지 응용분야로 나눌 수 있다.

① 무대예술로 승화된 예술 오이리트미가 있다.

② 발도르프학교에서 필수과목으로 실시되는 교육 오이리트미는 학생들이 오이리트미 동작을 지속적으로 연습함으로써 집중력과 의지력을 기르는데 도움이 되며, 나아가 언어와 음악의 예술성을 체험할 수 있다. 또한 동작선의 움직임을 공동으로 실현하면서 공간감각이 길러질 뿐 아니라 사회성 발달이 촉진된다.

③ 치유 오이리트미는 의사의 처방에 따라 일반인의 건강관리 또는 특수아동을 위해 장애치유의 목적으로 개발하여 발전시켰다. 그 외에 회사 및 일반 사업장에서도 심신의 균형을 이루고 일의 능률과 건강을 위해 오이리트미를 활용하고 있다.

5) 사쿠람보 보육원의 리듬운동

사쿠람보 보육원의 리듬운동은 일본 동경 근처의 사이타마켄에 있는 사쿠라사쿠람보보육원에서 시작이 되었으며 피아노곡에 맞추어 움직이는 표현활동처럼 보이지만 그 리듬과 노래는 생물진화 발전의 법칙에 따라 만들어졌다. 리듬운동을 반복적으로 실행함으로써 아이들의 몸을 바르게 자라게 하고 대뇌를 자극하는 활동으로 몸의 구석구석을 자극하여 유연한 움직임과 민첩성을 가지게 한다. 즉, 리듬운동이란 인간이 한 인간으로 성장할 때 필요한 심신의 발달을 돕는 움직임이라 할 수 있다

사쿠람보보육원의 아이들은 진흙으로 더럽혀진 몸을 물로 씻거나 닦아내고 동, 하절기 내내 맨발로 보내고 찬물로 얼굴과 손발을 씻는 것, 아침저녁 옷 갈아입기, 찬 공기 속에서 맨살이 되어 보기 등은 피부에 물과 바람이라는 자극이 소중하다는 것을 말해 준다.

사쿠람보의 리듬운동은 리듬운동 속에서 아이들의 전신은 리듬에 빠져서 쭉쭉 약동하는 손발의 근육, 그 근육에서 뇌에 전달되어지는 미묘하고 강력한 자극, 인간다운 기쁨과 긍지에 빛나는 아이의 표정을 볼 수 있다. 이것은 사람의 아이로 태어나 진실된 인간의 아이로 키우기 위해서 무엇이 중요한가를 생각해 보게 한다.

리듬운동은 생물의 진화발전의 법칙에 따라 만들어졌으며, 자연 안에서의 풍부한 놀이와 근육에서 뇌까지 자극을 계속 보내는 운동 등이 아이를 발달시켜 나간다는 믿음을 갖고 있다.

리듬운동은 3개의 원형을 기본으로 되어 있으며 제1원형은 율동, 제2원형은 자유표현과 집단놀이, 제3원형은 음과 말과 행동을 조화한 리토믹과 세계와 일본의 민족무용을 도입하는 내용으로 되어 있다.

제1원형 율동은 자연계의 살아있는 생물은 모두 리듬을 가지고 있고 인간도 그 일원으로 리듬을 가지고 있다. 따라서 자라나는 어린이들의 손과 발, 머리를 즐거운 음악에 맞추어 율동적으로 움직이게 하다 보면 그 발달을 촉진시킬 수 있다는 이념을 토대로 하고 있다. 즉, 음악의 리듬에 맞추어 어린이들과 친숙한

여러 동물을 본보기로 해서 달리거나 멈추거나 구르거나 춤추거나 기어다니거나 또는 비와 바람, 폭풍우 등 자연현상을 몸으로 표현하는 사이에 어린이들의 몸의 뼈와 근육, 관절, 신경계의 발달을 촉진시키고 동시에 자연에 대한 인식도 자란다는 것이다.

제2원형은 어린이들의 자기표현을 철저하게 받아들여 자유놀이 자발성을 최대한 존중한 것으로 사자, 코끼리 등과 같은 주제를 즉흥적으로 리듬과 창조적인 동작으로 표현하도록 하는 것이다.

제3원형의 리토믹은 현대 미국에서 가장 성공한 예술교육자로 알려진 달크로즈가 창안한 것으로 리듬에 의한 정신과 육체와의 조화와 발달을 계획한 신교육법으로 심신의 리듬운동을 위해 정신작용을 조정하고 심신의 조화와 발달을 도와 상상력과 실현력을 조화시키고 상상력을 깨우고 창조력을 발달시키는 것이다. 즉, 음악적 리듬을 듣고 육체로 표현하도록 연습을 시킨다. 리토믹 체조의 요령은 힘을 넣은 부분 빼는 부분이 정교하게 교차해서 마치 안마를 하고 있는 듯이 피곤함이 가시게 하는 것이다. 또 즉흥적으로 친 피아노에 맞춰 리듬을 몸으로 표현하게 하거나 한 사람 한 사람이 즉흥적으로 그 장소에서 스스로 작곡해서 치는 것이 포함되어 있다.

제9장

전 이 활 동

1. 전이활동의 개념
2. 하루 일과 중 전이활동이 필요한 때
3. 전이활동에 있어서의 교사의 역할
4. 전이활동의 실제

1. 전이활동의 개념

유치원 교육과정은 초 · 중등 교육과정처럼 단위시간에 따른 교과운영이 아니라 활동중심으로 이루어지는 커다란 특성을 갖고 있다. 따라서 하루의 일과를 운영하는 중에 한 활동이 끝난 후 다음 활동으로 이어질 때 생기는 시간을 전이 시간(짜투리 시간)이라고 한다.

전이 시간 동안 다음 활동에 지장을 주지 않으면서 자연스럽게 다음 활동을 소개하거나, 다음 활동이 시작되기 전까지 유아들이 방황하지 않도록 배려하는 활동을 전이활동이라 한다. 대체로 짧은 시간이기 때문에 대수롭지 않게 생각하기 쉬우나 이 시간도 유아교육과정 운영에 있어서 중요한 시간이다.

2. 하루 일과 중 전이활동이 필요한 때

- 모여 앉기(자유선택활동 정리 정돈 후)
- 중 · 소집단 활동 선택할 때와 활동하러 보낼 때
- 중 · 소집단 활동이 끝난 후(회상하기)
- 바깥놀이를 하고 들어 왔을 때(시차제일 경우)
- 점심준비 전 모일 때(대집단)
- 귀가 준비하고 모일 때
- 그 외 필요한 경우

3. 전이활동에 있어서의 교사의 역할

• 유아들에게 전이활동 시간이 온다는 것을 미리 알린다.
• 단순히 주의 집중을 위한 활동이 아니라 생활주제와 활동목표에 적합한 활동을 계획·구성하도록 하였다.
• 유아들이 전이활동 시간에 무엇을 해야 할지 알도록 미리 안내한다.
• 전이 시간을 중요한 활동으로 느끼도록 한다.
• 전이 시간을 너무 길거나 급하게 서두르지 않도록 계획한다.
• 모든 유아들이 동시에 어떤 활동을 기대하기보다는 개인차를 고려해야 한다.
• 대집단 활동이 끝난 후 다음 활동을 하기 위해 대형변경이나 장소 이동을 해야 할 경우 소집단으로 나누어 보낸다.
• 유아들이 대집단에 모여서 혹은 줄을 서서 아무것도 하지 않고 기다리는 시간이 생기지 않도록 세밀한 계획을 한다.

4. 전이활동의 실제

신호음악(signal music)도 일종의 전이활동의 한 형태이지만 수업 현장에서 쓰이는 역할과 활동은 조금씩 차이가 있다. 예를 통해 그 차이점을 알아보자.

1) 신호음악

(1) 아침모임에 활용되는 신호음악

• 아침인사 노래

- 요일, 날씨 알아보기
- 새 소식 알아보기
- 결석 친구 환영가
- 자유선택활동 평가
- 활동소개
- 아침체조

(2) 유아들이 나가고 모일 때 활용되는 신호음악

- 숫자행진
- 숫자풀이
- 꿀떡
- 음악감상
- 으샤! 으샤!
- ◯◯영역 나오세요(시장놀이 개사)
- 그 다음에 누굴까?
- 사랑해~
- 돌맹이

2) 전이활동(짜투리 시간을 효과적으로 활용)

(1) 신체표현을 이용한 활동

- 나처럼 해봐라 이렇게
- 우리 모두 다같이
- 머리 어깨 무릎 발
- 뽐
- 안마 노래
- 무언극 놀이

- 어디까지 왔나?
- 모두 모두 다같이
- 그 외

(2) 손을 이용한 활동

- 막대 하나
- 손가락 노래
- 가위바위보
- 손뼉치자 아주 크게(작게)
- 다양한 박수놀이
- 집중을 위한 핸드게임
- 그 외

(3) 언어활동

- '○○'의 '○'을 맨 앞으로 보내면?
- 꿍꿍따
- '○'를 찾자!
- 글자 퍼즐
- 똑똑똑 누구십니까?
- 말 전달하기
- 이구동성
- 사다리 게임
- 원숭이 엉덩이
- 나는 '콩'
- 동시(전래동요) 주고받기
- N.I.E를 이용한 놀이

(4) 시각훈련 행동

- 똑바로 갔어요
- 바둑돌 옮기기
- 카드 기억력 게임
- 따라해 보세요

3) 도입을 재미있게 이끄는 방법

- 동화책 내용을 활용한 방법
- 외부인사 활용의 방법
- 동화를 이용한 작업소개 방법
- 노래를 이용한 도입방법

4) 활동을 소개하는 여러 가지 방법

- 쇼핑백 활동주머니
- 물음표
- 도와줄 친구를 불러요
- 퍼즐판
- 휴지통

5) 재미있는 노래지도 방법

- 추임새 넣기
- 재미있는 박자치기
- 편 나누어 부르기

제2부

실 제 편

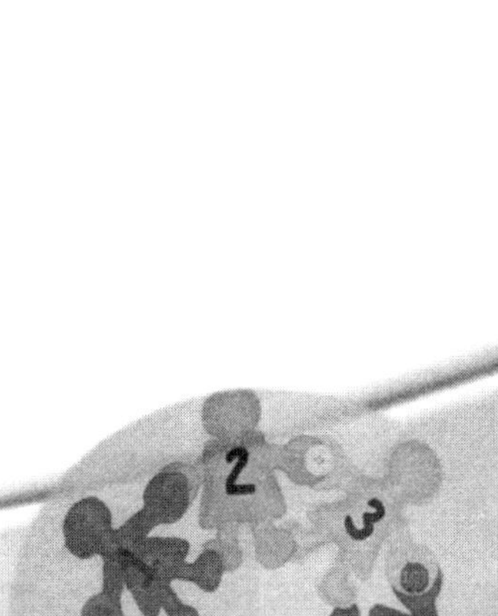

제1장

소품을 이용한 표현활동

1. 나는 우주인이에요.

활동목표	• 우주와 우주인에 대하여 관심을 가진다. • 우주인의 움직임을 창의적으로 표현할 수 있다.
활동자료	우주복, 우주모형, 우주배경, 비닐마스크
활동방법	① 우주와 우주인에 관한 화보나 책을 준비하여 우주의 환경에 관심을 갖는다. ② 우주인들의 움직이는 모습을 생각해 본다. - 우주인은 어떻게 걸어 다닐까? - 우주인이 뛸 때는 어떻게 움직일까? - 날아다닐 때는 어떻게 움직일까? - 우주인이 아무것도 하지 않고 쉴 때는 어떤 모습일까? ③ 함께 움직여 보면서 유아들의 창의적이고 다양한 표현을 격려한다.
평가	• 우주와 우주인에 대하여 관심을 가졌는지 언어적 상호작용을 통해 평가한다. • 우주인을 창의적으로 표현할 수 있었는지 언어적 상호작용을 통해 평가한다.

2. 얼음 위의 스케이트 왈츠

활동목표	• 스케이트 타는 모습을 상상하여 신체로 표현한다. • 음악을 듣고 이동하며 움직여 볼 수 있다.
활동자료	얼음을 상징하는 비닐매트, 발에 끼울 수 있는 미끄러운 신
활동방법	① 겨울에 스케이트를 타 본 경험이 있는지 이야기 나눈다. ② 스케이트를 신고 얼음 위에 섰을 때 몸이 어떻게 움직이며 자꾸 넘어지려고 할 때 어떻게 해야 할까? ③ 스케이트에 익숙해졌을 때는 어떤 움직임을 할까? ④ 스케이트를 신었다고 생각하고 비닐매트 위에서 자유롭게 움직여 본다.
평가	• 스케이트 타는 모습을 표현할 수 있었는지 언어적 상호작용을 통해 평가한다. • 음악을 듣고 이동하며 움직일 수 있었는지 언어적 상호작용을 통해 평가한다.

3. 바닷속 나라

활동목표	• 바닷속에 살고 있는 생물에 관심을 갖는다. • 바닷속 생물의 움직임을 창의적으로 표현할 수 있다.
활동자료	모기장, 물고기 모형, 앞치마, 푸른색 천, 물풀, 피자곽에 고개껍질 담은 것
활동방법	① 동기유발을 위해 바닷속 생물의 비디오를 보고 이야기 나눈다. ② 바닷속 생물의 움직임과 사람의 움직임을 비교하여 본다. ③ 모기장을 천장에 걸어 바닷속을 꾸민 뒤 생물들의 역할을 정해 표현해 본다. ④ 피자곽에 조개껍질을 담아 바닷소리 효과음을 낸다.
평가	• 바닷 속 생물에 관심을 가졌는지 언어적 상호작용을 통해 평가한다. • 바닷 속 생물의 움직임을 창의적으로 표현할 수 있었는지 평가한다.

4. 후프놀이

<table>
<tr><td>활동목표</td><td>• 대근육 활동에 즐겁게 참여한다.
• 후프를 이용하여 다양한 동작을 할 수 있다.</td></tr>
<tr><td>활동자료</td><td>여러 가지 모양의 후프, 「해님이 돕니다」 노래판</td></tr>
<tr><td>활동방법</td><td>① 후프 모양놀이
– 여러 가지 모양의 후프를 제시하면 몸을 모양을 만들어 본다.

② 후프 체조
– 후프를 한 손으로 잡기, 일어서고 앉기, 뛰기, 걷기 등 후프 체조를 해 본다.

③ 노래에 맞추어 신체표현을 해본다.

<table>
<tr><th>가사</th><th>동작</th><th>설명</th></tr>
<tr><td>해님이 돕니다
달님이 돕니다
모두 다 빙글 돌아요
빙글 돌아요</td><td></td><td>훌라후프 가장자리를 계속 돈다</td></tr>
<tr><td>쿵!</td><td></td><td>훌라후프 안으로 폴짝 박자 맞추어 뛴다</td></tr>
</table>
</td></tr>
<tr><td>평가</td><td>• 대근육 활동을 통해 즐겁게 참여하였는지 언어적 상호작용을 통해 평가한다.
• 후프로 다양한 동작을 할 수 있었는지 언어적 상호작용을 통해 평가한다.</td></tr>
</table>

해 님 이 돕 니 다 달 님 이 돕 니 다
조 용 히 앉 아 요 조 용 히 앉 아 요
모 두 다 빙 글 돌 아 요 빙 글 돌 아 요 쿵!
모 두 다 높 이 뛰 어 서 해 를 잡 아 요 쿵!

5. 전화기놀이

활동목표	• 전화기가 의사소통의 도구임을 안다. • 전화기 소리를 창의적으로 표현할 수 있다.
활동자료	퐁퐁전화기, 다양한 전화소리 음악
활동방법	① 모형 전화기를 제시하며 전화기의 사용방법에 대해 알아본다. – 어떻게 생겼지? – 어떤 부분들이 있지? – 사용방법은 어떻게 할까? ② 전화기가 의사소통의 도구임을 아는지 알아본다. – 아빠가 집으로 왜 전화할까? – 할머니의 전화 내용은? ③ 한 명의 유아가 모형전화기를 통해 전화를 건다. ④ 전화기 소리를 창의적으로 표현해 본다.
평가	• 전화가 의사소통의 도구임을 알 수 있었는지 언어적 상호작용을 통해 평가한다. • 전화소리를 창의적으로 표현할 수 있었는지 언어적 상호작용을 통해 평가한다.

6. 참새들의 나들이

활동목표	• 음악의 분위기에 맞춰 신체를 움직여 본다. • 참새의 특징적인 움직임을 리듬에 맞춰 표현할 수 있다.
활동자료	참새옷, 허수아비옷, 참새사진, 참새 노래 전래동요, 가사판 
활동방법	① 음악을 들으면서 상상해 보고 느낌을 이야기해 보도록 한다. – 어떤 동물들의 움직임일까? – 어떻게 움직이고 있을까? ② 스키핑을 해 보면서 경쾌한 동작을 해 본다. ③ 각각 자유롭게 돌아다니면서 동작을 다양하게 표현해 본다.  – 모이를 먹는 흉내를 해 본다. – 날개짓을 하는 흉내를 내며 걷기, 뛰기, 점프, 발 구르기를 한다. – 선생님 참새는 모이를 먹는데, ㅁㅁ참새는 신나게 하늘을 날고 있네? – ㅁㅁ참새는 날개짓을 아주 크게 하네~, ㅇㅇ참새처럼 한번 날아볼까? – △△참새는 아주 점프를 높게 하네~, 또 누구 참새가 더 높게 날고 있나?
평가	• 음악분위기에 맞게 움직일 수 있었는지 언어적 상호작용을 통해 평가한다. • 참새의 특징적인 움직임을 표현할 수 있었는지 상호작용을 통해 평가한다.

7. 맛있는 볶음밥

활동목표	• 사물의 움직임에 관심을 가질 수 있다. • 볶음밥이 되는 과정을 신체로 표현한다.
활동자료	프라이팬 모양의 시트, 흰색, 노랑색, 주황색, 초록색 옷과 두건
활동방법	① 사전요리활동으로 볶음밥을 만들어 본다. ② 프라이팬에 넣고 가열하면, 어떻게 되며 볶아지는 과정을 관찰한다. ③ 표현활동을 돕기 위해 당근, 오이, 밥알, 계란을 상징할 수 있는 옷을 제공한다. ④ 유아들이 음식재료가 되어 프라이팬에서 볶음밥이 볶아지는 과정을 표현한다.
평가	• 사물의 움직임에 관심을 가질 수 있었는지 언어적 상호작용을 통해 평가한다. • 볶음밥이 되는 과정을 신체로 표현할 수 있었는지 상호작용을 통해 평가한다.

8. 스카프춤

활동목표	• 색깔과 모양에 대해 알 수 있다. • 스카프를 이용해 흔들기와 던지기를 경험할 수 있다.
활동자료	여러 가지 색깔의 스카프 8장
활동방법	① 유아들에게 스카프를 주고 여러 가지 방법으로 움직여 보게 한다. – 가볍게 흔들어 보자. – 천천히 움직여 보자. – 아래 · 위로 흔들어 보자 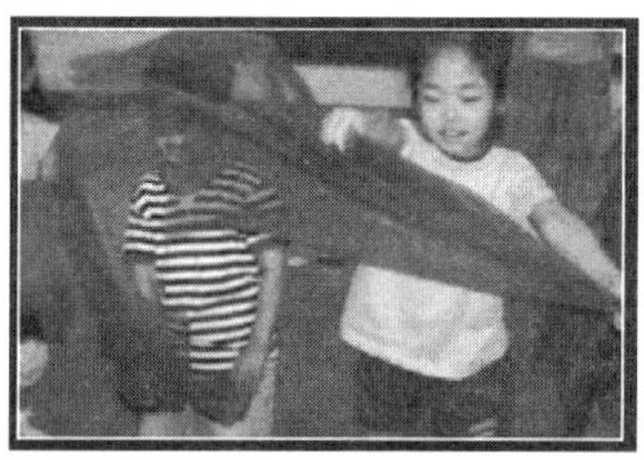 – 좌 · 우로 흔들어 보자. – 위로 슝~ 던져 땅에 떨어뜨려 보자. ② 음악에 맞추어 스카프를 다양한 방법으로 움직여 본다. ③ 동화책 「비의 이야기」를 재미있게 들려준다. [비의 이야기] 어느 날 비가 왔어요. 주룩주룩 왔어요. 안녕 ! 비야, 안녕 ! 비야,

	땅 위에 떨어진 비는 데굴데굴 구르면서 친구들을 만나 흘러흘러 갑니다. 주룩주룩 비가 와요. 내머리에도 내어깨에도 주룩주룩 비가 와요. 우리집에도, 우리 동네에도 안녕 ! 비야 ! 안녕 ! 비야 ! ④ 스카프를 이용하여 비를 다양하게 표현해 본다. - 하늘에서 빗방울이 떨어지듯이 해 보자. - 스카프를 공중에 높이 올려서 '탁탁' 흔들며 점점 아래로 내려보자. - 빗물이 되어 흘러가듯이 땅에서 표현해 보자. - 스카프를 옆으로, 비스듬이 물결치듯 흔들어 보자. ⑤ 스카프를 움직이는 동안 속도, 높이, 방향 등의 변화를 갖도록 자극한다.
평가	• 색깔과 모양에 대해 알 수 있었는지 언어적 상호작용을 통해 평가한다. • 흔들기와 던지기를 경험할 수 있었는지 언어적 상호작용을 통해 평가한다.

9. 동물 농장

활동목표	• 동물의 사육제에 등장하는 여러 동물의 종류를 알 수 있다. • 동물의 생김새를 알며, 음악의 느낌을 창의적인 춤으로 표현할 수 있다.
활동자료	동화책「동물의 사육제」, 동물의 사육제 관현악 모음곡 CD, 등장 동물가면  저자 : 존 리고스 / 그림 : 보리스 쿨리코프/ 이상희 옮김
활동방법	① 동화책 내용으로 이야기 나누기를 한다. - 이 책의 내용은 무엇이었나요? - 올리버의 친구들과 선생님은 어떤 동물로 변했나요? - 동물의 사육제에 등장하는 동물들은 종류는 무엇일까요? - 동물들은 무엇을 하고 있었나요? - 등장하는 각 동물의 특성에 대해서 알아보아요. ② 동물들의 울음소리를 듣고 움직임과 느낌을 창의적으로 표현해 본다. - 코끼리의 음악은 어떻게 표현해 볼까요? - 사자의 음악은 어떻게 표현해 볼까요?? - 주제가 수족관인 음악은 어떻게 표현해 볼까요? - 백조의 음악은 어떻게 표현해 볼까요? - 거북이의 음악은 어떻게 표현해 볼까요? - 캥거루의 음악은 어떻게 표현해 볼까요? - 우리가 이 곡으로 또 어떤 동물을 표현하기 적합할까요?

	③ 활동한 후의 느낌을 이야기 나누며, 다음 활동과 연결한다. - 활동하면서 어떤 느낌이 들었나요? - 좋았던 점과 나빴던 점은 무엇이었나요? - 표현하기 가장 쉽고 재미있었던 동물은 무엇이었나요? - 표현하기 가장 어려웠던 동물은 무엇이었나요? - 독특한 동작을 표현한 친구는 누구였나요?
평가	• 등장하는 동물의 종류를 잘 알고 있었는지 언어적 상호작용을 통해 평가한다. • 음악의 느낌을 창의적인 표현할 수 있었는지 언어적 상호작용을 통해 평가한다.

10. 꽃과 나비

활동목표	• 봄이 된 유치원의 자연환경 변화를 느낀다. • 나비의 모습과 움직임에 관심을 가지고 창의적으로 표현할 수 있다.
활동자료	종이가방을 이용하여 만든 나비 날개, 나비 머리띠
활동방법	① 유아들과 유치원 봄동산을 탐색해 보고 자연변화를 느낀다. ② 동산에서 무엇을 보았는지 이야기 나눈다. - 나비를 본 경험을 이야기 나누고 몸으로 표현해 본다. ③ 나비 날개를 매고 나비가 되어 실외에서 자유롭게 움직여 본다.
평가	• 봄이 된 유치원의 환경 변화를 알 수 있는지 언어적 상호작용을 통해 평가한다. • 나비 움직임을 창의적으로 표현할 수 있는지 언어적 상호작용을 통해 평가한다.

번호	가사	동작	설명
도	예쁜 나비가 나뭇잎에 조그만 알을 낳았어요		두 손으로 나비를 만든 후 왼손바닥에 오른손으로 알을 만든다.
레	알에서 애벌레가 기어 나와		엄지와 검지로 작은 원을 만든 후 검지를 이용하여 아래에서 위로 기어간다.

미	나뭇가지 위로 올라가서 이리저리 세상을 보았어요.		양 손으로 올라간 후 이마에 대고 살핀다.
파	그 후, 애벌레는 누에고치를 만들어		손뼉 한 번, 엄지가 아래로 향하게 주먹을 쥔다.
솔	그 속에서 잠을 자고나니		손을 포개어 잠자는 모습한다.
라	예쁜 나비가 되었어요		손으로 나비모양을 표현한다.
시	훨~ 훨~ 세상을 날아다니다		나비가 나는 모습을 한다.
도	나뭇잎에 또~ 조그만 알을 낳았어요		왼손바닥으로 나뭇잎을 표현하고 또 오른손으로 알을 만든다.

■ **확장활동** - 코다이 손기호를 이용하여 음계놀이를 할 수 있다.
- 피아노 음정에 맞추어 손유희를 즐길 수 있다.

11. 쓰레기를 나누어 버려요.

활동목표	• 다시 쓸 수 있는 물건을 알아보고 쓰레기를 정해진 곳에 분리하여 버린다. • 재활용품을 의인화하여 표현한다.
활동자료	【 동화 - 「쓰레기 괴물」을 읽어 준다. 】  폐품을 이용한 옷(플라스틱, 우유팩, 깡통, 건전지), 분리수거 팻말, 배경음악)
활동방법	① 동화 「쓰레기 괴물」을 읽어 주고 이야기를 나눈다. - 샘과 친구들이 공원에 버린 쓰레기들을 치우지 않았다면 어떻게 되었을까? - 소풍갔을 때 도시락이나 과자를 먹은 후 어떻게 청소해야 할까? - 우리주변에 쓰레기 때문에 더러워진 곳은? ② 분리수거에 관한 퀴즈로 이야기를 나눈다. - 다시 쓸 수 있는 쓰레기는? : 우유팩, 플라스틱병, 음료수 캔 - 다시 쓸 수 없는 쓰레기는? : 비닐봉지, 음식 찌꺼기 ③ 유아들이 플라스틱, 우유팩, 깡통, 건전지, 비닐 옷을 입고 폐품이 되어 본다. ④ 쓰레기가 되어 경쾌한 음악에 맞추어 춤추다가 느리고 차분한 음악이 나오면 분리수거함으로 들어간다.

평가	• 쓰레기를 정해진 곳에 분리할 수 있는지 언어적 상호작용을 통해 평가한다. • 재활용품을 의인화하여 표현할 수 있었는지 언어적 상호작용을 통해 평가한다.

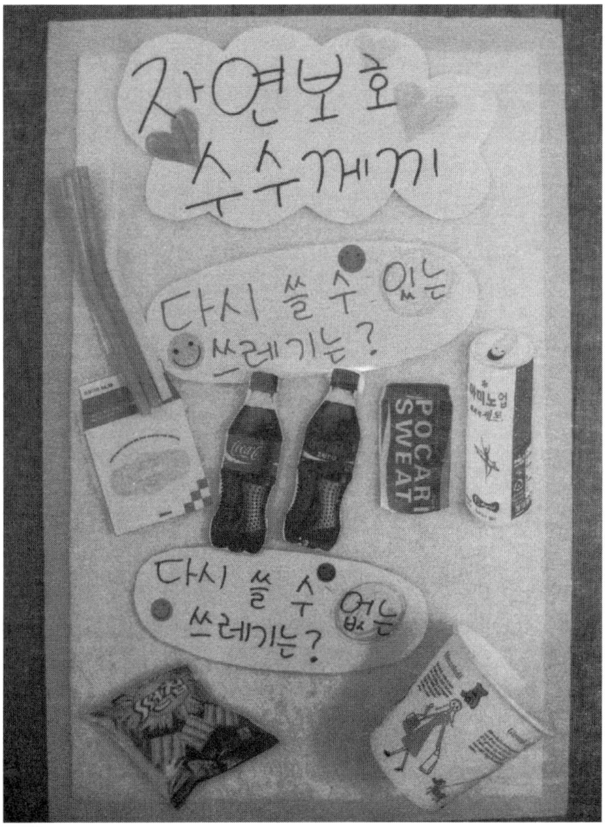

12. 공 놀 이

활동목표	• 공을 이용한 운동에 관심을 가진다. • 리듬에 맞추어 공을 던진다.
활동자료	다양한 크기의 공
활동방법	① 소그룹으로 나누어 한 그룹이 10명 정도 되도록 한다. ② 원 대형으로 앉아 공놀이를 한다. - 공을 마주보는 친구 쪽으로 굴려 보자. - 공을 원형상태에서 서로 던져 보자. - 다른 방법은 없을까? - 공을 튕겨서 주면 받아보자. ③ 밝고 경쾌한 음악에 맞추어 공놀이를 해 본다.
평가	• 공을 이용한 운동에 관심을 가질 수 있었는지 언어적 상호작용을 통해 평가한다. • 리듬에 맞추어 공을 던질 수 있었는지 언어적 상호작용을 통해 평가한다.

13. 리 본 춤

활동목표	• 음악의 다양한 속도를 통해 즐거움을 느낀다. • 리본이 만들어 내는 선의 변화에 즐겁게 참여한다.
활동자료	리본막대, 'A–B–A' 형태의 음악
활동방법	① 유아에게 음악을 들려주고 음악의 느낌을 이야기해 보게 한다. ② 음악 구성이 'A–B–A' 형태(느리게–빠르게–느리게)로 되어 있는 것을 알게 한다. ③ 리본막대를 움직여 재미있는 선이나 모양을 만들어 보게 한다. – 리본을 비가 오듯이 위 · 아래로 움직여 보기 – 기본을 동그란 선을 그리며 움직여 보기 – 리본을 거친 파도처럼 움직여 보기 – 리본을 바닥에 대고 뱀처럼(또는 지그재그로) 움직여 보기 ④ 음악을 들려주고, 리본막대를 다양하고 창의적으로 움직여 보게 한다. – 펄쩍 뛰면서 리본을 움직여 보아라. – 이동하면서 리본을 돌려 보자. ⑤ 유아에게 적절한 조언을 해 주어 동작을 더욱 고무시킬 수 있다.
평가	• 음악의 속도를 통해 즐거움을 느꼈는지 언어적 상호작용을 통해 평가한다. • 선의 변화에 즐겁게 참여하였는지 언어적 상호작용을 통해 평가한다.

14. 고무줄놀이

활동목표	• 신체 각 부분에 대한 탐색과 신체조절 능력을 키울 수 있다. • 모양에 대한 개념을 습득할 수 있다.
활동자료	고무줄, 모양카드
활동방법	① 끝을 묶지 않은(열린) 고무줄을 주어 마음대로 늘여보게 한다. ② 끝을 연결한(막힌) 고무줄을 주어 마음대로 늘여보고 모양을 만들어 보게 한다. - 동그라미를 만들어 보겠니? ○ - 네모를 만들어 보겠니? □ - 세모를 만들어 보겠니? △ **고무줄놀이** 쭉쭉쭉 고무줄로 모양을 만들자 쭉쭉쭉 고무줄로 모양을 만들자 세모(세모), 네모(네모), 동그라미(동그라미) 긴 네모 긴 네모 ■「즐겁게 춤을 추다가」노래의 음에 맞추어 노래한다. ③ 열린 고무줄과 막힌 고무줄을 갖고 모양을 만들고 늘일 때와 어떤 점이 다른지 이야기해 보게 한다. ④ 2~3명이 함께 모양을 만든다.
평가	• 신체조절 능력을 키울 수 있었는지 언어적 상호작용을 통해 평가한다. • 모양에 대한 개념을 습득할 수 있었는지 언어적 상호작용을 통해 평가한다.

15. 낙하산놀이

활동목표	• 기본동작의 잡기활동을 경험할 수 있다. • 낙하산놀이를 통하여 다양하게 움직여 볼 수 있다.
활동자료	낙하산 천(180cm×180cm)
활동방법	① 유아들을 동그란 대형으로 앉도록 한다. ② 원 대형으로 앉아서 낙하산을 간격 맞추어 양 손으로 잡는다.  ③ 낙하산을 다양하게 움직여 본다. - 좌 · 우로 움직여 보자. - 위 · 아래로 움직여 보자. - 양 손을 쭉 위로 올린 후 빨리 내려 보자. ④ 다함께 일어나 다양하게 움직여 본다. - 좌 · 우로 움직여 보자. - 위 · 아래로 움직여 보자. - 양 손을 쭉 위로 올린 후 빨리 앉아 보자. ⑤ 음악에 맞추어 낙하산을 다양하게 움직여 본다.
평가	• 기본동작의 잡기활동을 경험할 수 있었는지 언어적 상호작용을 통해 평가한다. • 다양하게 움직여 볼 수 있었는지 언어적 상호작용을 통해 평가한다.

16. 리듬막대

활동목표	• 우리 신체와 도구의 관계를 이해한다. • 다양하게 소리를 만들어 봄으로써 즐거움을 가진다.
활동자료	리듬막대(유아 수만큼)
활동방법	① 유아들을 둥그렇게 앉힌다. ② 앉은 유아들은 리듬막대 한 쌍을 가지고 원하는 대로 소리를 내게 한다. ③ 교사는 유아의 움직임을 위해 다음과 같이 도움말을 해 준다. – 가슴 앞에서 쳐 보자. – 리듬막대를 머리 위로 올려서 쳐보자. – 리듬막대로 망치질을 해 보자. – 뱅글뱅글 돌려 보자. – 쓱싹쓱싹 대패질을 해 보자. – 손바닥으로 비벼 보자. – 바닥치고 막대치고 반복해서 해 보자. – 막대 꼭지점을 쳐 보자. ④ 다함께 음악에 맞추어 창의적으로 리듬을 맞추어 보게 한다.
평가	• 도구와의 관계를 잘 할 수 있었는지 언어적 상호작용을 통해 평가한다. • 다양하게 소리를 만들어 볼 수 있었는지 언어적 상호작용을 통해 평가한다.

17. 풍 선 춤

활동목표	• 풍선을 이용하여 속도 · 방향의 변화를 경험할 수 있다. • 창의적으로 움직일 수 있다.
활동자료	여러 색깔의 풍선, 「풍선춤」 음악, 녹음기
활동방법	① 유아에게 음악을 들려주고 음악의 느낌을 이야기해 보게 한다. ② 음악이 서로 다른 여섯 부분으로 되어 있는 것을 찾아보게 한다. ③ 풍선을 크게 불어 보게 한 후 묶지 않고 날려 본다. - 어떤 느낌일까? - 어떻게 날아갔을까? ④ 풍선을 신체 여러 부분을 이용해서 쳐 보게 한다. - 손바닥으로 쳐 올리기 - 손가락으로 쳐 올리기 - 머리로 쳐 올리기 - 주먹으로 쳐 올리기 - 발로 차올리기 - 팔꿈치로 쳐 올리기 ⑤ 음악에 맞추어 신체의 여러 부분을 사용해서 독특하게 움직여 보도록 한다.
평가	• 속도 · 방향의 변화를 경험할 수 있었는지 언어적 상호작용을 통해 평가한다. • 창의적으로 움직일 수 있었는지 언어적 상호작용을 통해 평가한다.

18. 신문지로 춤을 춰요.

활동목표	• 시각 · 청각 · 촉각을 이용한 움직임을 경험하도록 한다. • 이동하면서 창의적으로 표현한다.
활동자료	신문지 4절지와 8절지, 16절지로 다양한 크기, 「춤을 춰요」 음악, 녹음기
활동방법	① 유아에게 신문지를 이용하여 여러 가지 소리를 만들어 보게 한다. ② 유아들에게 신문지를 여러 가지 방향으로 움직여 보게 한다. – 양 손에 잡고 '왼쪽–오른쪽, 위–아래, 앞으로–뒤로(가슴쪽)' 움직여 보자. – 접었다 폈다 해 보자. – 비벼 보자. – 허공에 흔들어 보자. – 꼬깃꼬깃 접어 보자. – 허공에 던지고 받아 보자. ③ 위치를 이동하면서 신문지도 함께 움직여 보도록 한다. ④ 즐거운 음악에 맞춰 신문지를 갖고 다양하게 움직여 보도록 한다. ⑤ 「멈춤」신호로 음악이 멈추면 신문지도 함께 얼어 붙는다.
평가	• 시각 · 청각 · 촉각의 움직임을 경험하였는지 언어적 상호작용을 통해 평가한다. • 이동하면서 창의적으로 표현하였는지 언어적 상호작용을 통해 평가한다.

19. 누에고치

활동목표	• 누에고치의 성장과정을 알게 한다. • 애벌레처럼 몸을 움직여 볼 수 있다.
활동자료	자루(1명이 들어가는 것 : 60cm×80cm, 3명이 들어가는 것 : 90cm×150cm), 북
활동방법	① 누에고치 사진을 보여주면서 이야기를 나눈다. – 어떤 동물 그림일까? – 연두색 애벌레는 커서 무엇이 될까? – 검은색 길쭉한 애벌레는 커서 무엇이 될까? ② 각각 자루 속에 들어가서 애벌레가 되어 본다. – 밖으로 나가려고 애쓰는 애벌레는 어떻게 할까? – 뒤틀리는 애벌레는? – 자루 속에서 돌고 있는 애벌레는? ③ 유아들은 자루 밖으로 나오려고 그들의 몸을 여러 가지 모양으로 움직인다. ④ 교사는 북을 계속치면서 유아들을 계속 움직이게 한다. – 북을 멈추면 가만히 있게 한다. ⑤ 모든 유아들이 교대로 주머니 속에 들어가 모양을 만든다. – 만약 주머니 속을 두려워하는 유아가 있으면 2~3 명의 유아가 함께 한다.
평가	• 누에고치의 성장과정을 알 수 있었는지 언어적 상호작용을 통해 평가한다. • 애벌레처럼 몸을 움직여 볼 수 있었는지 언어적 상호작용을 통해 평가한다.

20. 돌아돌아

활동목표	• 신문지막대를 가지고 다양한 신체 움직임을 해 본다. • 노래를 즐겨 부를 수 있다.
활동자료	신문지막대(각 유아 당 2 개씩), 노래 가사판
활동방법	① 다함께 노래를 불러본다. 어깨치고 어깨치고 탁탁탁 어깨치고 어깨치고 탁탁탁 돌아돌아 돌아돌아 탁탁탁 돌아돌아 돌아돌아 탁탁탁 ② 유아들에게 신문지막대를 나누어 준다. - 신문지막대로 무얼 할 수 있을까? - 신문지막대로 소리를 만들어 볼까? ③ 노래가사에 맞게 움직여 본다. - '어깨치고 어깨치고' 부분은 막대로 어깨를 가볍게 두 번씩 친다. - '탁탁탁' 부분은 막대를 3번 친다. - '돌아돌아 돌아돌아' 부분은 유아들이 만들어 보게 한다. ④ 노래가사를 개사해서 활동해 본다. - 악수하고, 인사하고, 식사하고, 손을 씻고, 사랑하고, 춤을 추고 등 - 어깨 대신 어느 곳을 쳐 볼가? - 다른 신체부위를 탐색해 보자.
평가	• 신문지막대로 다양한 움직임을 하였는지 언어적 상호작용을 통해 평가한다. • 노래를 즐겨 부를 수 있었는지 언어적 상호작용을 통해 평가한다.

돌아 돌아

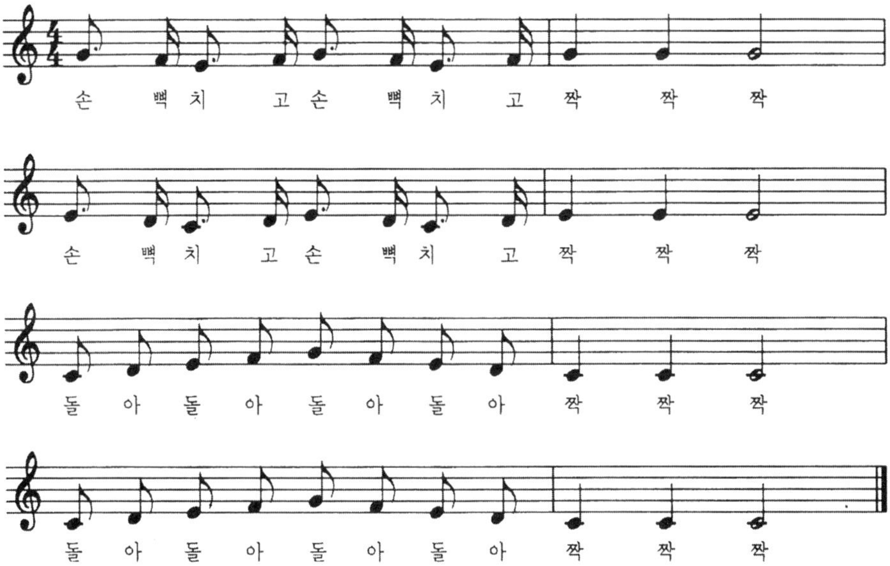

21. 거울놀이

활동목표	• 신체적인 자아의식을 기른다. • 거울의 성질을 이해한다(좌 · 우가 바뀐다는 것) • 창의적인 신체표현을 할 수 있다.
활동자료	대형 거울, 잔잔한 음악
활동방법	① 거울 앞에 서서 자신의 움직임과 거울 속의 움직임을 관찰시킨다. - 거울을 보며 웃어 보자. - 거울을 보며 오른손을 들어 보자. - 거울을 보며 춤을 춰 보자. ② 거울에 대하여 이야기를 나눈다. ③ 두 유아씩 짝을 지어 마주 보며 서게 한다. ④ 한 사람은 다양한 동작을 만든다. - 거울이 된 유아는 그대로 따라 하도록 한다. ⑤ 역할을 바꾸어 진행한다.
평가	• 신체적인 자아의식을 기를 수 있었는지 언어적 상호작용을 통해 평가한다. • 거울은 좌 · 우가 바뀐다는 것을 알 수 있었는지 언어적 상호작용을 통해 평가한다. • 창의적인 신체표현을 할 수 있었는지 언어적 상호작용을 통해 평가한다.

제2장

신체를 이용한 표현활동

1. 식물의 성장

활동목표	• 식물의 성장 과정을 안다. • 리듬에 맞추어 움직여 볼 수 있다.
활동자료	봄에 피는 꽃의 사진, 악보 그림판(곡목 : 식물의 성장), 관찰활동지
활동방법	① 봄에 피는 꽃의 사진을 준비하여 교실에 꾸며 놓는다. ② 식물의 성장에 대하여 사진을 보며 함께 이야기를 나눈다. – 씨를 뿌린다. – 싹이 튼다. – 잎이 난다. – 점점 커가며 꽃이 된다. – 다시 씨가 맺힌다. ③ 관찰 활동지를 주어 여러 날에 걸쳐 완성하게 한다. 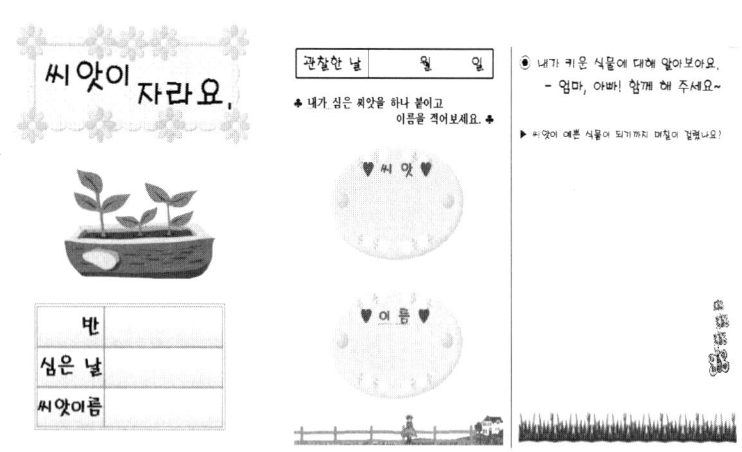

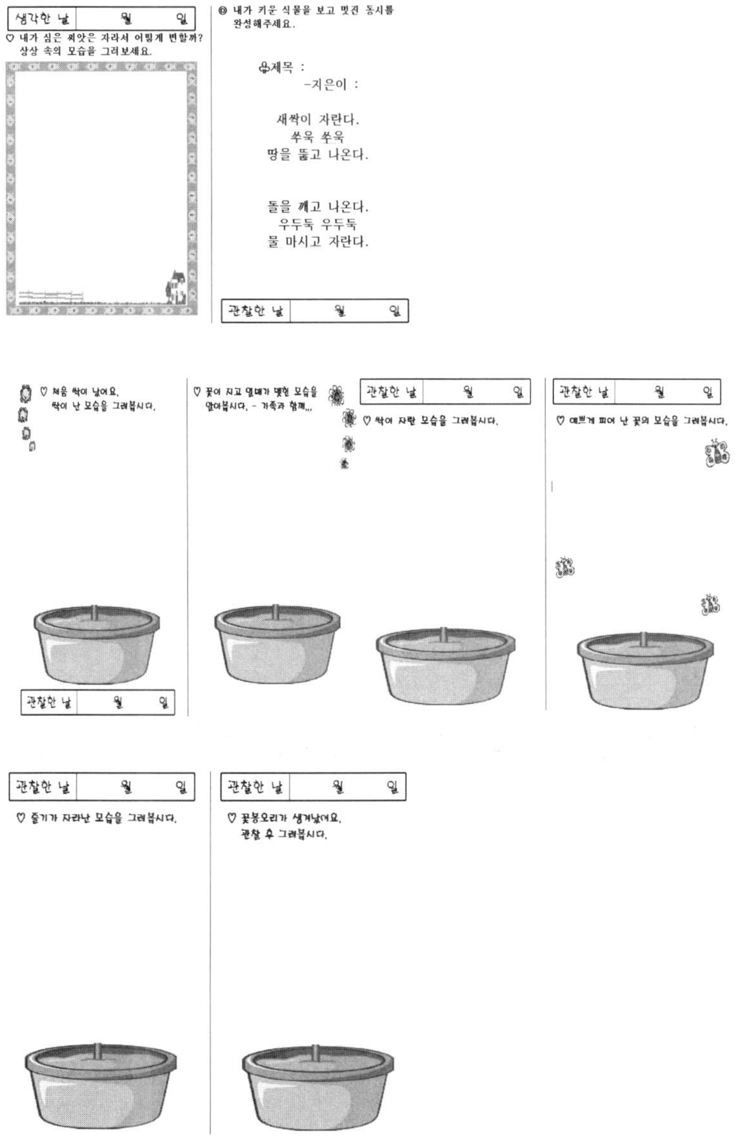

④ 이 과정을 신체를 이용하여 표현해 본다.

⑤ 노래에 익숙해지면 노래말에 맞추어 동작을 해 본다.

평가	• 식물의 성장 과정을 알 수 있었는지 언어적 상호작용을 통해 평가한다. • 리듬에 맞추어 움직여 볼 수 있었는지 언어적 상호작용을 통해 평가한다.

식물의 성장

Hap Palme 곡
유 애 열 편역

2. 생일 표현하기

활동목표	• 기쁜 일이 있을 땐 서로 축하해 준다는 것을 안다. • 생일 축하하는 방법에 관심을 가진다.
활동자료	생일 모자, 노래 가사판
활동방법	① 생일에 대하여 이야기 나누기를 한다. 　– 생일잔치에 초대받아 가 본 적이 있니? 　– 친구에게 선물을 해 본 적이 있니? ② 다함께 생일 노래를 부른다. ③ 아래 이야기를 들려준 후 활동을 시작한다. "오늘은 ○○의 생일이예요. ○○에게 어떤 선물을 할지 우리 모두 생각해 봐요. 그러나 ○○가 알면 안돼요. 어떤 선물이든지 좋아요. 생일선물을 모두 생각했어요? 그 선물을 어떤 동작으로 표현할까 생각해 보셔요." ④ 생각한 동작을 신체로 표현해 본다. ⑤ 생일인 친구는 생일 모자를 씌운 후 의자에 앉혀 선물을 1개씩 준다. ⑥ 선물을 신체로 표현하게 한다. ⑦ 생일인 친구는 그 친구의 동작을 보고 무슨 선물인지 알아맞춘다.
평가	• 축하한다는 것을 알 수 있었는지 언어적 상호작용을 통해 평가한다. • 생일 축하방법에 관심을 가질 수 있었는지 언어적 상호작용을 통해 평가한다.

1.(한국어)생 일 축 하 합니 다 생 일 축 하 합니 다 사 랑
2.(영어)해 피 벌스 데이 투 유 해 피 벌스 데이 투 유 해 피
3.(일어)탄 조 비 - 오메데 또 탄 조 비 - 오메데 또 아 나
4.(중국어)쭈 넨 쾌 래 - 쭈 넨 쾌 래 - 아
하 는 당 신 의 생 일 축 하 합니 다
벌스 데이 마이 디 어 해 피 벌스 데이 투 유
타 오 아이 조 우 탄 조 비 - 오메데 또
- 이 디 - 닌 쭈 넨 쾌 래 -

3. 노래하는 세탁기

활동목표	• 세탁기가 움직이는 모습에 관심을 가진다. • 세탁기의 움직임을 창의적으로 표현할 수 있다.
활동자료	노래 악보판, 인형 옷, 역할 머리띠(티셔츠, 바지, 양말, 물, 세제, 거품)
활동방법	① 세탁기에 대한 수수께끼를 풀면서 세탁기에 관심을 가진다. - 나는 하얀색에 네모 모양이야. - 나는 더러운 옷을 깨끗하게 빨 수 있어. - 나는 버튼을 누르면 스스로 빨래를 할 수 있어. ② 빨래를 해 보았던 경험에 대하여 이야기 나눈다. - 빨래하는 것을 본 적 있니? 혹시 해 본 친구? - 인형 옷으로 직접 빨래를 해 보자. - 세탁기 속에서 빨래가 어떻게 움직이는지 본 적 있니? - 빨래는 어떤 순서로 하는 걸까? - 빨래를 널 때에는 어떻게 했니? - 빨래가 젖어 있을 때 만져 본 적이 있니? 느낌이 어땠니? ③ 빨래가 되어 몸으로 표현해 보도록 한다. - 빨래 통에 모여 있을 때의 모습을 표현해 볼 수 있겠니? - 빨래가 지금 세탁기 속에서 돌아가고 있어. 어떻게 표현해 볼 수 있을까? - 탈수 버튼을 누르면 어떻게 움직일까? - 빨래가 비누거품을 만나면 어떻게 될까? - 빨래를 털어서 빨랫줄에 널었을 때의 모습은 어떻게 표현해 볼 수 있을까? ④ 노래하는 세탁기 노래를 다함께 불러 본다. ⑤ 역할 머리띠를 나눠 쓰고 음악에 맞추어 빨래가 되어 본다. - 동그라미 버튼을 눌러 보자! 어? 세탁기가 돌아가기 시작했어!

	- 지금은 물이 나오고 있어. - 세제가 들어갈 시간이야! - 빨래가 끝났으니 빨랫감을 말려 보자. 세모버튼을 눌러 볼까?
평가	• 세탁기가 움직이는 모습에 관심을 가질 수 있었는지 평가한다. • 세탁기 움직임을 창의적으로 표현할 수 있었는지 평가한다.

깨끗이 비벼 보자

꼭 짜 보자

널어 보자

다려 보자

개어 보자

노래하는 세탁기

남인석 작사/작곡

〈출처 : 교육과학기술부(2010), 유치원지도서 7, p. 91〉

4. 머리, 어깨, 무릎, 발

활동목표	• 신체의 명칭을 익힌다. • 지시대로 움직인다.
활동자료	악보가사판, 영어노래 가사판
활동방법	① 다함께 가사판을 보며 노래부른다. ② 노래말대로 동작을 붙여 본다. 　- 노래를 정확히 부를 수 있는가? ③ 머리, 어깨, 무릎, 발 중에 한 부분은 빼기로 하고 노래 부른다. 　- 뺀 가사는 노래하지 않고 동작만 하도록 한다. 　　(어깨를 빼자고 약속하면, 어깨는 노래하지 않고 동작만 하면 된다.) 　- 노랫말대로 움직일 수 있나 본다(신체의 명칭대로 가리킬 수 있나 본다). 　- 전체가 한 약속을 기억하고 지킬 수 있나 본다. ④ 영어 노래로 불러 본다.
평가	• 신체의 명칭을 익힐 수 있었는지 언어적 상호작용을 통해 평가한다. • 지시대로 움직일 수 있었는지 언어적 상호작용을 통해 평가한다.

머리 어깨 무릎 발

5. 팝콘처럼

활동목표	• 팝콘이 되는 과정을 창의적으로 표현할 수 있다. • 음악의 느낌에 맞게 표현할 수 있다.
활동자료	색테이프, 김성균 「나는 콩」 음악
활동방법	① 팝콘을 먹어 본 경험이나 튀겨 본 경험이 있는지 이야기 나눈다. ② 「나는 콩」 음악을 들려주고 느낌을 이야기한다. ③ 교실 바닥에 색테이프로 커다란 원을 만들어 냄비라고 이야기해 준다. – 커다란 냄비에 마아가린을 넣으면 어떻게 될까? – 그리고 불을 켜고 점점 뜨거워졌다. – 옥수수 알맹이들도 "아, 앗! 뜨거!" – 몸을 이리 비틀고 저리 비틀고 – 튀어 오르던 옥수수 알맹이들이 "탁! 타닥, 톡! 톡!"팝콘이 되었단다. ④ 음악에 맞추어 팝콘이 튀겨지는 과정을 몸으로 표현해 보게 한다. – 매우 뜨거워졌을 때 격렬한 움직임은? – 음악의 느낌에 맞게 표현하고 있는가? ⑤ 팝콘이 된 유아들은 그대로 얼어 붙게 한다.
평가	• 팝콘을 창의적으로 표현할 수 있었는지 언어적 상호작용을 통해 평가한다. • 음악의 느낌에 맞게 표현할 수 있었는지 언어적 상호작용을 통해 평가한다.

6. 내가 만약 치약이라면

활동목표	• 치약을 표현하는 동안 흐름(flow)을 경험할 수 있다. • 치약을 창의적으로 표현할 수 있다.
활동자료	치약 느낌의 긴 자루
활동방법	① 유아들에게 이를 닦을 때 무엇을 사용하는지 물어 본다. ② 네가 만약 치약이라면 어떤 모습을 하고 있겠니? ③ 「애기 치약」 이야기를 들려주고 치약의 모습을 몸으로 표현해 보게 한다. 애기 치약 "어느 깜깜한 밤, 목욕탕의 애기 치약은 바깥세상을 구경하고 싶었어요. 그래서 뚜껑을 열고 자기의 하얀 몸을 '쑥쑥' 짜면서 수도꼭지를 지나서, 변기를 지나서, 문틈을 지나서, 울퉁불퉁한 자갈돌을 지나서 마당까지 나왔어요. 거기에는 또 다른 애기 치약이 나와 있었어요. 두 친구는 너무 기뻐서 인사도 나누고 둘이 얼싸안고 춤도 추었어요. 아침이 되나봐요. 이제 빨리 목욕탕으로 돌아가야 되겠어요. 다시 튜브 속으로 쏘옥 들어간 애기 치약은 밤에 했던 여행을 생각하면서 즐거워했어요." ④ 교사는 유아들의 동작을 보면서 다양한 동작이 나올 수 있도록 자극한다.
평가	• 치약을 통해 흐름을 경험할 수 있었는지 언어적 상호작용을 통해 평가한다. • 치약을 창의적으로 표현할 수 있었는지 언어적 상호작용을 통해 평가한다.

7. 손가락 체조

활동목표	• 제자리에서 음악에 맞춰 손가락을 움직여 본다. • 신체의 다양한 부분을 움직여 본다.
활동자료	노래 악보판, 피아노
활동방법	① 간단한 노래를 익혀 본다. ② 노랫말에 맞춰 손가락을 움직인다. – 손 체조 : 손뼉 2번 하나둘 하나둘 : 잼잼하듯이 쥐었다 폈다 한다. 주먹쥐고 : 그대로 따라 한다. 통통통 : 두주먹을 위 아래로 두고 친다. – 발체조 : 발뼉 2번 하나둘 하나둘 : 발가락을 쥐었다 폈다 한다. 주먹쥐고 : 그대로 따라 한다. 통통통 : 발을 구른다. – 눈체조 : 두 눈을 크게 뜬다. 하나둘 하나둘 : 꽉 감았다 뜬다. 이리저리 : 눈알을 좌우로 움직인다. 통통통 : 감았다 뜬다.
평가	• 음악에 맞춰 손가락을 움직여 볼 수 있었는지 언어적 상호작용을 통해 평가한다. • 신체의 다양한 부분을 움직여 볼 수 있었는지 언어적 상호작용을 통해 평가한다.

손 체 조

8. 낙엽이 되어 보세요.

활동목표	• 낙엽이 바람에 굴러가는 모양을 몸으로 표현할 수 있다. • 낙엽 떨어지는 모습을 신체로 표현해 본다.
활동자료	낙엽, 털 달린 부채, 바람소리 음악
활동방법	① 낙엽이 떨어지기 시작하는 시기에 유아들과 야외 관찰을 계획해 본다. ② 가을바람의 움직임을 부채로 부쳐 준다. - 가을바람은 어떻게 불어 올까? - 어떤 소리를 낼까? - 가을바람이 단풍잎과 부딪히면 어떻게 될까? - 가을바람이 부딪히는 것을 소리로 나타내면 어떨까? - 가을바람을 몸으로 표현한다면 어떻게 표현할 수 있을까? ③ 나뭇잎이 떨어지는 모습을 주의 깊게 보도록 한다. - 바람에 굴러가는 낙엽을 어떻게 표현해 볼까? ④ 낙엽이 쌓여 있는 곳을 걸어가게 한다. - 낙엽을 밟을 때 소리는 어떤가? - 낙엽을 밟으면 어떤 기분일까? ⑤ 음악을 들으면서 몸으로 어떻게 표현할 것인지에 대하여 의논한다. ⑤ 음악을 틀어 준 후 낙엽의 모습을 신체로 표현하게 한다.
평가	• 굴러가는 낙엽을 몸으로 표현할 수 있었는지 언어적 상호작용을 통해 평가한다. • 떨어지는 낙엽을 신체로 표현할 수 있었는지 언어적 상호작용을 통해 평가한다.

9. 나는 풍선이예요.

활동목표	• 풍선이 불어지는 과정, 바람이 빠져 나가는 과정을 관찰한다. • 공간에서 신체를 다양하게 움직여 본다. • 소리의 대소, 강약에 맞추어 동작으로 표현한다.
활동자료	풍선, 북
활동방법	① 풍선을 한 개씩 나누어 주고 크게 불어 보도록 한다. - 불 수 없는 유아는 풍선 부는 기구를 이용하여 불어 준다. - 크게 불었던 풍선을 매듭짓지 말고 공중에 날려 보자. - 작게 불어 날려 보자 ② 풍선 주둥이를 매듭으로 묶은 후 창의적 표현해 본다. - 북소리에 맞춰 떠다니는 풍선이 되어 보자. - 풍선이 회오리바람 속을 지나간다(몸을 빙빙 돌린다). - 나무에 휘감긴다(몸을 꼬거나 돈다). - 인도를 따라 뛰어다닌다(깡충 뛰기, 한 발로 뛰기). - 어떤 유아가 나를 꽉 잡았다(서로의 몸을 밀착시킨다). - 점점 바람이 빠진다(몸의 자세를 점점 낮추며 몸에 힘을 뺀다). - 몸을 아주 작게 만들어 보자. - 북소리가 커지면 신체로 큰 풍선을 만들어 보자. ③ 여러 가지 움직임을 하면서 떠다닌다. ④ 교사가 유아의 머리를 만지면 '펑'하는 소리를 내며 터진다. - 터진 풍선은 자리에 앉는다. ⑤ 불어진 풍선을 치면서 놀도록 한다.

평가	• 풍선이 불어지는 과정, 바람이 빠져 나가는 과정을 관찰하였는지 평가한다. • 신체를 다양하게 움직여 볼 수 있었는지 언어적 상호작용을 통해 평가한다. • 북소리에 맞추어 표현할 수 있었는지 언어적 상호작용을 통해 평가한다.

10. 알에서 깨어나는 병아리

활동목표	• 알에서 병아리가 되는 성장과정을 안다. • 병아리가 깨어나는 모습을 독특하게 표현해 본다.
활동자료	알에서 병아리로 부화되는 과정의 그림
활동방법	① 알에서 병아리가 될 때까지를 몸으로 표현하고자 한다. - 알이 되어 볼 수 있겠니? - 알 속의 병아리는 어떻게 하고 있을까?(이 때 알 속의 병아리 모습을 독특하게 표현하는 유아를 격려한다.) ② 이야기를 듣고 몸으로 표현하도록 한다. "어느 날 알 속에서 병아리가 나오기 위해 몸을 틀고 다리로 알껍데기를 밀었단다. 그런데도 알이 깨지지 않아서 부리로 알껍데기를 톡톡 깨뜨려 보았다. 그랬더니 알껍데기가 조금씩 깨지기 시작했어. 병아리는 계속 부리로 알껍데기를 깨뜨렸더니 알껍데기가 갈라지면서 머리가 밖으로 쏘옥 나왔단다. 이번에는 병아리가 다리에 힘을 주어서 뒤로 쭈욱 밀었더니 알껍데기가 갈라지면서 다리가 껍데기 밖으로 나왔어. 병아리는 몸에 있는 껍데기를 벗기기 위해 굴러도 보고 위 아래로 몸을 흔들어도 보았어. 그래도 껍데기가 깨지지 않아서 날개에 힘을 주어 옆으로 쭈욱 뻗었더니 껍데기가 모두 깨져버렸어. 병아리는 일어나서 다리에 힘을 주고 걸으려고 해도 잘 걸을 수 없었어. 그래도 병아리는 비틀비틀 걷다가 넘어져 다시 일어나서 걸었더니 아주 잘 걷게 되었단다." ③ 활동과정에 대한 이야기를 나누며 활동을 정리한다. - 알껍데기를 깨고 밖으로 나오기가 어땠니? - 날개가 껍데기 밖으로 나왔을 때 기분이 어땠었니? - 병아리가 처음에는 왜 잘 걷지 못했을까?

평가	• 병아리의 성장과정을 알 수 있었는지 언어적 상호작용을 통해 평가한다. • 병아리가 되는 모습을 잘 표현할 수 있었는지 언어적 상호작용을 통해 평가한다.

11. 요리 표현하기

활동목표	• 요리에 관심을 가진다. • 이야기 속의 내용을 동작으로 표현할 수 있다.
활동자료	「요리하기」, 「국수는 요술쟁이」 동화 그림판
활동방법	① 교사는 다음의 이야기를 들려준다. ② 이야기를 창의적 동작으로 표현해 보도록 한다.
평가	• 요리에 관심을 가질 수 있었는지 언어적 상호작용을 통해 평가한다. • 이야기 속의 내용을 표현할 수 있었는지 언어적 상호작용을 통해 평가한다.

'요리하기'

오늘은 철민의 생일이예요. 철민이는 자기 생일에 친구들을 초대했으면 좋겠다고 엄마에게 부탁했어요. 엄마는 승낙을 하시면서 생일잔치에 떡볶이를 만들어 주신다고 했어요.

엄마는 부엌으로 가셔서 떡과 오이, 고기, 양파, 양배추, 당근, 마늘, 참기름, 간장, 설탕, 식용유를 준비하셨어요(한 구절씩 읽어 주고 몸으로 표현해 보게 한다).

· 엄마는 먼저 오이와 양배추를 도마에 올려놓고 먹기 좋게 조그맣게 썰었어요.
· 그 다음엔 양파를 반으로 나눈 후 썰었고 당근은 찍기로 예쁜 모양으로 만들었어요. 고기는 칼로 다지고 마늘은 절구에 넣어 찧었어요.
· 재료가 다 준비되자 프라이팬에 채소를 볶았어요.

· 주걱으로 채소가 익을 때까지 휘저었어요.
· 채소를 그릇에 옮겨 놓은 후 고기를 넣고 다시 볶았어요.
· 고기와 채소를 함께 프라이팬에 섞고, 이젠 떡을 하나씩 떼어서 넣었어요.
· 엄마는 떡볶이에 간을 맞추기 위해 간장을 넣으셨어요.
· 주걱으로 저은 후 잘 되었나 먹어 보았더니 너무 짜게 되었어요.
· 그래서 물을 조금 부어서 다시 끓였더니 간이 맞게 되었어요.
· 더욱 맛있게 하기 위해서 설탕과 참기름을 넣었어요.
· 맛있는 떡볶이가 다 되었어요. 그릇에 조금씩 담아서 친구들에게 주셨어요.
· 철민이의 생일잔치는 아주 재미있게 되었답니다. 생일잔치가 끝난 후 철민이는 엄마가 너무 고마워서 설거지를 도와드렸어요. 아주 깨끗하게 하려고 애를 썼습니다.
· 엄마께서는 철민이가 도와 주어서 설거지가 빨리 끝났다고 칭찬해 주셨습니다.

'국수는 요술쟁이'

어느 날 점심 때 배가 몹시 고파서 엄마에게 국수를 삶아 달라고 했어요. 엄마는 빳빳한 생국 한 뭉치를 펄펄 끓는 물 속에 집어 넣었어요.

나는 엄마 옆에서 뜨거운 물 속에 들어간 국수를 바라보았어요.

무슨 일이 일어났겠어요? (한 구절씩 읽어 주면서 몸으로 표현해 보게 한다.)

· 글세 그 빳빳한 몸들이 점차로 느글느글해지면서 스르르르 풀어지는 게 아니겠어요?
· 그러더니 놀랍게도 끓는 물 음악에 맞추어 국수들이 춤을 추기 시작했어요.
· 느슨해지고
· 흔들리고
· 뛰어오르고
· 빙 돌고
· 아래 위로 양 옆으로 움직이고, 몸 전체가 움직이고 있었어요. 국수는 요술쟁

이가 틀림없어요 !

※ 기타를 이용하여 팽팽하게, 느슨하게, 튕기기, 아래 위로 훑기 등의 소리를 이야기와 함께 들려줌으로써 실제표현을 도울 수 있다.

12. 할아버지는 목공

활동목표	• 목공도구의 사용방법을 알 수 있다. • 안전하게 도구를 다룬다.
활동자료	톱, 망치, 붓, 리듬막대
활동방법	① 식탁을 만드는 과정에 대해 함께 이야기를 나눈다. - 어떤 연장들이 필요한가? - 나무를 자르려면 무엇이 필요한가? - 못을 박으려면 무엇이 필요한가? - 구멍을 뚫으려면 무엇이 필요한가? ② 목공도구의 사용방법에 대해 이야기 나눈다. - 톱은 어떻게 사용할까? - 망치는 어떻게 사용할까? - 구멍은 어떻게 낼까? - 페인트 칠은 어떻게 해야 할까? ③ 안전하게 도구를 사용하는 방법에 대해 이야기 나눈다. - 실제 도구를 만져 보자. - 어떻게 사용하면 안전할까? ④ 교사는 아래와 같은 이야기를 유아들에게 들려준다. "저녁을 잡수시러 할아버지가 오셨어요. 형이 문을 열어 드렸죠. 형은 식탁이 없다고 하면서 바닥에서 먹자고 했어요. 그랬더니 할아버지는 식탁을 만들자고 하셨어요. 형은 놀랐어요. 할아버지는 진짜 식탁을 만들기 시작하셨어요." • 쓱싹쓱싹 - 톱질을 해 보아요. • 쾅쾅쾅쾅 - 망치로 못을 박아 보셔요.

	• 윙~윙~ - 구멍 뚫는 기계로 나무를 뚫어 보아요. • 뱅글뱅글 - 나사못을 박아보세요. • 스싹스싹 - 대패질을 해 보아요 • 휙휙휙 - 자, 이제는 식탁에다 멋지게 색을 칠하세요. ⑤ 이야기를 리듬막대로 표현해 본다. – 리듬막대를 이용해 도구 사용법을 표현해 보면 어떨까?
평가	• 목공도구의 사용방법을 알 수 있었는지 언어적 상호작용을 통해 평가한다. • 안전하게 도구를 다룰 수 있었는지 언어적 상호작용을 통해 평가한다.

13. 복남이를 보았니?

활동목표	• 리듬에 맞추어 움직일 수 있다. • 창의적 표현을 통해 즐거움을 가진다.
활동자료	노래 가사판「복남이를 보았니?」
활동방법	①「복남이를 보았니?」노래를 배운다. ② 복남이 대신 다른 유아이름을 부른다. – 리더가 된 유아는 자신의 움직임을 만든다. ③ 리더가 된 유아가 하는 행동을 그대로 따라 한다. ④ 다른 유아를 지적하면서 활동을 반복한다.
평가	• 리듬에 맞추어 움직일 수 있었는지 언어적 상호작용을 통해 평가한다. • 창의적 표현을 통해 즐거움을 가졌는지 언어적 상호작용을 통해 평가한다.

복남이를 보았니?

미 국요

p
어 떻 게 하 고 있 나 이 렇 게 저 렇 게
mf
이 렇 게 어 떻 게 복 남 이 가 이 렇 게 하 고 있 다.

14. 김장하기

활동목표	• 겨울철 날씨 특성과 음식에 관심을 가진다. • 겨울 준비의 하나인 김장하기에 관심을 갖는다.
활동자료	김성균의 「김장」 노래 가사판
활동방법	① 날씨가 추워지면 사람들은 어떤 준비를 하는지 이야기 나눈다. – 난로를 놓는다. – 화초를 집 안으로 들여 놓는다. – 김장을 한다. ② 김장의 재료에 대해 이야기 나눈다. – 김장을 하려면 어떤 것들이 필요할까? – 어디서 나며 누가 가꾸는가? – 배추, 무를 뽑아 본 적이 있는가? ④ 노랫말을 읽어 준다. ⑤ 손뼉치기 활동을 하면서 노래를 즐겨 부른다.
평가	• 겨울철 날씨 특성과 음식에 관심을 가졌는지 평가한다. • 겨울 준비의 하나인 김장하기에 관심을 기잘 수 있었는지 평가한다.

김 장

싱 싱 하 고 파 란 배 추 가 있 어 야 죠 -
싱 싱 하 고 빨 간 고 추 가 있 어 야 죠 -
싱 싱 하 고 하 면 마 늘 이 있 어 야 죠 -
배 추 고 추 마 늘 모 두 다 있 어 야 죠 -

15. 벌 집

활동목표	• 음악에 맞추어 기기, 구부리기, 날기, 걷기 등을 통해 벌의 움직임을 표현한다. • 다함께 활동하면서 차례를 지킬 수 있다.
활동자료	「벌집」 노래음악, 꿀벌 목걸이
활동방법	① 벌과 벌집그림을 보며 벌에 대한 이야기를 나눈다. - 벌의 생김새는 어떻게 생겼지? - 어떻게 움직일까? - 꿀벌이 하는 일은? - 어디서 살까? - 벌에 손을 대면 어떻게 될까? - 벌집 모양은 어떻게 생겼지? ② 꿀벌의 움직임을 신체로 표현한다. - 꿀벌은 어떻게 다닐까? - 꿀을 어떻게 운반할까? ③ 「벌집」 노래를 배운다. ④ 12명이 한 조가 된다. - 6명은 손을 잡고 원을 만들어 벌집을 만들자. - 6명은 벌이 되어 원 안에 등을 맞대고 모여 앉자. ⑤ 노래에 맞추어 활동한다. - 벌집은 손을 잡은 채 시계 반대 방향으로 둥글게 돈다. - 하나, 둘~ 할 때 멈추어 선다. ⑥ 이때 벌은 등을 맞대고 앉아 있는다. - 하나, 둘~ 소리를 들으면서 차례로 한 마리씩 기어나온다. - 한 문에 한 마리씩 기어나온다. ⑦ 2절의 윙윙노래에서 벌집은 손을 잡은 채 가만히 앉아 기다린다. - 벌들은 노래부르며 방 안을 자유롭게 날아다닌다. ⑧ 하나, 둘, 셋, 넷, 다섯, 여섯 : 벌집은 일어나서 두 팔을 들어 문을 연다. 벌은 차례로 한 문에 한 마리씩 들어가도록 한다.

평가	• 음악에 맞추어 기기, 구부리기, 날기, 걷기 등을 표현할 수 있는지 평가한다. • 다함께 활동하면서 차례를 지킬 수 있었는지 언어적 상호작용을 통해 평가한다.

벌 집

가볍게

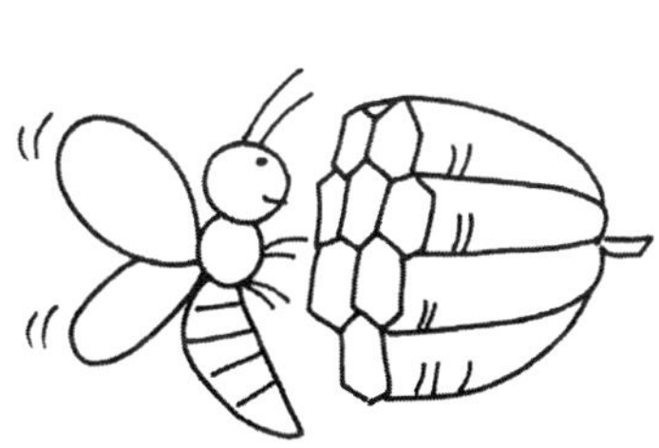

16. 달팽이집

활동목표	• 넓다, 좁다의 개념을 경험시킨다. • 리듬에 맞추어 즐겁게 움직인다. • 협동심을 기른다.
활동자료	「달팽이집」 가사판, 목걸이(리더)
활동방법	① 양 손을 잡고 동그라미를 만들도록 한다. ② 노래에 맞추어 한쪽 방향으로 돈다. – 점점 좁게, 점점 넓게 하는 부분에서 동그라미를 좁게, 넓게 만들어 본다. ③ 한 줄로 서서 리더가 앞장서면 따라 다닌다. ④ 대문을 만들어 대문놀이를 해 본다.
평가	• 넓다, 좁다의 개념을 경험할 수 있었는지 언어적 상호작용을 통해 평가한다. • 리듬에 맞추어 즐겁게 움직일 수 있었는지 언어적 상호작용을 통해 평가한다. • 협동심을 기를 수 있었는지 언어적 상호작용을 통해 평가한다.

달팽이집

점 점 넓 게 점 점 넓 게 달 - 팽 이 집 을
집 시 다 어 여 쁘 게 집 시 다

17. 둘이 살짝

활동목표	• 음정에 맞추어 정확히 노래 부른다. • 노랫말에 따라 동작을 한다.
활동자료	「둘이 살짝」 노래 가사판
활동방법	① 유아들과 노래를 배운다. ② 2열 원형으로 만들어 짝과 마주 보고 손을 잡는다. ③ 노랫말에 따라 동작을 붙여 본다.
평가	• 음정에 맞추어 정확히 노래 부를 수 있었는지 언어적 상호작용을 통해 평가한다. • 노래말에 따라 동작을 할 수 있었는지 언어적 상호작용을 통해 평가한다.

둘이 살짝

박 경 순 요
김 방 옥 곡

내 무 릎 치 고 네 어 깨 치 고 내 손 뼉 치 고 네 손 뼉 치 고
D. C.
내 무 릎 치 고 네 어 깨 치 고 내 손 뼉 치 고 네 손 뼉 치 고

18. 호키 포키

활동목표	• 왼쪽, 오른쪽을 안다. • 리듬에 맞추어 움직인다.
활동자료	「호키 포키」 음악
활동방법	① 유아들과 함께 신체 부분의 명칭을 익힌다. ② 오른손, 왼손을 알고 있는지, 오른발, 왼발을 알고 있는지 이야기를 나눈다. ③ 노랫말을 읽어 주며 동작을 붙여 본다. ④ 원을 만들어 서도록 한 후 노래를 부르면서 동작을 붙여 본다. ⑤ 다른 신체 명칭을 넣어서 다양하게 활동해 본다.
평가	• 왼쪽, 오른쪽을 알 수 있었는지 언어적 상호작용을 통해 평가한다. • 리듬에 맞추어 움직일 수 있었는지 언어적 상호작용을 통해 평가한다.

호키 포키(Hokey Pokey)

외 국 곡

19. 우리 모두 다같이

활동목표	• 노랫말에 따라 동작할 수 있다. • 음악에 맞추어 정확히 노래 부른다.
활동자료	「우리 모두 다같이」 노래 가사판
활동방법	① 노래에 맞추어 즐겁게 활동한다. – 손뼉을 : 손뼉치기 – 머리를 : 머리를 끄덕인다. 또는 '안녕하세요?'하고 인사를 한다. – 두 발을 : 두 발을 쿵쿵 구른다. ② 가사를 개사하여 활동한다.
평가	• 노랫말에 따라 동작할 수 있었는지 언어적 상호작용을 통해 평가한다. • 음악에 맞추어 정확히 노래 부를 수 있었는지 언어적 상호작용을 통해 평가한다.

우리 모두 다같이

20. 한 시골 농가에

활동목표	• 노랫말에 나오는 순서 배열을 이해하며 순서 개념을 익힌다. • 농촌의 생활에 대해 관심을 갖는다. • 이동하면서 홉핑스텝을 경험한다.
활동자료	「한 시골 농가에」 노래 가사판, 농부 모자
활동방법	① 다함께 노래를 배운다. ② 노랫말에 등장하는 7가지 역할의 순서를 기억하게 한다. ③ 원을 만들어 앉힌다. ④ 한 유아를 농부 아저씨로 지적한다. - 원 안에서 크게 홉핑하면서 원안을 돈다. ⑤ 한 바퀴 돌고나서 부인을 선택하여 함께 홉핑한다. - 부인을 선택하게 하고, - 그 부인이 아기를 선택, - 아기가 강아지를, - 강아지가 고양이를, - 고양이가 생쥐를, - 생쥐가 고구마를 선택하게 한다. ⑥ 7명이 되어 노래에 맞추어 홉핑을 하면서 돈다.
평가	• 노랫말에 나오는 순서 배열을 이해하며 순서 개념을 익혔는지 평가한다. • 농촌의 생활에 대해 관심을 가질 수 있었는지 언어적 상호작용을 통해 평가한다. • 이동하면서 홉핑스텝을 경험할 수 있었는지 언어적 상호작용을 통해 평가한다.

한 시골 농가에

미 국 민요
김 순세 편곡

너무 느리지 않게

제3장

전통놀이를 이용한 표현활동

1. 장구
2. 꽹과리
3. 북
4. 징
5. 소고
6. 세마치장단
7. 굿거리장단
8. 자진모리장단
9. 별달거리
10. DDR장단 판놀이
11. 동대문놀이
12. 여우야 여우야
13. 아리랑
14. 도라지 타령
15. 숫자풀이
16. 신나는 탈춤
17. 동래 학춤
18. 덩쿵덕

1. 장 구

<table>
<tr><td>활동목표</td><td>• 우리 고유의 악기인 장고에 관심을 가진다.
• 장고소리를 경험할 수 있다.</td></tr>
<tr><td>활동자료</td><td>장고, 열채, 궁글채, 장고집, 「아리랑」 음악
<table><tr><td>세마치</td><td>덩</td><td></td><td></td><td>덩</td><td></td><td>덕</td><td>쿵</td><td>덕</td><td></td></tr></table></td></tr>
<tr><td>활동방법</td><td>① 장구를 장구집 속에 넣어 무엇이 들어 있는지 생각해 보고 만져 보게 한다.
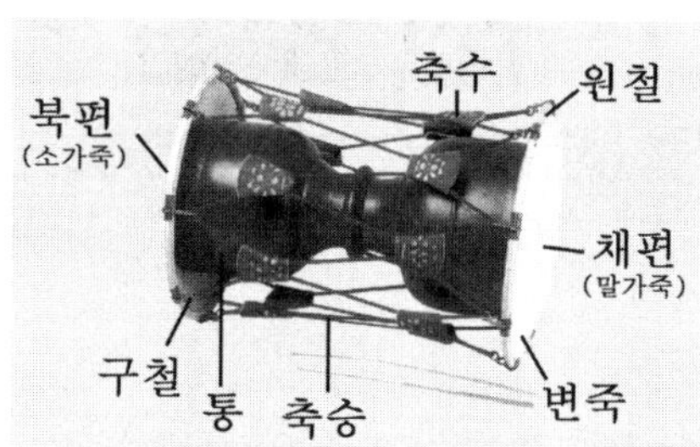

② 장구를 꺼내어 이름을 아는 유아가 있는지 물어 본다.

③ 장구의 사용법을 알려 준 후 쳐 보도록 한다.
- 장구는 어떻게 다루어야 할까?
- 장구의 오른쪽 왼쪽은?
- 장구채는 어떻게 사용할까?

④ 앉은 자세에 대하여 이야기 나눈다.
- 몸은 어느 방향으로 앉을까?
- 아빠 다리 할 수 있니?
- 왼쪽 무릎은 어떻게 해야 할까?
- 준비 자세에서 왼손은?
- 준비 자세에서 오른손은?</td></tr>
</table>

	⑤ 다함께 덩 소리 만들어 보자. - 쿵 소리는? - 덕 소리는? ⑥ 아리랑 노래를 부르면서 첫 박자 덩 소리만 계속 쳐 보자. ⑦ 이동할 때의 모습과 사용 후의 보관법에 대해 알려 준다.
평가	• 장고에 관심을 가질 수 있었는지 언어적 상호작용을 통해 평가한다. • 장고소리를 경험할 수 있었는지 언어적 상호작용을 통해 평가한다.

2. 꽹과리

<table>
<tr><td>활동목표</td><td>• 꽹과리의 소리를 경험한다.
• 국악기 꽹과리에 관심을 가진다.</td></tr>
<tr><td>활동자료</td><td>꽹과리, 꽹과리채
<table><tr><td>꽹과리</td><td>갠</td><td></td><td>지</td><td>갠</td><td></td><td>지</td><td>갠</td><td></td><td>지</td><td>개</td><td>갱</td><td></td></tr></table></td></tr>
<tr><td>활동방법</td><td>① 꽹과리를 직접 만져 보게 하고 무엇인지 이야기 나눈다.

② 꽹과리를 여러 방법으로 들려준 후 느낌을 이야기해 본다.
– “덩덩 덩덩 더더덩덩 덩 덩”
– “갠지갠지갠지개갱 개갱 갠지갠지개갱”
– “덩덩덩덩........ 덩”

③ 꽹과리를 치는 방법을 알려 준 후 유아들이 직접 쳐 보게 한다.
– 풍물놀이에서 가장 앞에서 치는 중요한 악기임을 이야기한다.
– 왼손으로 어떻게 꽹과리를 잡을까?
– 꽹과리채는 어떻게 잡을까?
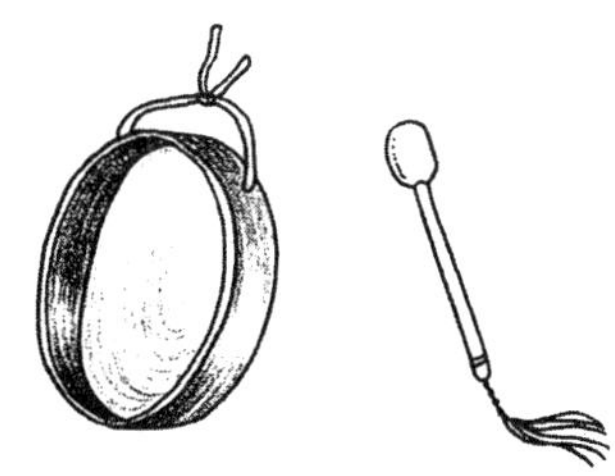

④ “갠지갠지갠지개갱 개갱 갠지갠지개갱”입장단을 익힌 후 꽹과리로 쳐 본다.

⑤ 꽹과리를 쳐 본 느낌에 대해 이야기 나눈다.

⑥ 사용 후의 보관법을 알려 준다.</td></tr>
<tr><td>평가</td><td>• 꽹과리의 소리를 경험할 수 있었는지 언어적 상호작용을 통해 평가한다.
• 국악기 꽹과리에 관심을 가질 수 있었는지 언어적 상호작용을 통해 평가한다.</td></tr>
</table>

3. 북

활동목표

- 북의 소리를 경험할 수 있다.
- 우리 악기인 북에 관심을 가진다.

활동자료

북, 북채, 「군밤 타령」 음악

활동방법

① 북을 직접 만져 보게 하고 무엇인지 이야기 나눈다.

② 북을 여러 방법으로 들려준 후 느낌을 이야기해 본다.

북	궁			궁			궁			따		
	궁			따			궁			따		

③ 북 치는 방법을 알려 준 후 유아들이 직접 쳐 보게 한다.
- 왼손으로 어떻게 북을 잡을까?
- 북채는 어떻게 잡을까?

④ 입장단을 익힌 후 북을 쳐 본다.
- "궁 궁 궁 따"
- "궁 따 궁 따"

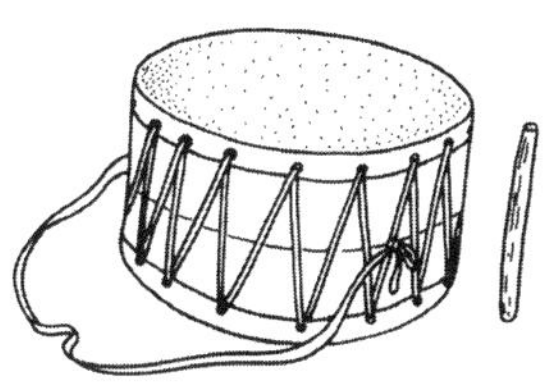

⑤ "군밤 타령" 음악에 맞추어 북을 친다.

⑥ 북을 쳐 본 느낌에 대해 이야기 나눈다.

⑦ 사용 후의 보관법을 알려 준다.

평가

- 북의 소리를 경험할 수 있었는지 언어적 상호작용을 통해 평가한다.
- 북에 관심을 가질 수 있었는지 언어적 상호작용을 통해 평가한다.

4. 징

활동목표

- 징의 소리를 경험할 수 있다.
- 우리 악기인 징에 관심을 가진다.

활동자료

징, 징채, 사물악기

활동방법

① 징을 보여 주면서 이야기를 나눈다.
- 본 적이 있니?
- 이름이 무얼까?

② 징소리를 여러 방법으로 들려준 후 느낌을 이야기해 본다.
- 징~~~
- 징~징~

③ 징을 치는 방법을 알려 준 후 직접 쳐 보게 한다.
- 왼손으로 어떻게 징을 잡을까?
- 징채는 어떻게 잡을까?

④ 징을 쳐본 느낌에 대해 이야기 나눈다.

⑤ 징과 다른 악기를 같이 연주해 본다.
- 자진모리장단을 연주해 볼까?
- 징은 어떤 친구가 해 볼까?
- 나머지는 장구 소리를 내어 보자.

장구	덩			덩			덩		덕	쿵	덕	
꽹과리	갠		지	갠		지	갠		지	개	갱	
북	궁			궁			궁			궁		
징	징											

	⑥ 사용 후의 보관법을 알려 준다. 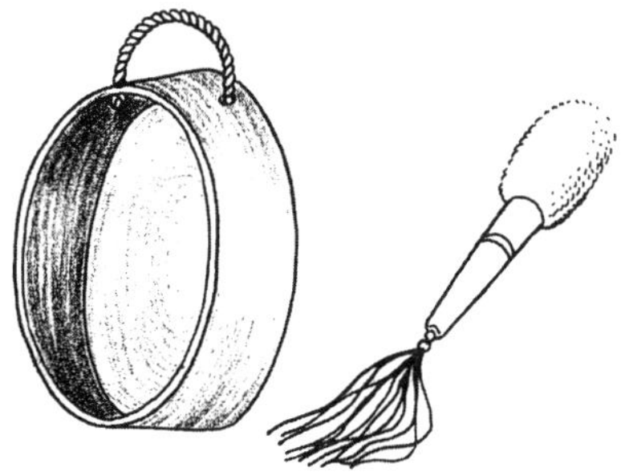
평가	• 징의 소리를 경험할 수 있었는지 언어적 상호작용을 통해 평가한다. • 우리 악기인 징에 관심을 가질 수 있었는지 언어적 상호작용을 통해 평가한다.

5. 소 고

활동목표	• 소고의 소리를 경험할 수 있다. • 우리 악기인 소고에 관심을 가진다.
활동자료	소고, 소고채
활동방법	① 소고를 보여주면서 이야기를 나눈다. - 본 적이 있니? - 이름이 무얼까? ② 소고를 여러 방법으로 들려준 후 느낌을 이야기해 본다. - 덩쿵쿵 덕 - 덩덕 - 덩(소고 주위를 한 바퀴 돌린다) 덩 ③ 소고 치는 방법을 알려 준 후 직접 쳐 보게 한다. - 왼손으로 어떻게 소고를 잡을까? - 소고채는 어떻게 잡을까? ④ 입장단을 익힌 후 소고를 쳐 본다. - "덩덕" - "덩(소고 주위를 한 바퀴 돌린다) 덩" - "덩 쿵 덩 쿵" - "덩(내 것 치고) 덕(옆 사람 치고)" ⑤ "군밤 타령" 음악에 맞추어 북을 친다. ⑥ 소고를 쳐 본 느낌에 대해 이야기 나눈다. ⑦ 사용 후의 보관법을 알려 준다. 
평가	• 소고 소리를 경험할 수 있었는지 언어적 상호작용을 통해 평가한다. • 우리 악기인 소고에 관심을 가질 수 있었는지 언어적 상호작용을 통해 평가한다.

6. 세마치장단

활동목표	• 세마치장단에 관심을 가진다. • 세마치장단 연주를 즐긴다.
활동자료	장구, 채, 악보 그림판, "도라지 타령" 음악
활동방법	(아래 참조)

활동방법

① 세마치장단은 우리 고유의 장단이라는 것을 알려 준다.
- 국악 장단에는 어떤 장단이 있을까?
- 자진모리보다 속도는 어떨까?

② 입장단을 통해 세마치장단을 익힌다.

세마치	덩			덩		덕	쿵	덕	

- 무릎을 이용하여 쳐 보면 어떨까?
- 앞 친구 등을 이용해 보자.

③ 장구를 이용하여 세마치장단을 단계적으로 쳐 보기로 한다.
- 첫 박자 덩 소리만 쳐 보자.
- 덩 덩 소리만 내어 보자.
- 덕쿵덕 소리만 내어 보자.
- 이제는 세마치장단을 제대로 쳐 보자.

④ 악보를 이용하여 이야기 나누기를 한 뒤 쳐 본다.

①　　　①　|　①　|
구음 : 덩　　　덩　덕　쿵　덕

⑤ "도라지 타령" 음악에 맞추어 세마치장단을 친다.

	⑥ 세마치장단을 쳐 본 느낌에 대해 이야기 나눈다. ⑦ 사용 후 악기 보관법을 알려 준다.
평가	• 세마치장단에 관심을 가질 수 있었는지 언어적 상호작용을 통해 평가한다. • 세마치장단 연주를 즐길 수 있었는지 언어적 상호작용을 통해 평가한다.

6. 세마치장단

<table>
<tr><th>활동목표</th><td>• 세마치장단에 관심을 가진다.
• 세마치장단 연주를 즐긴다.</td></tr>
<tr><th>활동자료</th><td>장구, 채, 악보 그림판, “도라지 타령” 음악</td></tr>
<tr><th>활동방법</th><td>
① 세마치장단은 우리 고유의 장단이라는 것을 알려 준다.
– 국악 장단에는 어떤 장단이 있을까?
– 자진모리보다 속도는 어떨까?

② 입장단을 통해 세마치장단을 익힌다.
<table><tr><td>세마치</td><td>덩</td><td></td><td></td><td>덩</td><td></td><td>덕</td><td>쿵</td><td>덕</td><td></td></tr></table>
– 무릎을 이용하여 쳐 보면 어떨까?
– 앞 친구 등을 이용해 보자.

③ 장구를 이용하여 세마치장단을 단계적으로 쳐 보기로 한다.
– 첫 박자 덩 소리만 쳐 보자.
– 덩 덩 소리만 내어 보자.
– 덕쿵덕 소리만 내어 보자.
– 이제는 세마치장단을 제대로 쳐 보자.

④ 악보를 이용하여 이야기 나누기를 한 뒤 쳐 본다.
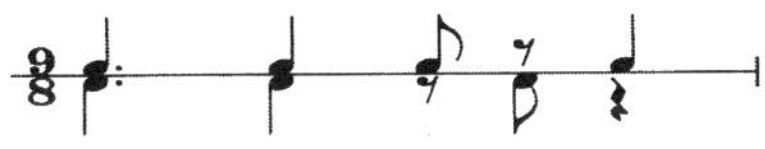
① ① | ① |
구음 : 덩 덩 덕 쿵 덕

⑤ “도라지 타령” 음악에 맞추어 세마치장단을 친다.
</td></tr>
</table>

	⑥ 세마치장단을 쳐 본 느낌에 대해 이야기 나눈다. ⑦ 사용 후 악기 보관법을 알려 준다.
평가	• 세마치장단에 관심을 가질 수 있었는지 언어적 상호작용을 통해 평가한다. • 세마치장단 연주를 즐길 수 있었는지 언어적 상호작용을 통해 평가한다.

7. 굿거리장단

<table>
<tr><th>활동목표</th><td>• 굿거리장단에 관심을 가진다.
• 굿거리장단 연주를 즐긴다.</td></tr>
<tr><th>활동자료</th><td>「학춤 동영상」, 장구, 장구채</td></tr>
<tr><th>활동방법</th><td>
① 굿거리장단으로 된 '학춤 동영상'을 보여 준다.

② '학춤 동영상'을 보고난 느낌과 내용에 대하여 이야기 나눈다.
- 어떤 느낌이 드니?
- 어떤 동물을 표현했을까?

③ 굿거리장단은 우리 고유 장단이라는 것을 알려 준다.
- 빠르기는 어떨까?

④ 입장단을 통해 굿거리장단을 익힌다.

<table><tr><th>굿거리장단</th><td>덩</td><td></td><td></td><td>덩</td><td></td><td></td><td>덩</td><td></td><td>덕</td><td>쿵</td><td>덕</td><td></td></tr></table>

- 무릎을 이용하여 쳐 보면 어떨까?
- 앞 친구 등을 이용해 보자.

③ 장구를 이용하여 굿거리장단을 단계적으로 쳐 보기로 한다.
- 첫 박자 덩과 세 번째 박자 덩 소리만 쳐 보자.
- 첫 박자 덩덩 세 번째 박자 덩덩 소리만 쳐 보자.
- 덩 덕쿵덕 소리만 내어 보자.
- 이제는 굿거리장단을 제대로 쳐 보자.

④ 악보를 이용하여 이야기 나누기를 한 뒤 쳐 본다.
</td></tr>
</table>

	 ① ㅣ ○ ㅣ ○ ㅣ ○ ㅣ 구음 : 덩 덕 쿵 덕 쿵 덕 쿵 덕 ⑤ 굿거리장단을 쳐 본 느낌에 대해 이야기 나눈다. ⑥ 사용 후 악기 보관법을 알려 준다.
평가	• 굿거리장단에 관심을 가질 수 있었는지 언어적 상호작용을 통해 평가한다. • 굿거리장단 연주를 즐길 수 있었는지 언어적 상호작용을 통해 평가한다.

8. 자진모리장단

활동목표

- 자진모리장단에 관심을 가진다.
- 자진모리장단 연주를 즐긴다.

활동자료

장구, 채

활동방법

① 자진모리장단은 우리 고유의 장단이라는 것을 알려 준다.
- 우리나라 전통 장단에는 세마치와 굿거리장단도 있음을 이야기한다.
- 자진모리장단의 빠르기는 어떨까?

② 입장단을 통해 자진모리장단을 익힌다.

자진모리	덩		덕	쿵	덕		쿵		덕	쿵	덕	

- 무릎을 이용하여 쳐보면 어떨까?
- 앞 친구 등을 이용해 보자.

③ 장구를 이용하여 자진모리장단을 단계적으로 쳐 본다.
- 첫 박자 덩 소리만 쳐 보자.
- 첫 박자 덩과 세 번째 쿵 소리만 쳐 보자.
- 덩 덕쿵덕 소리만 내어 보자.
- 쿵 덕쿵덕 소리만 내어 보자.
- 이제는 자진모리장단을 제대로 쳐 보자.

④ 악보를 이용하여 이야기 나누기를 한 뒤 쳐 본다.

① | ○ | ○ | ○ |
구음 : 덩 덕 쿵 덕 쿵 덕 쿵 덕

	⑤ 자진모리장단을 쳐 본 느낌에 대해 이야기 나눈다. ⑥ 사용 후 악기 보관법을 알려 준다.
평가	• 자진모리장단에 관심을 가질 수 있었는지 언어적 상호작용을 통해 평가한다. • 자진모리장단 연주를 즐길 수 있었는지 언어적 상호작용을 통해 평가한다.

9. 별달거리

활동목표	• 별달거리를 통해 휘모리장단을 경험한다. • 우리말 장단의 즐거움을 느낀다.
활동자료	「별달거리」 가사판, 장구, 장구채
활동방법	① 별달거리장단은 우리 고유의 장단이라는 것을 알려 준다. - 별달거리장단의 빠르기는 어떨까? - 왼손 넘겨치기는 어떻게 할까? ② 입장단을 통해 별달거리장단을 익힌다. [별달거리 | 덩덩쿵덕쿵 쿵덕쿵덕쿵덕쿵 쿵 덕쿵 쿵 덕쿵 쿵덕쿵덕쿵덕쿵] - 무릎을 이용하여 쳐 보면 어떨까? - 앞 친구 등을 이용해 보자. ③ 장구를 이용하여 별달거리장단을 단계적으로 쳐 본다. - "덩덩쿵덕쿵" 소리만 쳐 보자. - "쿵덕쿵덕쿵덕쿵" 소리만 쳐 보자. - "덩덩쿵덕쿵 쿵덕쿵덕쿵덕쿵" 을 연결해서 쳐 보자. - "쿵덕쿵 쿵덕쿵" 소리만 내어 보자. - 이제는 별달거리장단을 제대로 쳐 보자. ④ 별달거리의 노랫말을 익혀 본다. **별달거리** 하늘보고 별을 따고 땅을 보고 농사짓고 올해도 풍년이요 내년에도 풍년일세 달아달아 밝은 달아 대낮같이 밝은 달아 어둠속의 불빛이 우리네를 비춰주네

	⑤ 별달거리장단을 쳐 본 느낌에 대해 이야기 나눈다. – 노랫말 중 어느 부분이 재미있었니? – 별달거리 장단을 쳐 보니 어쨌니? ⑥ 사용 후 악기 보관법을 알려 준다.
평가	• 별달거리장단에 관심을 가질 수 있었는지 언어적 상호작용을 통해 평가한다. • 별달거리장단 연주를 즐길 수 있었는지 언어적 상호작용을 통해 평가한다.

10. DDR장단 판놀이

활동목표	• DDR판을 이용하여 우리의 장단에 관심을 가진다. • 장단을 즐겁게 익힐 수 있다.
활동자료	DDR장단 판
활동방법	① DDR장단 판을 보여주고 어떻게 사용하면 좋을지 물어 본다. - 신체를 이용해 장단의 기호를 익혀 보자. - 덩은 양 발로 뛰어 볼까? - 덕은 오른발로 뛰어 볼까? - 쿵은 어떤 발로 뛰면 좋을까? - 더러러러는 어떻게 뛸까? 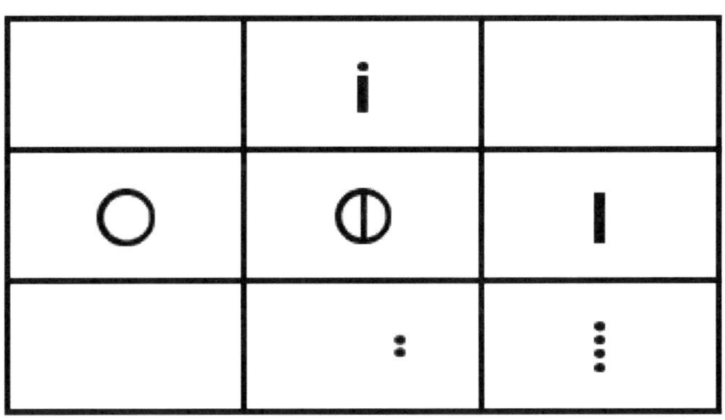 ② DDR장단 판을 이용하여 덩쿵덕 장단을 익혀 본다. - 덩 장단만 뛰어 보자. - 쿵덕은 어떻게 뛰어 볼까? - 덩 쿵 덕을 연결해서 뛰면? ③ 우리나라 장단에 맞추어 뛰어 본다. - 세마치장단에 맞추어 뛰어 보자.

	– 자진모리에 맞추어 뛰어 보자. ④ DDR장단 판을 하고 난 느낌을 이야기해 보게 한다. – 어떤 느낌이 드니? – 팀을 나누어서 할 수 있을까?
평가	• DDR판을 이용하여 우리의 장단에 관심을 가질 수 있었는지 평가한다. • 장단을 즐겁게 익힐 수 있었는지 언어적 상호작용을 통해 평가한다.

11. 동대문놀이

활동목표	• 신체활동을 통해 긴장감을 해소한다. • 친구와 협력하여 활동에 참여한다.
활동자료	동대문 그림자료, 노래 가사판
활동방법	① 동대문 그림자료를 보며 이야기한다. – 동대문을 본 적이 있니? – 동대문은 어떻게 생겼니? – 왜 동대문을 만들었을까? – 문지기는 어떤 사람일까? ② 노랫말의 가사를 함께 읽어 보고 다함께 노래를 들어 본다. 동 대 문  ③ 동대문놀이에 대하여 이야기를 나눈다. – 동대문놀이를 해 본 적 있니? – 누가 필요할까? – 문지기가 하는 역할은? – 몇 명을 문지기로 정할까? – 나머지 친구들은 어떻게 할까?

	- 노래가 끝나면 문지기는 어떻게 해야 하지?   ④ 노래에 맞추어 함께 해 본다. ⑤ 동대문놀이를 하고 난 후의 느낌에 대해 이야기 나눈다. - 문지기 역할은 쉽게 할 수 있었니? - 어떤 동작이 가장 재미있었지? - 협동심을 잘 발휘할 수 있었니?
평가	• 신체활동을 통해 긴장감을 해소할 수 있었는지 평가한다. • 친구와 협력하여 활동에 참여할 수 있었는지 언어적 상호작용을 통해 평가한다.

12. 여우야 여우야

활동목표	• 전래동요를 즐겁게 부른다. • 전래동요의 노랫말을 바꾸어 부를 수 있다.
활동자료	「여우야 여우야」가사판, 녹음기, 테이프, 노랫말 악보, 여우 머리띠
활동방법	① 노래를 들어 본 경험이나 노래를 부를 수 있는지 물어 본다. ② "여우야 여우야" 노랫말을 읽어 보고 다함께 불러 본다. ③ 놀이할 장소를 정한다. ④ 술래를 정한다. – 어떤 방법으로 술래를 정할까? – 술래가 하는 역할은 무엇일까? ⑤ 두 편으로 나누어 놀이를 시작한다. – 여우는 머리띠를 쓰고 누워 보자. – '살았다' 할 때는 친구들을 잡을 수 있다. – 잡힌 친구는 다시 술래가 된다. ⑥ 노랫말에 익숙해지면 노랫말을 바꾸어 불러 본다. – 잠잔다 → 옷 입는다, 노래한다, 춤춘다, 뛰어 간다 등
평가	• 전래동요를 즐겁게 부를 수 있었는지 언어적 상호작용을 통해 평가한다. • 전래동요의 노랫말을 바꾸어 부를 수 있는지 언어적 상호작용을 통해 평가한다.

여우야 여우야 뭐하니

(다같이)
한 고 개 넘 어 갔 다 아 이 고 다 리 야 두 고 개 넘 어 갔 다 아 이 고 다 리 야
(다같이) (술래) (다같이)
여 우 야 여 우 야 뭐 하 — 니 잠 잔 — 다 잠 꾸 러 — 기
(술래) (다같이)
여 우 야 여 우 야 뭐 하 — 니 세 수 한 — 다 멋 쟁 — 이
(술래) (다같이)
여 우 야 여 우 야 뭐 하 — 니 밥 먹 는 — 다 무 슨 반 — 찬
(술래) (다같이) (술래) (술래)
개 구 리 반 찬 죽 었 니 살 았 니 죽 었 다 살 았 다

13. 아 리 랑

활동목표	• 우리나라 민요를 불러 보고 우리 춤에 관심을 가진다. • 우리나라 춤의 아름다움을 느낀다.
활동자료	「아리랑」 노래 악보, 녹음기 테이프
활동방법	① 자유선택활동 시간에 들었던 노래의 느낌을 이야기해 본다. ② 노래를 다시 들은 후 '음' (라)로 불러 본다. – 세마치장단에 맞추어 옆 사람과 손뼉을 쳐 볼까? – O : 무릎, X : 손뼉 → O X X – X : 내 손뼉, X′ : 친구손뼉 → X X′ X′ ③ 노랫말을 불러 본다. ④ 제자리에 서서 오른손 배꼽 앞, 왼손 배꼽 뒤로 한다.   – 노래가 시작하면 옆으로 손을 벌려 반대로 오므린다. ⑤ 노래를 더 재미있게 부르기 위해 어떤 동작을 해 보면 좋을지 물어 본다. – 다른 동작은 어떤 것이 있을까? – 어떤 도구를 가지고 춤을 춰 볼까?

	⑥ 노래를 불러 본 후의 느낌을 물어 본다. – 어떤 동작이 가장 재미있었지? – 어떤 느낌이 드니?
평가	• 우리나라 민요를 불러 보고 우리 춤에 관심을 가질 수 있는지 평가한다. • 우리나라 춤의 아름다움을 느낄 수 있는지 언어적 상호작용을 통해 평가한다.

아 리 랑

세마치

14. 도라지 타령

활동목표	• 우리나라 민요를 들음으로써 국악에 친숙해진다. • 도구를 이용하여 대근육 활동을 한다.
활동자료	「도라지 타령」 음악, 꽃, 녹음기
활동방법	① 「도라지 타령」을 들려준다. ② 도라지 타령 노래를 부를 수 있는 유아가 있는지 물어 본다. ③ 꽃을 나누어 준 뒤 음악에 맞추어 춤을 춰 본다. – 왼쪽 허리에서 꽃을 들고 준비자세 해 보자.  – 왼손은 허리, 꽃을 든 오른손은 오른쪽, 왼쪽으로 흔들어 보자.   

	- 양 손을 오른쪽, 왼쪽으로 흔들어 보자. - 위의 동작을 반복해서 해 보자. ④ 도라지 타령을 들은 후의 느낌을 이야기 나눈다. - 소품을 들고 하니 어떤 기분이 들지? - 어떤 동작이 가장 재미있었지? ⑤ 외국의 민요곡을 들려주고 우리나라 민요곡과 비교하여 느낌을 이야기한다.
평가	• 우리나라 민요와 친숙해 질 수 있었는지 언어적 상호작용을 통해 평가한다. • 도구를 이용하여 활동을 잘 할 수 있었는지 언어적 상호작용을 통해 평가한다.

15. 숫자풀이

활동목표	• 전래동요를 부르며 우리말의 정겨움을 느낀다. • 1~10까지의 수를 안다.
활동자료	「숫자풀이」가사판, 동요 테이프, 녹음기

활동방법

① 「숫자풀이」를 동요를 들려준다.

② 「숫자풀이」 노래를 부른다.

③ 느낌을 신체로 표현해 본다.
- 숫자가 점점 어떻게 되고 있니?

번호	가사	동작	설명
1	하나 하면 할머니가 지팡이를 짚는다고 잘 잘잘		메는 사위를 한 후 지팡이 짚고 박수 3번
2	둘 하면 두부장수 두부를 판다고 잘잘잘		메는 사위를 한 후 종을 흔들고 박수 3번
3	셋 하면 새색시가 거울을 본다고 잘잘잘		메는 사위를 한 후 거울을 본 다음 박수 3번
4	넷 하면 냇가에서 빨래를 한다고 잘잘잘		메는 사위를 한 후 빨래를 한 다음 박수 3번
5	다섯 하면 다람쥐가 알밤을 깐다고 잘잘잘		메는 사위를 한 후 알밥 깐 다음 다음 박수 3번

6	여섯 하면 여학생이 공부를 한다고 잘잘잘		메는 사위를 한 후 공부한 다음 다음 박수 3번
7	일곱 하면 일꾼들이 나무를 팬다고 잘잘잘		메는 사위를 한 후 나무 팬 다음 다음 박수 3번
8	여덟 하면 엿장수가 깨엿을 판다고 잘잘잘		메는 사위를 한 후 가위질 한 다음 박수 3번
9	아홉 하면 아버지가 장보러 간다고 잘잘잘		메는 사위를 한 후 걷는 흉내 다음 박수 3번

평가	• 전래동요를 부르며 우리말의 정겨움을 느낄 수 있었는지 평가한다. • 1~10까지의 수를 셀 수 있었는지 언어적 상호작용을 통해 평가한다.

16. 신나는 탈춤

<table>
<tr><td>활동목표</td><td>• 한삼을 이용하여 탈춤을 출 수 있다.
• 국악동요에 맞추어 탈춤 추는 경험을 한다.</td></tr>
<tr><td>활동자료</td><td>「탈춤놀이」CD(2000년 국악동요제), 탈, 한삼, 플래시 자료(교육인적자원부)</td></tr>
<tr><td>활동방법</td><td>① 탈춤 플래시 자료를 보며 이야기 나눈다.
- 어떤 동작이 있었지?
- 어떤 동작이 가장 마음에 드니?
② 탈과 한삼에 대해 이야기 나눈다.
- 탈춤을 출 때 무엇이 필요할까?
- 어떤 탈을 쓰고 싶니?
③ 탈을 쓰고 「탈춤놀이」음악에 맞추어 탈춤을 춘다.

④ 탈춤을 추고 난 느낌을 물어 본다.
- 어떤 동작이 가장 재미있었지?
- 어떤 동작이 가장 힘들었지?</td></tr>
<tr><td>평가</td><td>• 한삼을 이용하여 탈춤을 출 수 있었는지 언어적 상호작용을 통해 평가한다.
• 국악동요에 맞춰 탈춤을 잘 출 수 있었는지 언어적 상호작용을 통해 평가한다.</td></tr>
</table>

17. 동래 학춤

<table>
<tr><td>활동목표</td><td>• 우리 부산 전통의 춤이 있음을 안다.
• 우리나라 춤의 아름다움을 느낀다.</td></tr>
<tr><td>활동자료</td><td>「동래 학춤」비디오 테이프</td></tr>
<tr><td>활동방법</td><td>① 「동래 학춤」비디오 동영상을 보며 이야기 나눈다.
- 이런 춤을 본 적이 있니?
- 춤을 추는 사람들이 몸을 어떻게 움직였니?
- 어떤 동작이 가장 기억에 남지?

② 본 경험을 신체로 표현해 보게 한다.

③ 음악에 맞추어 춤을 추어 보게 한다.

④ 우리 부산 전통의 춤에 '동래 학춤'이 있음을 알려 준다.
- 부산 동래 지역의 땅 모양이 '학' 모양을 하고 있음을 알게 한다.

⑤ 탈춤을 추고 난 느낌을 물어 본다.
- 어떤 동작이 가장 재미있었지?
- 어떤 동작이 가장 힘들었지?</td></tr>
<tr><td>평가</td><td>• 부산 전통의 춤이 있음을 알 수 있었는지 언어적 상호작용을 통해 평가한다.
• 우리나라 춤의 아름다움을 느낄 수 있었는지 언어적 상호작용을 통해 평가한다.</td></tr>
</table>

18. 덩 쿵 덕

활동목표	• 국악을 연주하면서 우리의 음악에 대해 친숙해진다. • 장단을 연주해 봄으로써 즐거움을 느낀다.
활동자료	장구, 장구채, 「쿵 이랍니다」 가사판

활동방법

① 「털보 영감님」 노래를 불러 준다.
- 노래에 맞추어 손유희를 해 보자.

② 개사한 그림판을 제시하며 다시 불러 준다.

번호	가사	동작	설명
1	쿵쿵쿵쿵 쿵 이랍니다		장구의 궁편을 친다.
2	덕덕덕덕 덕 이랍니다		장구의 채편을 친다.
3	덩덩덩덩 덩 이랍니다		장구의 채편과 궁편을 함께 친다.
4	쿵쿵쿵쿵 넘겨칩니다		장구의 채편을 궁채로 친다.

5	덩덩덩덩 신나게 쳐요		③번 동작 반복
6	쿵덕쿵덕쿵덕 쿵덕덩덩덩		궁편과 채편을 번갈아 가며 친 후 양 손을 3번 친다.

③ "쿵이랍니다" 장구을 치고 난 느낌을 물어 본다.
- 어떤 동작이 가장 재미있었지?
- 어떤 동작이 가장 힘들었지?

평가	• 국악을 연주하면서 우리의 음악에 대해 친숙해졌는지 평가한다. • 장단을 연주함으로써 즐거움을 느낄 수 있었는지 평가한다.

부 록

1. 유아동작교육 모의수업안 예시
2. 관찰기록 양식

1. 유아동작교육 모의수업안 예시

(1) 그림책을 활용한 신체표현

<table>
<tr><td>활 동 명</td><td>나는야 팝콘</td><td>활동
유형</td><td>소집단</td><td>활동
영역</td><td>신체</td><td>연령</td><td>만 3세</td></tr>
<tr><td>생활주제</td><td>건강과 안전</td><td>주제</td><td>즐거운 운동과
휴식</td><td>소주제</td><td>적절하게
운동하기</td><td>활동
일시</td><td></td></tr>
<tr><td>활동목표</td><td colspan="7">• 크고 작음, 높고 낮음을 신체로 표현할 수 있다.
• 팝콘의 특성에 대해 알고 노래에 맞춰 여러 가지 팝콘의 모습을 표현할 수 있다.</td></tr>
<tr><td>교육과정
구성요소</td><td colspan="7">• 건강생활 : 나의 몸 움직이기 – 이동하며 움직이기
• 표현생활 : 예술적 표현 즐기기 – 움직임과 춤으로 표현하기
• 사회생활 : 이웃과 더불어 생활하기 – 질서와 규칙지키기</td></tr>
<tr><td>활동방법</td><td colspan="7">활 동 내 용</td></tr>
<tr><td>사전
활동</td><td colspan="7">【 인형극 –「팝콘 공룡」】
꾸러기 동화극「팝콘 공룡」
책으로 나와 있는 내용이지만, 글과 그림이 아닌 실제로의 움직임을 통해 팝콘 공룡의 동화극을 보면 책만으로써 아이들에게 동기유발을 하는 것보다 아이들이 더 흥미롭게 받아들일 것 같다. 보통 백화점 문화센터 등에서 그림자나 인형을 가지고 극을 하며, 지난 2010년 3월 11일 부산에서도 공연이 있었다.</td></tr>
<tr><td>활동자료</td><td colspan="7"> 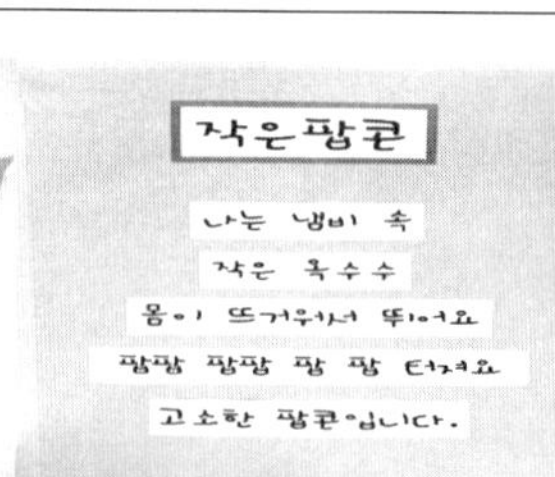 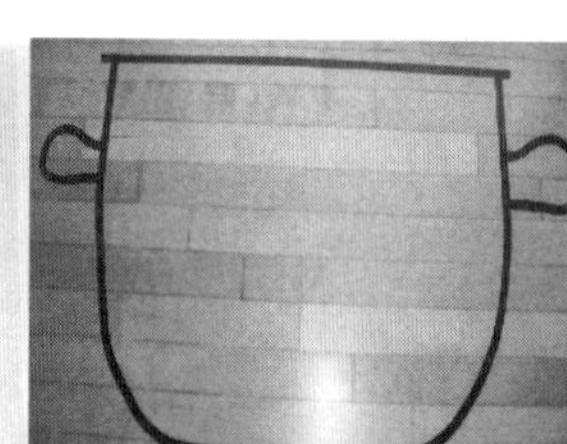
동화책「팝콘 공룡」, 옥수수 모형, 냄비, 팝콘, 노래 가사판, 색테이프</td></tr>
</table>

<table>
<tr>
<td>본시활동
(20분)

도입
동기유발</td>
<td>

① 손유희를 통해 아이들을 집중시킨다.

> 예쁜 다리 예쁜 손~
허리 쭉~ 어깨 쫙~
두 눈은 반짝~
두 귀는 쫑긋~
집중의 박수 짝! 짝! 짝!

② 오늘 할 활동에 대해 이야기를 나누어 본다.

- 어제 우리가 어디에 갔었죠?
- 거기서 무엇에 대해 보았어요?
- 어제 보았던 「팝콘 공룡」 인형극을 책으로 다시 읽어 줄꺼예요.
  선생님께서 읽어 주시는 동화 예쁘게 잘 들어 봅시다.

【 동화책 - 「팝콘 공룡」 】
옥수수를 튀겨내는 아기 공룡 덱스터의 재미있는 이야기이다. 푸른 색깔이 나는 매끈한 몸과 길고 꼬불꼬불한 꼬리가 달린 주인공 덱스터는 다른 공룡들처럼 화가 나거나 흥분할 때 입에서 불꽃을 뿜어대곤 한다. 이런 것이 신기해서 여러 동물 친구들도 덱스터의 불꽃 뿜는 법을 배우고 싶어한다.

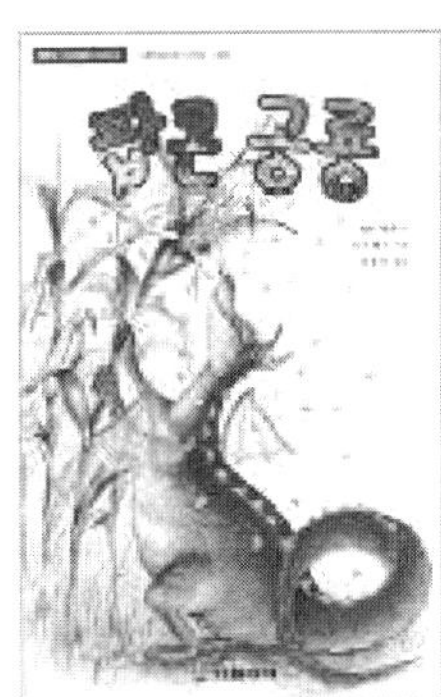

저자: 제인 데여 / 역자: 이경우 / 출판사: 다음세대

③ 「팝콘 공룡」 동화책을 읽어 주고 아이들과 함께 이야기 나누기를 한다.

- 책 속에 누가 나오나요?
- 덱스터가 무엇을 만들어 내나요?
- 덱스터가 만들어 내는 팝콘은 어떤 모양으로 생겼을까요?
- 그 팝콘은 무엇으로 만들어졌을까요?

</td>
</tr>
</table>

<table>
<tr><td></td><td>– 팝콘은 작은 옥수수 알맹이었어요. 그런 팝콘이 따뜻한 곳에서 오랜 시간 있다 보면 점점점~ 몸이 커진데요~
(만들어 둔 옥수수 모형과 냄비, 팝콘모형을 이용해 팝콘이 만들어진 과정을 보여 준다.)
– 친구들도 옥수수 알맹이와 팝콘이 되어 볼까요?</td></tr>
<tr><td>전개</td><td>① '작은 팝콘'이라는 노래를 들려준다.
– 선생님이 작은 팝콘이라는 노래를 불러 볼꺼예요~
귀를 쫑긋 세우고 잘 들어 보세요~
(반주 없이 노래를 먼저 불러 주고 반주와 함께 노래를 불러 준다.

작은 팝콘

② '작은 팝콘' 노래에 맞추어 움직여 본다.
– 냄비 속에서 작은 옥수수가 팝콘이 되기 위해 어떤 모양으로 기다리고 있을까?
– 뜨거운 냄비 속에서 팝콘이 되기 위해 어떻게 움직일까?
– 또 어떻게 표현할 수 있을까?
– 뜨거우면 옥수수는 어떻게 움직일까?
– 팝콘이 되었을 때 어떤 모양일까?

< 작은 팝콘 >

나는 냄비 속 (양 손의 엄마 손가락을 사용해 냄비를 그린다.)
작은 옥수수 (무릎과 팔을 굽혀 몸을 최대한 작게 만들어 쪼그리고 앉는다.)
몸이 뜨거워서 튀어요 (양 팔을 쭉 펴고 일어서서 제자리에서 뛴다.)
팝팝 팝팝 팝 팝 터져요 (양 팔을 쭉 펴고 자리를 이동하면서 뛴다.)
고소한 팝콘입니다 (움직임을 멈추고 제자리로 돌아와 예쁜 포즈를 취한다.)</td></tr>
</table>

	③ 색테이프로 바닥에 범위표시를 해 준다. – 팝콘이 됨을 느낄 수 있도록 냄비모양으로 범위 표시를 한다. – 큰 냄비일 때는 어떻게 움직일까? – 작은 냄비일 때는 어떻게 움직일까? – 팝콘의 양 조절은 어떻게 해야 할까?
마무리	① 움직임 활동을 마치고 다시 모임자리에 앉는다. – 무엇에 대해서 알아보았어요? – 옥수수 알맹이가 어떻게 팝콘이 되었지? – 움직임으로 표현한 것 중 어떤 동작이 가장 재미있었나요? – 어떤 동작이 가장 표현하기 힘들었나요? – 오늘 간식은 선생님께서 팝콘을 줄꺼예요. – 팝콘친구 만나기 위해 손 깨끗이 씻고 자기 자리에 앉아서 예쁘게 기다려 봐요.
유의점	• 동화를 읽어 줄 때 생동감 있게 읽어 준다. • 글을 모르는 아이들이 있으므로 노래 가사를 또박또박하게 여러 번 발음해 준다. • 움직임 표현을 잘 하지 못하는 유아는 잘 할 수 있도록 개별적으로 지도해 준다. • 팔을 뻗거나 뛸 때 서로 부딪히지 않도록 사전에 주의를 준다. • 뛰는 동작을 할 때 무릎을 구부려서 뛰어야 한다는 것을 알려 준다.
평가	• 크고 작음, 높고 낮음을 신체로 표현할 수 있었는지 언어적 상호작용을 통해 평가한다. • 팝콘의 특성에 대해 알고 노래에 맞춰 여러 가지 팝콘의 모습을 표현할 수 있었는지 평가한다.
확장활동	【 탐구 – 사물과 현상에 지속적인 관심 가지기 】 • 옥수수가 팝콘 외에도 될 수 있는 모습 알아본다. 【 조형 – 나무 열매 꾸미기 】 • 팝콘을 가지고 나무의 열매꾸미기 활동을 할 수 있다.

(2) 매체유형에 따른 신체표현

활 동 명	나는 작고 뚱뚱한 주전자	활동 유형	소집단	활동 영역	음률	연령	만 5세
생활주제	생활 도구	주제	다양한 생활 도구	소주제	생활 도구 쓰임새 알아 보기	활동 일시	
활동목표	• 주전자에 관심을 가진다. • 신체를 활용하여 표현하는 과정을 즐길 수 있다. • 신체표현을 통해 창의성을 기를 수 있다.						
교육과정 구성요소	• 언어생활 : 듣기 – 문학 작품 즐겨 듣기 • 건강생활 : 나의 몸 움직이기 – 이동하며 움직이기 • 표현생활 : 예술적 표현 즐기기 – 창의적인 표현과정 즐기기						
활동방법	활 동 내 용						
사전 활동	【「주전자」 플래시 동화를 들려준다. 】  〈 플래시 동화 출처 〉 Daum 카페 '꾸러기나라(소설/유머공포/게임) – http://cafe.daum.net/jjc00799						

활동자료	「주전자」 플래시 동화, '주전자' 동요 CD, 노래 가사판
본시활동 (20분) 도입 동기유발	① 손유희로 유아들을 주의 집중시킨다. 엄마별이 올라갑니다. 반짝 아빠별이 올라갑니다. 반짝 하늘에서 만났습니다. 천천히 내려옵니다. 머리에서 쉬어 갈까? 싫어 싫어 너무 높잖아~ 어깨에서 쉬어 갈까? 싫어 싫어 너무 미끄럽잖아~ 배꼽에서 쉬어 갈까? 싫어 싫어 너무 간지럽잖아~ 엉덩이에서 쉬어 갈까? 싫어 싫어 너무 냄새나잖아~ 무릎에서 쉬어 갈까? 좋아 좋아~ ② 주전자에 대한 수수께끼를 낸다. – 내가 누구인지 알아맞혀 보세요. – 나는 뚜껑이 있어요. – 나는 주둥이도 있고, 손잡이도 있어요. – 나는 뜨거운 것을 견딜 수 있어요. – 나는 물을 끓일 때 필요해요. – 나는 무엇일까요? – 딩동댕~♬ 나는 주전자에요(주전자를 함께 제시한다).
전개	① 플래시 동화를 다시 한 번 들려주고, 동화 내용을 동작으로 표현해 보도록 한다. – 동화 속에서 누구를 만날 수 있었나요? – 동화 속 주전자들은 무엇을 하고 있었나요? – 주전자가 모자를 벗으며 "안녕" 인사하는 부분을 어떻게 표현할 수 있을까요? – 또 다른 표현 방법은 없을까? – 보글보글 끓는 주전자의 모습은 어떻게 표현할 수 있나요? – 동작을 조금 더 작게 표현해 보는 것은 어떨까? – 갸우뚱해서 물을 따르는 주전자의 모습은 어떻게 표현해 보는 게 좋을까? – ㅁㅁ이가 갸우뚱해서 물을 따르는 주전자의 모습을 잘 표현해 주고 있구나~ 친구들 앞에서 다시 한 번 보여줄 수 있겠니? ② 동요 '주전자'를 들려주고, 노래를 따라 불러 보도록 한다. – 여러분 '주전자'라는 동요 들어 본 적 있어요? – 어떻게 들었어요? – 동요 '주전자'를 들어 보도록 해요.

- 앞의 가사판을 보고 노래를 따라 불러 보도록 해요.

주전자

이순례 요
외국 곡

③ 노래에 맞춰 동작을 표현해보도록 한다.

- 노래에 맞춰 동작을 표현해 보는 건 어떨까요?
- 우리 모두 주전자가 되어 보아요.

< 주전자 >

나는 작고 뚱뚱한 주전자(주먹 쥐고 엄지 펴서 가슴을 가리킨 후 몸을 흔든다).
손잡이 있고(오른손을 허리에 댄다)

<table>
<tr><td></td><td>주둥이 있죠(왼팔은 주둥이를 만든다).
부글부글 물이 끓으면(앞의 동작을 유지하며 어깨를 상하로 흔든다.)
쪽 기울여 따라 주세요(주둥이 쪽으로 몸을 기울여 물을 따라 주듯이 한다).

– 뚱뚱한 주전자가 아닌 날씬한 주전자가 되어 보는 건 어때요?
노래에 맞춰 각자 날씬한 주전자를 표현해 보아요.
– '부글부글 물이 끓으면'에서 몸을 작게 흔들어 끓는 주전자가 되어 보아요.
– 부끄러움을 타는 주전자는 어떻게 표현해 볼 수 있을까요?
노래에 맞춰 표현해 볼까요?
– 이번에는 어떤 주전자가 되어 볼까요?</td></tr>
<tr><td>마무리</td><td>① 모두 숨을 고르고 제자리에 앉게 하며, 활동을 끝낸 느낌에 대해 이야기를 나눈다.
– 오늘 주전자가 되어 보았는데 어떤 기분이 들었어요?
– 어떤 점이 재미있었어요?
– 또 다른 재미있었던 점은 없어요?
– 어떤 점이 어려웠어요?
– 또 다른 힘들었던 점은 없어요?
– 그런 점이 힘들었구나. 다음 시간에는 그 점을 신경 써 활동을 하도록 하자.

② 휴식활동으로 자연스럽게 전이하도록 한다.
– 몸을 신나게 흔들었더니 피곤하지 않아요?
– 이제 잠깐 쉬도록 할 건데, 쉬기 전에 무엇을 가장 먼저 해야 할까요?
– 오늘은 노란색 옷을 입은 친구가 먼저 손을 씻도록 해요.
– 파마한 친구 먼저 손을 씻도록 해요.
– 이씨 성을 가진 친구 먼저 손을 씻도록 해요.</td></tr>
<tr><td>유의점</td><td>• 교사와 유아는 자유로운 활동을 위해 간편한 복장을 한다.
• 유아가 다치지 않도록 주변의 장애물들을 치워 준다.
• 유아들이 어떤 위치에 몰려 있도록 하지 말고 서로 부딪히지 않도록 한다.
• 교사는 동작표현에 대한 특별한 지시나 필요 이상의 설명을 하지 않는다.</td></tr>
<tr><td>평가</td><td>• 주전자에 관심을 가질 수 있었는지 언어적 상호작용을 통해 평가한다.
• 신체를 활용하여 표현하는 과정을 즐길 수 있었는지 언어적 상호작용을 통해 평가한다.
• 신체표현을 통해 창의성을 기를 수 있었는지 언어적 상호작용을 통해 평가한다.</td></tr>
<tr><td>확장활동</td><td>【 조형 – 주전자 만들기 】
• 주전자 만들기 활동을 해 볼 수 있다.</td></tr>
</table>

	【 언어 - 역할놀이 】 • 역할놀이 영역에서 주전자 가게놀이를 할 수 있다.
	【 탐구 - 그림자 알아맞히기 】 • 주전자를 포함한 사물의 그림자 카드를 이용하여 그림자 알아맞히기를 할 수 있다.

(3) 소도구(스카프)를 활용한 신체표현

활 동 명	시원한 가을바람	활동 유형	대집단	활동 영역	신체표현	연령	만 5세
생활주제	봄 · 여름 · 가을 · 겨울	주제	가을	소주제	가을 날씨 알기	활동 일시	
활동목표	• 가을바람의 느낌을 몸으로 표현할 수 있다. • 가을바람의 세기를 표현할 수 있다.						
교육과정 구성요소	• 건강생활 : 나의 몸 움직이기 - 이동하며 움직이기 • 표현생활 : 예술적 표현 즐기기 - 움직임과 춤으로 표현하기						
활동방법	활 동 내 용						
사전 활동	【 새노래 배우기 - 가을바람 】 • 「가을바람」 노래를 자유 활동시간에 들려 주며 이야기를 나눈다. 가을바람 김규환 작사 김규환 작곡 						
활동자료	「가을바람」 가사판, 스카프						
본시활동	① 스카프를 나누어 주며 탐색해 본다.						

(20분) 도입 동기유발	– 이것을 본 적이 있니? – 언제 보았니? – 이것은 언제 사용하는 것일까? – 이것의 이름은 무엇일까? ② 예비활동을 한다. 흔들 흔들 흔들 그만~ 나풀 나풀 나풀 그만~ 휘이익 휘이익 그만~ 슈웅 슈웅 슈웅 그만~
전개	① 가을바람의 움직임을 생각해 본다. – 가을바람은 어떻게 불어 올까? – 어떤 소리를 낼까? – 가을바람이 단풍잎과 부딪히면 어떻게 될까? – 가을바람이 부딪히는 것을 소리로 나타낸다면 어떨까? – 가을바람을 몸으로 표현한다면 어떻게 표현할 수 있을까? ② 스카프를 이용하여 가을바람을 표현해 본다. – 스카프가 가을바람이라고 생각해 보자. – 가을바람이 어떻게 움직일까? – 아주 센 바람이 불어 온다면 어떻게 움직일까? – 가을바람이 살랑살랑 불오 온다면 어떻게 움직일까? – 가을바람이 은행잎과 부딪혔단다. 어떻게 표현해 볼까? ③ '가을산책' 내용을 듣고 스카프로 움직여 본다. < 가을산책 > 시골길을 산책해 볼까요? 시골길은 차를 타고 갈 수 없지요. 걸어야 되요. 돌이 많은 길이거든요. 쉿! 조용히 하고 다람쥐가 재잘대는 소리를 들어 보세요. 다람쥐가 어디 있지? 저기 있네요, 나무 꼭대기예요! 서늘한 바람이 불기 시작하네요. 어깨가 움츠러들고 조금 떨리기도 하지요. 바람이 내 주위에서 맴돌아요.

	주위의 나뭇가지들이 바람에 흔들리는 모습, 그리고 우수수 낙엽이 떨어지는 모습을 보세요. 바람이 우리 귓가에서 윙윙대는 노래를 들어 봐요. ④「가을바람」 노래를 부르며 신체표현을 해 본다.
마무리	① 활동을 한 후 느낌에 대해 이야기 나눈다. – 스카프를 이용해 가을바람이 되어 보니 기분이 어떠 했니? – 가장 재미있었던(어려웠던) 점은 무엇이니? – 스카프 외에 무엇으로 가을바람을 표현해 볼 수 있을까? – 가장 재미있게 표현한 친구는 누구였지?
유의점	• 유아들이 자유롭게 신체표현을 할 수 있도록 충분한 공간을 마련하여 준다. • 다양하게 신체로 표현할 수 있도록 격려해 주어야 한다.
평가	• 가을바람의 느낌을 몸으로 표현할 수 있었는지 언어적 상호작용을 통해 평가한다. • 가을바람의 세기를 표현할 수 있었는지 언어적 상호작용을 통해 평가한다.
확장활동	【 탐구 – 구름관찰하기 】 • 구름 그림 자료를 보며 이야기 나누기를 한다. 【 조형 – 바람개비 만들기 】 • 아름다운 색지를 이용하여 바람개비를 만들어 본다.

(4) 게임을 활용한 신체표현

<table>
<tr><td>활 동 명</td><td>엄마 캥거루</td><td>활동
유형</td><td>대 · 소집단</td><td>활동
영역</td><td>게임</td><td>연령</td><td>만 3세</td></tr>
<tr><td>생활주제</td><td>동식물과 자연</td><td>주제</td><td>동물과 자연</td><td>소주제</td><td>궁금한 동물의
특성과
보호방법 알기</td><td>활동
일시</td><td></td></tr>
<tr><td>활동목표</td><td colspan="7">• 게임의 규칙을 이해하고 지키며 즐겁게 참여한다.
• 캥거루의 특성을 이해한다.</td></tr>
<tr><td>교육과정
구성요소</td><td colspan="7">• 사회생활 : 이웃과 더불어 생활하기 – 질서와 규칙지키기
• 탐구생활 : 과학적 기초능력 기르기 – 생명체와 자연환경 소중하게 여기기</td></tr>
<tr><td>활동방법</td><td colspan="7">활 동 내 용</td></tr>
<tr><td>사전 활동</td><td colspan="6">【 동화 – 이야기 나누기 】
• 「주머니 없는 캥거루 케이티」 동화를 듣고 캥거루에게 주머니가 생기게 된 이유에 대해 알 수 있다.
에이미 페인 지음 / 조은수 옮김 / 출판사 : 비룡소</td><td>
</td></tr>
<tr><td>활동자료</td><td colspan="7">주머니가 있는 앞치마, 캥거루 인형, 쌀포대기, 반환점, 약속판, 점수판, 호루라기</td></tr>
<tr><td>본시활동
(20분)

도입
동기유발</td><td colspan="7">① 「주머니 없는 캥거루 케이티」 동화를 회상하며 캥거루 모습에 대해 이야기 나눈다.
– 엄마 캥거루는 아기 캥거루를 어떻게 데리고 다녔나요?
– 엄마 캥거루의 주머니 속에 들어있는 아기 캥거루는 어떤 기분이 들까요?
– 엄마 캥거루가 되어 게임을 해 볼까요?</td></tr>
<tr><td>전개</td><td colspan="7">① 「엄마 캥거루」 게임 자료를 보며 게임방법에 대해 이야기 나누기를 한다.
– 앞에 무엇이 있니?
– (주머니가 있는 앞치마를 보여주며) 이것으로 어떤 것을 할 수 있을까?
– (쌀포대기를 보여주며) 이것으로 어떤 것을 할 수 있을까?
– (캥거루 인형을 보여주며) 이것은 무엇이니?
– 이것들로 어떤 게임을 할 수 있을까?
– 출발할 때는 어떻게 가야 할까?

② 게임을 할 때 지켜야 할 약속을 정한다.</td></tr>
</table>

	– 게임을 할 때 우리가 지켜야 할 약속에는 어떤 것이 있나요? – 유아들이 생각한 약속들을 약속판에 적는다. – 응원하기, 친구를 밀지 않기, 자기 차례에 맞춰서 미리 나와 준비하기, 기다리는 사람은 바르게 앉아 있기 등 **③ 준비물을 배치한다.** – 출발선에 주머니가 있는 앞치마와 쌀포대기를 배치한다. – 출발선과 너무 멀리 떨어지지 않은 곳에 반환점을 둔다. **④ 게임 방법을 설명한다.** ⓐ 두 팀으로 나눈다. ⓑ 앞치마에 달린 주머니 안에 캥거루 인형을 넣는다. ⓒ ⓑ의 앞치마를 착용한 후 쌀포대기에 몸을 넣고 출발선에 준비한다. ⓓ 출발 신호가 들리면 캥거루처럼 껑충껑충 뛰어 반환점을 돌아온다. ⓔ (이때, 주머니 속에 넣은 캥거루 인형이 빠지면 출발선에서 다시 시작한다.) 빨리 돌아온 유아끼리 모아 같은 방법으로 계속 게임을 진행한 후 마지막까지 가장 빨리 도착한 유아에게 캥거루 인형을 선물로 준다. **⑤ 두 편으로 나누어 앉고 양편의 수를 확인한 후 팀의 이름을 정한다.** – 어떻게 편을 나누면 좋을까? – ○○이가 있는 팀의 이름은 무엇으로 할까요? – △△이가 있는 팀의 이름은 무엇으로 할까요? **⑥ 유아 두 명이 시범을 보인다.** **⑦ 게임을 실시한다.** **⑧ 게임을 마치고 돌아오면 약속을 잘 지켰는지, 누가 먼저 들어 왔는지 이야기를 한 후, 점수판에 표시한다.**
마무리	① 교사와 유아가 함께 활동자료를 정리한다. **② 게임 활동에 대해 평가한다.** – 정해진 약속이 잘 지켜졌나요? – 자기 자리에 앉아 응원을 잘한 팀은 어느 팀일까요?

	- 게임을 하면서 어떤 점이 즐거웠나요? - 게임을 하면서 어떤 점이 힘들었나요?
유의점	• 출발선에서 출발을 할 때 쌀포대 안에 들어가서 캥거루의 모습으로 뛰어가는 것을 힘들어 하는 유아는 쌀포대를 빼고 캥거루의 모습으로 뛰어가도록 한다. • 뛰어갈 때 캥거루 인형이 떨어지지 않도록 소중히 다룰 수 있도록 한다.
평가	• 게임의 규칙을 지키며 즐겁게 참여하였는지 언어적 상호작용을 통해 평가한다. • 캥거루의 특성을 이해하였는지 언어적 상호작용을 통해 평가한다.
확장활동	【 조형 - 동물 그려보기 】 • 캥거루 이외에도 소중히 다루어야 할 동물이 있는지 그림으로 표현해 본다.
	【 언어 - 이야기 나누기 】 • 약속이 없다면 어떻게 될지 이야기를 나누며 약속의 중요성에 대해 안다.

2. 관찰기록 양식

(1) 신체표현 지도의 형식

관찰자		관찰일시	년 월 일
관찰기관		관찰학급	
주제		활 동 명	
범주	내 용	관찰여부	관찰내용
공간확보	신체표현을 할 수 있는 충분한 공간이 확보되어 있는가?		
	개인공간(내 몸 주위를 감싸고 있는 모든 공간)을 활용하는가?		
	일반공간(개인공간을 제외한 모든 공간)을 활용하는가?		
	수준 : 몸이 바닥에서 정도의 거리에 떨어지게 할 것인가? –낮은 수준(무릎 아래) –중간 수준(무릎과 어깨 사이) –높은 수준(어깨 이상)		
	방향(앞 · 뒤 · 위 · 아래)을 자유자재로 하는가?		
	경로(직선, 둥근선, 지그재그선, 물결선, 곡선, 나선, 다양한 선 등)를 다양하게 하는가?		
	동작 크기(크게, 작게 길게, 짧게, 좁게 넓게)를 다양하게 하는가?		
안전에 대한 고려	신체표현 방향, 속도, 앞 유아와의 거리 등에 주의를 기울여 유아의 안전을 고려하는가?		
집단의 크기	소집단		

		중집단		
		대집단		
매체(음악)의 사용		매체(도구) 탐색의 시간이 주어지는가?		
		유아 수에 따라 매체(도구) 수가 적절한가?		
		신체표현을 돕기 위한 매체를 사용하는가?		
		매체(도구) 종류가 다양하게 주어지는가?		
음악의 사용		실제 악기를 사용하는가?		
		녹음된 음악 또는 효과음을 사용하는가?		
		음악을 사용하지 않는가?		
동작의 요소	**신체인식**	신체의 어느 부분을 움직일 것인가?를 인식하는가?		
		신체로 어떤 모양을 만들 것인가?를 인식하는가?		
	공간이식	수준, 방향, 경로, 범위		
	노력	시간-빠르기 정도를 다양하게 변화시키는가?		
		몸에 주는 힘을 다양하게 변화시키는가?		
		흐름(자유로운 흐름, 제한된 흐름)을 어떻게 할 것인가?에 대해 인식하는가?		
	관계	신체부분간의 연합에 의해 동작을 만드는가? (예) 팔꿈치와 무릎과의 연합		
		파트너 또는 집단간의 연합으로 동작을 만드는가? (예) 거울놀이		
		환경에 있는 사물과의 연합으로 동작을 만드는가? (예) 소고춤, 리본춤(?)		
개인차 고려		신체표현에 참여하고 싫어하지 않는 유아들에 대한 배려가 있는가?		

	신체부자유한 유아에 대한 배려가 있는가?		
사전활동	새로 배우려는 신체표현과 관련된 사전 활동이 진행되었는가?		

(2) 신체표현 지도의 운영

<table>
<tr><td>관찰자</td><td></td><td>관찰일시</td><td colspan="5">년 월 일</td></tr>
<tr><td>관찰기관</td><td></td><td>관찰학급</td><td colspan="5"></td></tr>
<tr><td>주제</td><td></td><td>활 동 명</td><td colspan="5"></td></tr>
<tr><td colspan="2">지 도 절 차</td><td>관찰여부</td><td colspan="5">관 찰 내 용</td></tr>
<tr><td rowspan="4">도 입</td><td>새노래 등 음악을 이용하여 도입하기</td><td></td><td colspan="5"></td></tr>
<tr><td>이야기 나누기 형식으로 도입하기</td><td></td><td colspan="5"></td></tr>
<tr><td>경험 회상하기로 도입하기</td><td></td><td colspan="5"></td></tr>
<tr><td>자료 탐색으로 도입하기</td><td></td><td colspan="5"></td></tr>
<tr><td rowspan="6">전 개</td><td colspan="2">음악 듣기/감상하기/느낌을 언어로 표현하기</td><td colspan="5"></td></tr>
<tr><td colspan="2">감상한 음악에 대한 느낌을 몸으로 표현하기</td><td colspan="5"></td></tr>
<tr><td colspan="2">음악에 동작을 알려주는 노랫말이 있을 경우 노래 배우기</td><td colspan="5"></td></tr>
<tr><td colspan="2">유아 혹은 교사가 동작 시범 보이기</td><td colspan="5"></td></tr>
<tr><td colspan="2">반 집단으로 나누어 동작해 보기</td><td colspan="5"></td></tr>
<tr><td colspan="2">전체 집단이 함께 동작해 보기</td><td colspan="5"></td></tr>
<tr><td rowspan="5">평 가</td><td colspan="2" rowspan="2">목표에 도달하였는지 평가하는가?</td><td>5</td><td>4</td><td>3</td><td>2</td><td>1</td></tr>
<tr><td></td><td></td><td></td><td></td><td></td></tr>
<tr><td colspan="2">창의적으로 표현해 볼 기회를 주는가?</td><td></td><td></td><td></td><td></td><td></td></tr>
<tr><td colspan="2">표현되는 동작에 대한 언어적 자극을 주는가?</td><td></td><td></td><td></td><td></td><td></td></tr>
<tr><td colspan="2">개별 유아별로 느낌을 표현해 볼 기회를 주는가?</td><td></td><td></td><td></td><td></td><td></td></tr>
</table>

	다른 유아의 느낌이나 표현을 공유할 기회를 주는가?					
	도구를 사용하여 표현하는가?					
	사용한 도구를 정리할 시간을 충분히 주었는가?					
	평가 후 재현해 볼 기회를 제공하는가?					
* 평가 : 5-매우 그렇다. 4-그렇다. 3-보통이다. 2-그렇지 않다. 1-매우 그렇다.						

▣ 프로그램에 대한 교사의 평가

※ 해당란에 ○표를 해 주세요.

활동명 :	이름 :		
평 가 문 항	아주 그렇다	그렇다	전혀 그렇지 않다
1. 연령에 적합한 활동이었는가?			
2. 유아들이 흥미롭게 즐겨 참여할 수 있는 활동이었는가?			
3. 활동을 계획한 시간 안에 끝마칠 수 있었는가?			
4. 환경구성에서 자료들이 적당하게 배치되었는가?			
5. 활동 속에 동작요소가 다양하게 구성되었는가?			
6. 활동 속에 기본적 동작이 다양하게 구성되었는가?			
7. 정적인 활동과 동적인 활동이 조화롭게 구성되었는가?			
8. 동작의 진행순서가 적절했는가?			
9. 도입활동이 유아에게 흥미를 줄 수 있었는가?			
10. 도입활동이 본 활동의 확장에 도움을 주었는가?			
11. 교사의 언어적 자극이 유아의 표현을 확장할 수 있었는가?			

▣ 자기평가

※ 해당란에 ○표를 해 주세요.

활동명 :	이름 :		
평 가 문 항	**잘했음**	**보통임**	**잘못했음**
1. 활동에 집중하며 열심히 참여하였니?			
2. 다른 친구들과 부딪히지 않고 움직일 수 있었니?			
3. 짝과 함께 혹은 집단으로 함께 움직일 수 있었니?			
4. 다른 친구들의 움직임을 관찰해 보았니?			
5. 다양한 모양을 만들어 보았니?			
6. 선생님의 지시에 잘 따를 수 있었니?			
7. 활동의 진행 순서에 따라 움직일 수 있었니?			
8. 활동 중에서 어느 부분이 가장 재미있었니?			
9. 활동 중에서 어느 부분이 가장 어려웠니?			

10. 오늘 해본 활동을 그림으로 그려 보자.

▣ 동작(신체표현)의 요소

<table>
<tr><td rowspan="3">기본 동작</td><td>이동하며 움직이기</td><td colspan="2">• 이동하며 움직이기는 한 장소에서 다른 장소로 옮겨가는 것으로 말 그대로 몸을 이동하는 동작이다.
• 이동하며 움직이기는 기기(기어가기), 걷기, 달리기, 스키핑, 말 뛰기, 앵금질, 미끄러지기 등이다.</td></tr>
<tr><td>제자리에서 움직이기</td><td colspan="2">• 제자리에서 움직이기는 몸을 한 장소에 고정시킨 상태에서 만들어 내는 동작으로서 일명 "몸짓"으로 불린다.
• 제자리에서 움직이기는 뻗기, 구부리기, 떨기, 돌기, 흔들기, 꼬기, 밀고 당기기, 들어올리기 등이다.</td></tr>
<tr><td>도구 및 놀이시설 활용하기</td><td colspan="2">• 사물의 조작적 활용을 포함하는 동작으로 손과 발, 눈과 손의 숙련된 협응 능력을 요구한다.
• 도구 및 놀이시설 활용하기로는 던지기, 받기, 차기, 때리기 등이다.</td></tr>
<tr><td rowspan="6">동작의 요소</td><td rowspan="3">신체 인식</td><td>몸 전체의 행위</td><td>몸 전체에 의해 표현되는 움직임이다.
• 거울을 보고 움직이면서 신체의 움직임을 관찰하기
• 한 팔을 흔들다가 신호가 울리면 온몸을 흔들기</td></tr>
<tr><td>신체 부분의 행위</td><td>어떤 동작을 표현하기 위해 신체의 어느 부분을 움직여야 하는지 하는 것이다.
• 노래는 부르지 않고 손가락 유희를 하면서 손이나 팔의 움직임을 살펴보기
• 파트너와 두 손을 잡고 밀고 당기면서 신체의 이끌림을 살펴보기
• 악기 소리에 맞추어 다양한 동작하다가 멈춤 신호가 울리면 멈추고 신체 살펴보기</td></tr>
<tr><td>신체모양</td><td>몸으로 다양한 모양을 만들어 보는 것이다.
• 손 또는 팔을 마음대로 움직이다가 멈춤 신호가 울리면 멈추고 신체모양을 살펴보기
• 제자리에서 몸을 마음대로 움직이다가 멈춤 신호가 울리면 멈추고 신체모양을 살펴보기</td></tr>
<tr><td rowspan="3">공간 인식</td><td>개인 공간</td><td>자기 몸을 감싸고 있는 모든 공간
• 신호가 울리면 머리, 배, 허리, 엉덩이 등을 마음대로 움직이기</td></tr>
<tr><td>일반 공간</td><td>사람이 움직일 수 있는 모든 공간
• 옆 사람과 부딪치지 않도록 방안을 걸어 다니기</td></tr>
<tr><td>수준</td><td>몸이 수직으로 어느 정도의 거리에 떨어져 있는가?</td></tr>
</table>

동작의 요소	공간 인식		• 원하는 방향으로 걷다가 울리면 몸을 가능한 높은 또는 낮은 위치로 움직이기
		방향	• 방향, 즉 위 · 아래, 왼쪽 · 오른쪽, 앞 · 뒤로 움직이기 • 게걸음으로 걸어 보기 • 파트너와 같은 방향 또는 반대 방향으로 머리, 팔, 다리 등을 움직이기
		경로	• 몸이 공간에서 움직이는 동안 거쳐 가는 자리 • 공중에 손가락, 팔, 팔꿈치, 다리로 원, 직선 지그재그 모양을 그려보기
		범위	동작의 크기 (큰가 작은가, 넓은가 좁은가) • 신호가 울리면 가능한 큰 동작으로 천천히 걷다가 다시 신호가 울리면 가능한 작은 동작으로 걷기
	노력	시간	움직임의 간격과 속도에 변화를 주는 것 • 빠르게, 보통, 느리게 치는 타악기 소리의 속도를 구별하기 • 느리게 움직이는 동물들의 움직임을 관찰하고 따라해 보기
		힘	어떤 움직임에 담긴 메시지를 효과적으로 전달하기 위한 것 • 소나기와 보슬비가 내리는 모습관찰하기 및 몸으로 표현하기
		흐름	움직임의 힘을 조절하는 것 (제한된 흐름, 자유로운 흐름) • 리본을 잡고 자유롭게 흔들어 보기 • 신호 소리의 수에 따라 손뼉치기, 무릎치기, 일어나기, 앉기
	관계	신체 부분들	신체 부분들 서로 간에 연합하여 다양한 움직임을 나타내는 것 • 두 팔을 머리 위에 올리기 • 등을 바닥에 맞대기
		파트너와 집단	집단의 구성원으로서 또는 파트너와 함께 연합하여 움직임을 나타내는 것 • 모방, 거울, 메아리, 통일, 그림자, 대조, 만남
		환경에 있는 사물들	유아가 어떻게 소품이나 도구와 관련하여 움직임을 나타내는 것 • 소품과 도구로는 스카프, 지팡이, 모자, 공, 후프, 풍선, 의자, 타이어, 매트, 상자곽

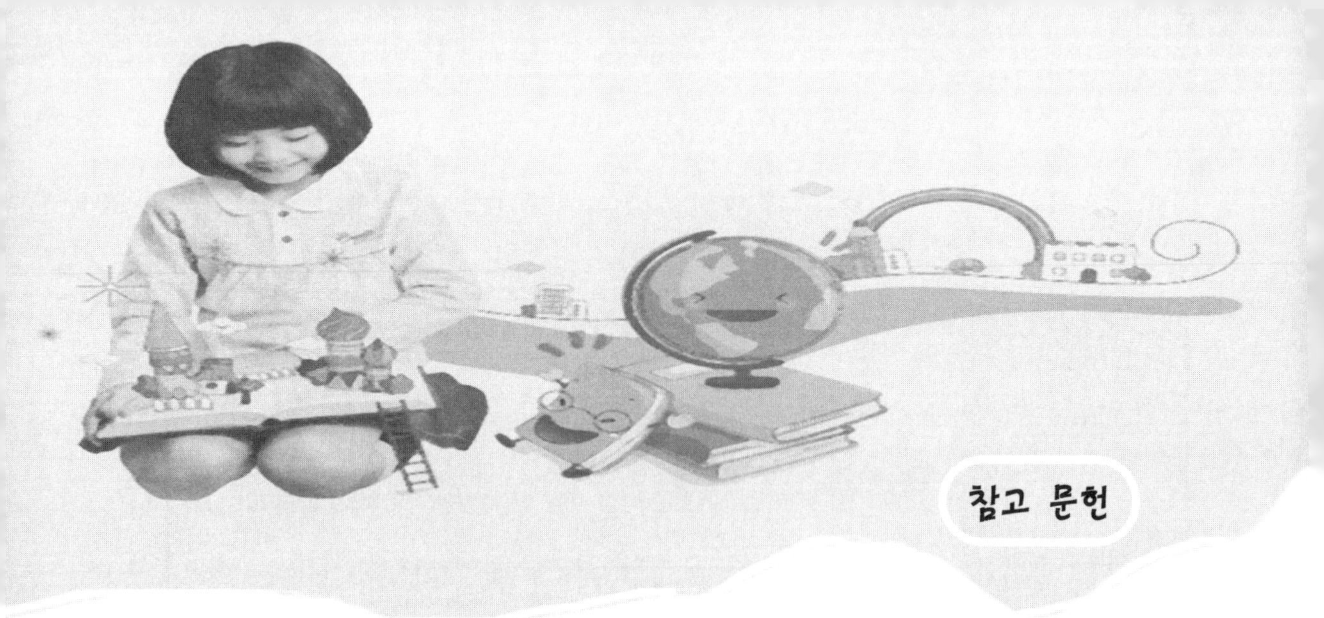

참고 문헌

교육과학기술부(2008). 유치원 교육과정 해설, Ⅰ, Ⅱ, Ⅲ. 서울 : 대한교과서주식회사.

교육과학기술부(2010). 유치원 지도서 1~13. 서울 : 두산동아(주).

교육방송 · 국립국악원(1995). '95 창작국악동요제. 서울 : 예성출판사.

교육부(2000). 유치원 교육활동지도자료집. 서울 : 대한교과서주식회사.

국립국악원(1989). 국악동요선집 [1]. 서울 : 국립국악원.

김경희(1986). 아동심리학. 서울 : 박영사.

김금순, 정혜경, 김금옥(2003). 재미있고 신나는 리듬과 율동. 경기 : 양서원.

김두범, 김현희, 안수정(2008). 영유아를 위한 동작교육. 경기 : 양서원.

김두연(1986). "움직임의 창의성에 관한 단계적 지도 연구-초등학교 무용을 중심으로". 서울교육대학 논문집 19, 257-271.

김명희(1981). "유아의 표현 활동에 관한 일 연구". 석사학위 청구논문. 이화여대 교육대학원.

김미숙(1986). "창의적 지도법이 유아의 신체표현 능력 및 창의력에 미치는 영향에 관한 연구". 석사학위논문. 중앙대 교육대학원.

김미숙, 양점홍(2003). 스위스 볼 운동과 척추교정운동이 발육기 남고생의 척추측만증에 미치는 영향. 한국체육학회지, 42(2), 579-586.

김은심(2007). 유아동작교육. 서울 : 정민사.

김은심(2004). 유아를 위한 동작교육. 서울 : 창지사.

김은심(2004). 출생부터 8세까지 유아를 위한 동작교육. 서울 : 정민사.

김은심(2009). 유아동작교육의 이론과 실제. 서울 : 창지사.

김정화, 전영애(2007). 아동 음악과 동작. 경기 : 공동체.

김향선(2004). 무용프로그램이 청소년기 여학생의 성장호르몬 및 IGF-1수준에 미치는 영향. 발육발달학회지, 12(2), 169-177.

김향선, 안의수(2002). 무용이 아동기 여아의 성장호르몬과 IGF-Ⅰ 분비에 미치는 영향. 한국체육학회지, 41(5), 217-225.

김진영(1995). 음률활동자료집 1. 서울 : 한국어린이육영회.

김혜옥(1985). "유아의 동작활동 효과에 관한 기초연구". 석사학위 청구논문. 이화여대 교육대학원.

나하나, 이효영, 이미란 공저(1998). 영유아의 창의성 향상을 위한 신체표현. 경기 : 양서원.

류경화(1981). 교육무용. 서울 : 보진재.

류경화(1993). 유아음률활동. 서울 : 동문사.

문미옥, 김영실, 이혜상, 고영미, 한선아(2010). 유치원 지도서1~13. 서울 : 두산동아(주).

배인자, 한규령(2002). 유아를 위한 동작교육의 이론과 실제. 경기 : 양서원.

부산광역시 교육청. http://www.pen.go.kr(유아교육)

서혜은(2003). 유아교육기관의 전통문화교육 프로그램 모형연구. 신라대학교 교육대학원. 석사학위논문.

손영의(1973). "한국유치원 교육 발달에 관한 일 연구". 석사학위논문. 이화여자대학교.

송수남(1985). "R. V. Laban의 무용이론이 현대무용 교육에 미친 영향". 숙명여대 논문집. 26, 265-285.

시영 편집부(1992). 한국동요모음집. 서울 : (주)시영.

신세호 · 김충희 · 이훈구(1968). 창의력 증진 가능성에 관한 실험적 연구. 서울 : 행동과학연구소.

심성경, 이선경, 변길희, 김나림, 박주희(2007). 유아를 위한 동작교육의 이론과 실제. 서울 : 학지사.

심성경, 이희자, 이선경, 김경의, 이효숙, 변길희, 박주희(2008). 아동 음악과 동작교육. 경기 : 양서원.

안범희(1977). "창의성의 성격적 요인에 관한 일 연구". 석사학위논문. 연세대학교 대학원.

오가실(1976). "Denver Developmental Screening Test의 표준화를 위한 연구. 간호학 논집. 1, 93-114".

오연주, 이경실, 김현지, 박경애(2007). 유아동작 교육의 이론과 실제. 서울 : 창지사.

유한구(1971). 교육과정의 동향 : 유치원 원감 자격 연수 교재. 서울 : 숭의여자전문대학 부설유치원교원연수원.

육완순(1986). "Rudolf von Laban에 관한 연구 : Human Movement를 중심으로". 박사학위논문. 한양대학교 대학원.

윤성숙(1983). "초등학교 체육교육과정 변천에 관한 연구 : 1945년에서 1981년을 중심으로". 석사학위논문. 고려대학교 교육대학원.

윤애희(2006). 교사를 위한 유아놀이지도. 서울 : 창지사.

이기숙(1982). 유아교육과정. 경기 : 교문사.

이기숙, 김영주 편역(1986). 유아음악교육. 경기 : 교문사.

이기숙. 이영자(1987). 유아를 위한 교수-학습 방법. 서울 : 창지사.

이상금(1987). "해방전 한국 유치원에 관한 연구 : 성립과 전개". 한국교육학회 유아교육연구회

발표 논문.
이성진(1995). 세계화와 창의성 교육 : 세계화 시대의 창의성 교육. 서울 : 한국어린이육영회.
이 영(1980). "3세 이하 어린이와 가정환경과 발달 수준과의 관계". 연세논총. 17, 249-264.
이 영(1996). 유아를 위한 창의적 동작교육. 경기 : 교문사.
이영심(2009). 유아동작교육 프로그램. 경기 : 양서원.
이은화 · 김순세 공편(1987). 어린이 춤곡. 서울 : 형설출판사.
이은화 · 이순례(1996). 유아를 위한 음률활동 자료집. 경기 : 교문사.
이정환(1995). 유아교육의 교수학습방법. 경기 : 교문사.
임효재(1999). 365일 열린 교실을 위한 창의력을 키우는 몸짓놀이. 서울 : 우리교육.
이희자, 김경의, 이효숙, 함은숙, 허은주, 안연경(2009). 영유아를 위한 동작교육. 경기 : 공동체.
전남련, 권경미(2004). 유아와 함께하는 손유희 모음집. 서울 : 정민사.
정계숙(1999). 제7회 영유아 보육세미나 유아를 위한 전통음률활동. 부산대학교 부설 보육정보 센터.
정용부, 김경미, 손은경(1997). 유치원 원내 수업장학을 위한 교육프로그램. 부산 : 동부산대학.
제경숙(1983). "베일리 유아 발달 검사의 표준화를 위한 예비 연구". 석사학위논문. 연세대학교 대학원.
조윤미(1998). 유아를 위한 전통음률활동자료. 서울 : 한국어린이육영회.
최경순, 윤정진, 황정희, 차미영, 김혜경, 이희영, 이경희, 임말자, 김선영, 김윤강(2004). 유아의 다중지능 개발을 위한 그림책 속 창의적 놀이. 서울 : 창지사.
한국어린이육영회(1995). 한국전래동요 그림책 1, 2와 함께 듣는 전래동요 테이프. 서울 : 한국어린이육영회.
홍양자(1984). "5, 6세 아동의 체력에 관한 연구" 한국 생활과학연구원 논총. 33, 197-203

Andrew, B.(1991). From research to practice : Preschool children and their movement responses to music. *Young Children, 47(1),* 22-27.
Andrew, G.(1954). *Creative rhythmic movement for children.* Englewood Cliffs, NJ : Prentice-Hall.
Arasteh, J. D.(1968). Creativity and related processes in the young child : A review of the literature. *Journal of Genetic Psychology.* 112, 7-108.
Ayres, A. J.(1964). *Southern California sensory tests.* Los Angeles. CA : Western Psychology Service.
Bailey, E.(1958). *Discovering music with young children.* New York : Philosophical Library.
Barrett, K.(1977). Educational dance. In B. Logsdon, et al., *Physical education for children : A focus on the teaching process.* 121-163, Philadelphia : Lea and Febiger.
Bayless, K. M., & Ramsey, M. E.(1986). *Music : A way of life for the young child.* Columbus, OH : Merrill Publishing.
Bayley, N.(1935). The development of motor abilities during the first three years. *Monograph*

of the Society for Research in Child Development. I, 1-26.

Bayley, N.(1969). *Bayley scales of infant development.* New York : The Psychological Corp.

Bettelheim, B.(1976). *The uses of enchantment : The meaning and importance of fairy tales.* New York : Knopf.

Blackie, P., Bullough, B., & Nash, D.(1972). *Informal schools in Britain : Drama.* New York : Citation.

Bredekamp, S., & Rosegrant, T.(1995). *Reaching Potentials : Transforming Early Childhood Curriculum and Assessment(V.2).* Washington, DC : National Association for the Education of Young Children.

Broer, M.(1966). *Efficiency of human movement.* Philadelphia : W. B. Sounders.

Brousn, R. C. Jr., & Cratty, B. J.(Eds.)(1969). *New perpectives of man in action.* Englewod Cliffs, NJ : Prentice-Hall.

Brown, C. A.(1986). Elementary school dance : Teaching rhythms and educational forms. *Journal of Physical Education,* 39-44.

Brown, C. A., & Goc-Karp, G.(1985). Start here : Elementary Physical education for the non-specialist. Unpublished manuscript, Washington State University, Department of Physical Education, Sports and Leisure Studies.

Bruininks, R. H.(1978). *Bruininks-Oseretsky tests of motor proficiency.* Circle Pines, MN : American Guidance Service.

Burton, E.(1977), *The new physical education for elementary school children.* Bobton : Houghton Mifflin.

Burton, L. H.(1989). Musical understanding through creative movement. In B. Andress(Ed.), *Prekindergarten music education.* Music Educators National Conference.

Chenfeld, M. B.(1976). Moving movements for wiggly kids. *Phi Delta Kappan. 58,* 261-264.

Coghill, G. E.(1929). *Anatomy and the problem of behavior.* New York : Cambridge University Press.

Conner, O. M.(1965). The effect of neuro-muscular activity on achievement and intelligence of kindergarten children. Doctoral dissertation, Michigan State University.

Connolly, K. J.(1970a). Skill development : Problems and plans. In K. J. Connolly(Ed.), Mechanisms of motor skill development. New York : Academic Press.

Connolly, K. J.(1970b). Response speed, temporal sequencing, and information processing in children. In K. J. Connolly(Ed.), *Mechanism of motor skill development.* New York : Academic Press.

Cratty, B. J.(1967). *Movement behavior and motor learning.* Philadelphia : Lea & Febiger.

Cratty, B. J.(1970). *Some educational implications of movements.* Seattle, WA : Special Child Publications.

Day, B.(1994). *Early childhood education : Developmental experiential teaching and learn-*

ing(4th Ed.). NY : Macmillan College Publishing.

DeMariar, C. R.(1974). *Dimensions of physical education.* Saint Louis : The C. V. Mosby Co..

Dennis, W.(1966). Creative productivity between the ages of 20 and 80 years. *Journal of Gerontology, 21,* 1-8.

Dodds, P.(1978). Creativity in movenment : Models for analysis. *The Journal of Creative Behavior, 12(4),* 265-273.

Drevdahl, J. E.(1956). Factors of importance for creativity. *Journal of Clinical Psychology, 12,* 21-26.

Dyer, S. M., & Schiller, W.(1993). 'Not wilting flowers again !' problem finding and problem solving in movement and performance. *Early Child Development and Care.* 90, 47-54.

Emerson, P., & Leigh, C.(1979). Movement : Enchantment in the life of a child, *Childhood Education,* November/December, 84-87.

Erikson, E.(1963). *Childhood and society.* New York : Norton.

Fllnchum, B. M.(1988). early childhood movement programs. *Journal of Physical Education,* Recreation and Dance. 9, 62-64.

Foster, J.(1971). *Creativity and the teacher.* Macmillan Education Ltd..

Foster, J.(1977). *The influence of Rudolf von Laban,* London : Henry Kempton Ltd..

Fowler, J.(1980). How : Teaching. In M. L. Riggs(Ed.). *Preschool children*(pp. 21-30). American Alliance for Health. Physical Education. Recreation and Dance.

Frankenburg, W., & Dodds, J.(1966). *Denver Development Screening Test.* Denver, CO : University Colorado Medical Center.

Freud, S.(1962). *The ego and the id.* New York : Norton.

Frostig, M., Lefever, W., Maslow, P., & Whittlesey, J. R. B.(1963). *Developmental treatment of visual perception.* Palo Alto, CA : Consulting Psychologist Press.

Frostig, M., & Maslow, P.(1970). *Movement education : Theory and practice.* Chigago : Follet Educational Co.

Gabbard, C.(1998). Early childhood physical education : The essential elements. *Journal of Physical Education, Recreation and Dance,* 59(7), 65-69.

Gallahue, D. L.(1976). *Motor development and movement experiences for young children*(3~7). New York : John Wiley & Sons.

Gallahue, D. L.(1982). *Developmental movement experiences for children.* New York : John Wiley & Sons.

Gallahue, D. L., Werner, P. H., & Luedke, G. C.(1975). *A conceptual approach to moving and learning.* New York : John Wiley & Sons.

Gallahue, D. L.(1989). *Understanding motor development : Infants, children, adolescents.* Dubuque, IA : Wim. C. Brown and Benchmark.

Gallahue, D. L.(1993). *Developmental physical education for today's children* (2nd.). USA :

Wm. C. Brown Communications, Inc.

Gallahue, D. L.(1993). Motor development and movement skill acquisition in early childhood education. In B. Spodek(Ed.), *Handbook of research on the education of young children*(pp. 24-41). NY : Macmillan.

Gallahue, D. L., & Ozmun, J. C.(2002). Understanding motor development : *Infantschildren, adolescents, adults*(5th Ed.), Boston : McGraw-Hill.

Gilliom, B. C.(1970). *Basic movement education for children*. Reading, MA : Addison-Wesley.

Gray, V. & Percival, R.(1962). *Music, movement and mime for children*. London : Oxford University Press.

Gerhardt, L. A.(1973). *Moving and knowing : The young child orients himself in space*. Englewood Cliffs, NJ : Prentice-Hall.

Gesell, A.(1945). *The embryology of behavior*. New York : Harper.

Gesell, A. et al.(1940). *The first five years of life : A guide to the study of the preschool child*. New York : Harper.

Gibson, J. J.(1966). *The senses considered as perceptual systems*. Boston, MA : Houghton Mifflin.

Gilchrist, M.(1972). *The psychology of creativity*. Melbourne University Press.

Godfrey, B.(1964). *Development of a motor therapy laboratory*. Speech delivered at the summer conference of the university of Michigan Graduate Department of Physical Education. Ann Arbor, Michigan.

Godfrey, B., & Kephart, N. C.(1969). *Movement patternes and motor education*. New York : Appleton-Centrury-Crofts.

Goldner, B. B.(1962). *The strategy of creative thinking*. Englewood Cliffs, NJ : Prentice-Hall.

Goodall, J.(1968). A preliminary report on expressive movements and communication in the gombe stream chimpanzees. In P. Jay(Ed.), *Primates studies in education and variability*. New York : Holt, Rimehart & Winston.

Guilford, J. P.(1959). Traits of Creativity. In H. H. Anderson(Ed.), *Creativity and its cultivation*, 31-39, New York : Harper.

Guilford, J. P.(1967a). Creativity : Yesterday, today, and tomorrow. *Journal of Creative Behavior, 1,* 3-14.

Guilford, J. P.(1976b). Some theoretical views of creativity. In H. Helson & W. Bevan(Eds.), *Contemporary approaches to psychology*. Princeton, NJ : Van Nostrd.

Haines, B. & Gerber, L.(1984). *Leading young children to music*. Columbus, OH : Merrill Publishing.

Halverson, L. E., Roberton, M. A., & Harper, C. J.(1973). Current research in motor development. *Journal of Research and Development in Education*, 6, 59-71.

Hammett, C. T.(1992). *Movement activities for early childhood*. Illinois : Human Kinetics

Books.

Hartley, R., Frank, L., & Goldenson, R.(1952). *Understanding children's play.* New York : Columbia University Press.

Havighurst, R.(1952). *Developmental tasks and education.* New York : Longmans, Green and Company.

Herkowitz, J.(1970). A perceptual-motor training program to improve the gross motor abilities of preschoolers. *Journal of Health Physical Education and Recreation, 41,* 38-42.

Hewes, G. W.(1973). Primate communiction, and the gestural origin of language. *Current Anthropology, 14(1-2),* 5-11.

Holt. D. M. et al.(1988). Reading, movement education and music : An itegrated approach. *Educatinal Document,* ED 309-853.

Hurlock, E. J.(1972). *Child development.* McGraw-Hill Book Company.

Katoff, L., & Reuter, J.(1980). Review of developmental screening tests for infants. *Journal of Clinical Child Psychology, 9,* 30-34.

Kephart, N. C.(1966). *The slow learner in the classroom.* Columbus, Ohio : Charles E. Merrill Publishing Co..

Knowles, C., Vogel, P., & Wessel, J. A.(1975). Project IACAN : Independent curriculum design for mentally retarded children and youths. *Education and Training of the Mentally Retarded, 10,* 155-160.

Kohlberg, L., & Mayer, R.(1972). Development as the aim of education. *Harvard Educational Review, 42,* 449-296.

Kramer, D.(1984). Dance is physical education too. *Journal of Physical Education, Recreation and Dance,* 55(6), 30-31, 52.

Kugler, P. N., Kelso, J. A. S., & Turvey, M. T.(1980). On the concept of coordinative structures as dissipative structures I : Theoretical lines. In G. E. Stelman & Requin(Eds.), *Tutorials in motor behavior.* Amsterdam : North Holland Publishing Co..

Laban, R.(1947). *Effort.* London : MacDonald & Evans.

Laban, R.(1948). *Modern educational dance.* London : MacDonald & Evans.

Laban, R.(1963). *Modern educational dance*(2nd ed.). London : MacDonald & Evans.

Laban, R.(1968). Modern educational dance(Revised ed.). New York, Washington, DC : Predirick A. Praeger, Inc..

Laban, R.(1976). *Choreutis.* London : MacDonald & Evans.

Langer, S.(1957). *Problems of art.* New York : Scribners.

Lehmadn, H. C.(1966). The psychologist's most creative years. *American Psychologist, 21,* 363-369.

Lerch, H., Becker, J., Ward, B., & Nelson, J.(1974). *Perceptual motor learning : Theory and practice.* Polo Alto., CA : Peek.

Linden, E.(1974). *Apes, men, and language.* New York Saturday Review Press/Dutton.

Mayesky, M.(1995). *Creative activities for young children.* Albany, NY : Delmar.

McClenaghan, B., & Gallahue, D. L.(1978). *Developing fundamental patterns in young and awkward children.* Philadelphia, PA : Saunders.

McGraw, M. G.(1945). *The neuromuscular maturation of the human infant.* New York : Columbia University Press.

Metz, E.(1987). Movement as a musical response among preschool children. *Journal of Research in Music Education, 37*(1), 48-60.

Monsour, S., Cohen, M., & Lindel, P.(1966) *Rhythm in music and dance for children.* Belmont, CA : Wadsworth Publishing Company Inc..

Moomaw, S.(1984). *Discovering music in early childhood.* Newton, MA : Allyn and Bacon.

Mosston, M.(1965). *Developmental movement.* Columbus, Ohio : Charles E. Merrill Publishing Co..

Munro, J. G.(1985). *Movement education : A program for young children.* Mdea Press.

Murray, R.(1963). *Dance in elementary education.* New York : Harper and Row.

North, M.(1973). *Movement education.* New York : E. Dutton, Cd..

Orpet, R. E.(1972). *Frostig movement skills test pattern.* Palo Alto, CA : Consulting Psychologist Press.

Pallet, G. D.(1965). *Modern educational gymnastics.* Oxford : Pergamon Press.

Piaget, J.(1952). *The origins of intelligence in children.* New York : International University Press.

Piaget, J.(1969). The Psychology of the child. New York : Basic Books.

Pica, R., & Gardzina, R.(1991). *Early elementary children moving and learning.* Illinois : Human Kinetics Books.

Pica, R.(1995). *Experiences in movement with music, activities and theory.* Albany, NY : Delmar.

Pica, R.(1990). *Preschoolers Moving & Learning (2nd ed).* Human Kinetics Publishers.

Pica, R.(2000a). *Moving & learning series Preschoolers & kindergartners.* Clifton Park, NY : Delmar Learning.

Pica, R.(2000b). *Moving & Learning series : Toddlers.* Clifton Park, NY : Delmar Learning.

Pressey, S. L.(1955). Concerning the nature and nurture of genius. *Scientific Monthly, 81,* 123-129.

Read, K. H.(1971). *The nursery school : A human relationships laboratory.* Philadephia : W. B. Saunders Co..

Riggs. M. L.(1980). Why : Rationale. In M. L. Riggs(Ed.), *Preschool children*(pp. 1-8), American Alliance for Health. Physical Education Recreation and Dance.

Riston, R. J.(1986). Creative dance : A systematic approach to teaching children. *Journal of*

Physical Education, Recreation and Dance, 78, 67-72.

Roach, E. C., & Kephart, N. C.(1966). *The purdue perceptual-motor survey.* Columbus, Ohio : Charles E. Merill Publishing Co..

Rudolph, M., & Cohen, D. H.(1964). *Kindergarten : A year of learning.* New York : Appleton-Century-Crofts.

Russell, J.(1965). *Creative dance in the elementary school.* London : MacDonald & Evans.

Russell, J.(1975). *Creatie movement and dance for children.* London : MacDonald & Evans.

Sapir, E.(1967). Communication. In J. Dececco(Ed.), *The psychology of language, thought, and instruction readings.* New York : Holt, Rinehart, & Winston.

Sayre, N. E.(1990). The perfect mix : Creative movement and children's literature. *Educatinal Document : ED 343, 722.*

Schneirla, T. C.(1966). Behavioral development and comparative psychology. *Quarterly Reviw of Biology,* 41, 283-302.

Schurr, E. L.(1967). *Movement experiences for children.* New York : Appleton- Century-Crofts.

Scott, M. G.(1963). *Analysis of human motion*(2nd ed.). New York : Appleton-Century- Crofts.

Seefeldt, C. (Ed.). (1976). *Curriculum for the preschool-primary child : A review of the reserach.* Columbus, Ohio : Charles E. Merrill Publishing Co..

Shannon, C. E., & Weaver, W.(1949). *The mathematical theory of communication.* Urbana, IL : University Illinois Press.

Shapiro, E., & Weaver, W.(1949). *The mathematical theory of communication.* Urbana, IL : University Illinois Press.

Sharron, L.(1990), Music-movement-make-believe : The link between creativity and thinking skills. Paper presented at the Annual Conference of the Southern Association on Young Children Under Six. *Educational Document : ED 317-282.*

Shirley, M. M.(1931). *The first two years : A study of 25 babies : Postural and locomotion development.* Minneapolis, MN : University of Minnesota Press.

Smith, P.(1970). Perceptual-motor skills and reading readiness of kindergarten children. *Journal of Health, Physical Educatin and Recreation, 41,* 47.

Stanley, S.(1969). Role replication and reversal in play. *Merrill-Palmer Quarterly, 12,* 285-298.

Stone, L. J., Church, J.(1968). *Childhood and adolescence*(2nd ed.). New York : Random House.

Sullivan. M.(1982). *Feeling strong, feeling free : Movement exploration for young children.* Washington, DC : NAEYC.

Sutton-Smith, B.(1966). Role replication and reversal in play. *Merrill-Palmer Quarterly,* 12, 285-298.

Sweeney, R. T.(197). *Selected readings in movement education.* Reading, MA : Addision-Wesely.

Taylor, N. E.(1980). Measuring perceptual skills that are related to the learning task. *Journal of Learning Disabilities, 13,* 22-24.

Torrance, E. P.(1966). Nature of creative talents. *Theory into Practive, 5,* 168-174.

Turvey, M. T., Shaw, R. E., & Mace, W.(1978). Issues in the theory of action : Degrees of freedom, coordinative structures and coalitions. In J. Requin(Ed.), *Attention and Performance VII.* Hillsdale, NJ : Lawrence Erlbaum, Associates.

Wade, M. G.(1976). Developmental motor learning. In J. Keogh & R. S. Hutton(Eds.), *Exercise and sports sciences reviews, 4,* Santa Barbara, CA : Journal Publishing Affiliates.

Wade, M. G. & Davis, W. E.(1982). Motor skill development in young children : Current views on assessment and programming. In L. G. Katz(Ed.), *Current topics in early childhood education, 4,* 55-67.

Wallas, G.(1926). *The art of thought.* New York : Harcourt Brace.

Werner, P.(1980). Where : Spaces & places. In M. L. Riggs(Ed.), *Preschool children*(pp. 31-40). American Alliance for Health, Physical Education, Recreation and Dance.

Wickstrom, R.(197). *Fundamental motor patterns.* Philadelphia : Lea & Febiger.

Williams, G. M.(1989). Dance education for young children, *A review of principles and practice.* Early child development and care, 47, 177-203.

Young. J.(1980). What : Content. In M. L. Riggs(Ed.), *Preschool children*(pp. 9-20). American Alliance for Health, Physical Education, Recreation and Dance.

저자 소개

✍ 류경화

〈약 력〉

· 미국 연방체육대학원 교육학 박사
· 현, 동부산대학 유아교육과 교수
· 한국 교육무용학회 지도위원
· 한국 여가레크리에이션협회 부회장
· 한국 여성체육학회 이사
· 올림픽 아카데미 이사
· 사단법인 한국에어로빅스 건강과학협회 부회장
· 부산유아교육학회 운영이사
· 대한적십자사봉사회 상임위원

〈저 서〉

· 교육무용(보진재)
· 대학체육(형설출판사, 저 6권)
· 레크리에이션댄스(도서출판 금광, 저 3권)
· 유아음률활동(동문사)
· 교육무용과 매스게임(동문사)
· 다중지능이론을 중심으로 한 유아놀이지도의 이론과 실제(동문사, 외 4권)
· 동작교육을 위한 패널시어터(창지사)
· 유아놀이지도(태영출판사, 외 2권)
· 논리동화시리즈(지식더미, 5권)
· 동화HWY?시리즈(지식더미, 5권) 외 총 35권

〈논 문〉

· 민속무용의 지역별 생성에 관한 연구
· Emile에 나타난 루소의 건강교육에 관한 연구
· Palton의 교육사상에 나타난 체육관의 근원적 고찰 외 10편
· 유아성별 체격변화 및 계절별 종단연구
· 4 · 5 · 6세 유아의 형태적 발육에 관한 연구 외 총 23편

✍ 이경희

〈약 력〉

· 신라대학교 예술대학 무용과
· 신라대학교 일반대학원 체육학과 무용전공
· 부산대학교 대학원 체육학박사 유아체육전공
· 현, 동부산대학 유아교육과 전임교수
· 국제아동지도자협회 이사
· 신라 영 · 유아 연구회 이사

〈저서〉

- 유아의 다중지능 개발을 위한 그림책 속 창의적 놀이(창지사)
- 운동생리학(도서출판 대진)

〈논문〉

- 비만아를 위한 그림책을 활용한 유아체육프로그램 교수법 탐색
- 줄넘기와 스위스 볼 운동이 유아의 성장관련 인자에 미치는 영향
- 유아의 체질량지수와 성별에 따른 Gallahue의 운동기능검사연구
- 유아의 비만도와 성별에 따른 Gallahue의 운동기능 비교연구
- 유아교사에 따른 창의적 동작교육실태와 개선방안
- 유아교사의 경력에 따른 동작교육실태 분석연구
- 복합운동프로그램이 유아의 체력 및 ALP, CT, PTH에 미치는 영향
- 유산소운동이 여자 아동의 뇌세포 생성 관련인자에 미치는 영향
- agility ladder 운동프로그램이 초등학생의 신체조성과 기초체력에 미치는 영향
- Comparative Study of Gallahue Correlations of Body Composition and Bone Mineral Density
- According to 12-weeks Cmbined Exercise in Overweight and Obese children movement function according to the childhood obesity Comparative Study of Gallahue movement function according to the childhood obesity
- Correlations of Body Composition and Bone Mineral Density According to 12-weeks Cmbined Exercise in Overweight and Obese children
- Correlations of Adiponectin and Insulin According to 6-Weeks Detraining in Overweight and Obese

유아동작교육

초판발행 2011년 9월 10일
재판발행 2012년 8월 30일

류경화
2012. 8.

저 자 류경화 · 이경희
발행인 김현태
발행처 태영출판사

주 소 (152-705) 서울 구로구 구로동 104-10 동남오피스텔 201호
전 화 02 · 839-3757, 839-3752
팩 스 02 · 837-3754
등 록 2005년 5월 30일 제12-421호
http://www.taeyeongbook.co.kr
E-mail tys2005@paran.com
ISBN 978-89-6302-071-6 93370
정 가 17,000원

NAVER
태영출판사

* 잘못 만들어진 책은 교환해 드립니다.